CONTEÚDO DIGITAL PARA ALUNOS

Cadastre-se e transforme seus estudos em uma experiência única de aprendizado:

1 Escaneie o QR Code para acessar a página de cadastro.

2 Complete-a com seus dados pessoais e as informações de sua escola.

3 Adicione ao cadastro o código do aluno, que garante a exclusividade de acesso.

2757932A2222417

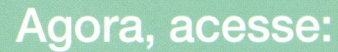

CB015055

Agora, acesse:
www.editoradobrasil.com.br/leb
e aprenda de forma inovadora
e diferente! :D

Lembre-se de que esse código, pessoal e intransferível, é valido por um ano. Guarde-o com cuidado, pois é a única maneira de você utilizar os conteúdos da plataforma.

Editora do Brasil

TeMPo De História

RENATO MOCELLIN
- Mestre em Educação
- Professor do Ensino Médio

ROSIANE DE CAMARGO
- Pós-graduada em História do Brasil
- Professora do Ensino Fundamental e do Ensino Médio

COLEÇÃO
TEMPO
HISTÓRIA
4ª edição
São Paulo, 2019

8

Editora
do Brasil

Dados Internacionais de Catalogação na Publicação (CIP)
(Câmara Brasileira do Livro, SP, Brasil)

Mocellin, Renato
    Tempo de história, 8 / Renato Mocellin, Rosiane de Camargo. – 4. ed. – São Paulo : Editora do Brasil, 2019. – (Coleção tempo)

    ISBN 978-85-10-07129-1 (aluno)
    ISBN 978-85-10-07130-7 (professor)

    1. História (Ensino fundamental) I. Camargo, Rosiane de. II. Título. III. Série.

19-23586   CDD-372.89

Índices para catálogo sistemático:
1. História: Ensino fundamental 372.89
Maria Alice Ferreira – Bibliotecária – CRB-8/7964

Direção-geral: Vicente Tortamano Avanso

Direção editorial: Felipe Ramos Poletti
Gerência editorial: Erika Caldin
Supervisão de arte e editoração: Cida Alves
Supervisão de revisão: Dora Helena Feres
Supervisão de iconografia: Léo Burgos
Supervisão de digital: Ethel Shuña Queiroz
Supervisão de controle de processos editoriais: Roseli Said
Supervisão de direitos autorais: Marilisa Bertolone Mendes

Supervisão editorial: Priscilla Cerencio
Edição: Agueda del Pozo e Andressa Pontinha
Assistência editorial: Felipe Adão e Ivi Paula Costa da Silva
Copidesque: Flávia Gonçalves, Gisélia Costa e Sylmara Beletti
Revisão: Alexandra Resende, Elaine Silva, Elis Beletti e Rosani Andreani
Pesquisa iconográfica: Daniela Chain Baraúna, Priscila Ferraz e Tatiana Lubarino
Assistência de arte: Lívia Danielli
Design gráfico: Andrea Melo
Capa: Megalo Design
Imagens de capa: Anibal Trejo/Dreamtime.com; Coleção Banco Itaú, São Paulo; NicolasMacCober/iStockphoto.com
Ilustrações: Alex Argozino, Carlos Caminha, Carvall, Cristiane Viana, DAE (Departamento de Arte e Editoração), Fabio Nienow, Hélio Senatore, Paula Haydee Radi, Rogerio Soud e Rubens Lima
Produção cartográfica: Alessandro Passos da Costa, DAE (Departamento de Arte e Editoração), Studio Caparroz e Sonia Vaz
Coordenação de editoração eletrônica: Abdonildo José de Lima Santos
Editoração eletrônica: Adriana Tami, William Takamoto e Wlamir Miasiro
Licenciamentos de textos: Cinthya Utiyama, Jennifer Xavier, Paula Harue Tozaki e Renata Garbellini
Controle de processos editoriais: Bruna Alves, Carlos Nunes, Rafael Machado e Stephanie Paparella

4ª edição, / 1ª impressão 2019
Impresso na Gráfica Santa Marta Ltda.

Rua Conselheiro Nébias, 887
São Paulo, SP – CEP 01203-001
Fone: +55 11 3226-0211
www.editoradobrasil.com.br

Prezado aluno,

Esta coleção foi pensada e escrita para você descobrir o prazer de estudar História.

Ao conhecer os fatos e as curiosidades do passado e entender os acontecimentos do presente, você perceberá que a história faz parte de seu cotidiano. Ao estudar História, somos convidados a observar a realidade e a procurar modificá-la de acordo com nosso papel na sociedade atual.

Esta coleção não esgota os assuntos e acontecimentos históricos, mas apresenta um panorama da história da humanidade, cujos fatos sempre podem ser revistos por meio da verificação das mesmas fontes ou reinterpretados à luz de novas descobertas. Portanto, a História está em constante processo de construção.

Desejamos que seu ano letivo seja de muitas descobertas e que esta obra o estimule a adquirir novos conhecimentos.

Os autores

SUMÁRIO

↑ Hans Holbein, o Jovem. *Os embaixadores*, 1533. Óleo sobre madeira, 2,07 m × 2,09 m (detalhe).

O fim do Antigo Regime

National Gallery, Londres

NESTE TEMA

VOCÊ VAI ESTUDAR:

- algumas monarquias absolutistas na Europa;
- as características da economia mercantilista;
- os conflitos políticos, religiosos e econômicos na Europa durante o século XVI;
- a crise do absolutismo;
- o Iluminismo e sua influência na Europa;
- o despotismo esclarecido.

A pintura representa dois homens – os embaixadores Jean de Dinteville (à esquerda) e Georges de Selve, o bispo de Labaur (à direita) – com vestes luxuosas, postura confiante, alguns objetos que sinalizam riqueza, *status* e cultura, aspectos muito valorizados nas sociedades do Antigo Regime.

Vamos descobrir o que mais esses elementos podem sinalizar a respeito do contexto em que foi produzida a pintura? Você conhece a expressão "Antigo Regime"? Sabe a qual período histórico ela se refere?

 CAPÍTULO

1 O Antigo Regime em decadência

 Neste capítulo, você vai recordar como surgiram as monarquias absolutistas na Europa, o desenvolvimento da economia mercantilista, a consolidação dos Estados de Portugal e Espanha e o desenvolvimento de sentimentos de intolerância, que resultaram em guerras religiosas e revoltas e iniciaram a crise do Antigo Regime.

Entre os séculos XV e XVIII, na Europa, vigorou um sistema de governo que posteriormente foi chamado de Antigo Regime. Algumas características desse sistema são:

- **Monarquia absolutista** – o monarca concentrava o poder de maneira incontestável.

- **Sociedade estamental** – havia determinados grupos na sociedade que detinham privilégios regulamentados por lei e a posição social do indivíduo era definida no momento de seu nascimento. A ascensão social era possível, mas difícil.

- **Mercantilismo** – a economia era marcada pela intervenção estatal e pela valorização do acúmulo de metais preciosos como indicativo de riqueza de uma nação (metalismo).

Essas características não eram **homogêneas** em todo o território europeu. Havia países em que os reis tinham um poder inquestionável e centralizado, como Portugal, Espanha e, depois, na França. Nas regiões das atuais Itália, Alemanha, Bélgica e Holanda, o poder era exercido na prática por pequenos principados e repúblicas – em geral sem qualquer lei que limitasse o poder de seus governantes.

A expressão "Antigo Regime" surgiu durante a Revolução Francesa (1789-1799) para designar a ordem econômica, política e social do período. Essa denominação tinha forte conotação **ideológica**, pois acreditava-se que o regime que estava findando era o responsável pelos problemas sociais e econômicos vividos naquela época.

GLOSSÁRIO

Homogêneo: formado por partes iguais ou pouco diferentes.
Ideologia: conjunto de ideias e crenças que define uma sociedade em determinado período e lugar.

Kunsthistorisches Museum, Viena

Albrecht Dürer. *Adoração da Trindade*, 1511. Óleo sobre madeira, 1,35 m × 1,23 m. A obra representa a noção de hierarquia da sociedade durante o Antigo Regime. O topo da sociedade – o papa, o imperador, os reis e cavaleiros – é representado no céu, abaixo dos santos, e juntos veneram a trindade cristã (Deus Pai, Filho e Espírito Santo) rodeada pelos anjos. O autor do quadro pintou a si mesmo bem abaixo e bem menor, segurando uma placa com seu nome e a data da obra.

Portugal

No século XV, o reino de Portugal consolidou-se como um grande império marítimo, estabelecendo colônias e entrepostos comerciais por todo o mundo.

No continente africano, Portugal comercializava cavalos, tecidos, objetos de metal, tapetes, colares de contas em troca de ouro, pimenta, especiarias, marfim e escravos. Da Ásia, obtinha especiarias (principalmente da Índia), pérolas, tecidos, madeira, porcelanas, seda, pratarias, entre outros produtos. Do Brasil, de 1500 a 1530 aproximadamente, extraía pau-brasil e, a partir de então, cana-de-açúcar.

Todo esse controle comercial possibilitou a Portugal tornar-se uma grande potência comercial.

↑ Sala do Trono do Palácio Real de Queluz, Lisboa, Portugal.
A lucratividade da expansão ultramarina permitiu a Portugal a construção de edificações luxuosas, como o recanto de verão de D. Pedro de Bragança, denominado Palácio Real de Queluz, em Lisboa, construído no século XVIII.

A União Ibérica

Em 1578, o então rei de Portugal, D. Sebastião, partiu com sua tropa para o Marrocos com o intuito de ampliar os domínios portugueses no norte da África e difundir a fé católica, derrotando o islamismo que dominava a região. No entanto, os portugueses foram derrotados e o rei desapareceu durante uma batalha. Como não havia deixado herdeiros, seu tio, o cardeal D. Henrique, assumiu o trono, mas faleceu em 1580 sem deixar herdeiro direto também.

O trono português foi então ocupado pelo parente mais próximo, Filipe II, rei da Espanha. Com isso, os reinos de Portugal e Espanha passaram a ser governados por um único rei. Esse período em que Portugal ficou sob o domínio da Espanha se tornaria conhecido, mais tarde, como União Ibérica. Na prática, continuaram existindo dois reinos, com administrações locais e coloniais separadas, mas sob o domínio do mesmo rei.

A restauração do território português

Em 1640, aproveitando-se do enfraquecimento da Espanha, que lutava contra a independência dos Países Baixos, Portugal restaurou sua autonomia política e a dinastia de Bragança subiu ao poder.

A partir do século XVII, Portugal voltou a se beneficiar da riqueza gerada principalmente pelo tráfico de escravos, pela produção de açúcar e pela exploração de ouro e diamantes do Brasil. O reino, no entanto, assegurava-se economicamente nas riquezas coloniais sem investir e diversificar sua produção. Com isso, grande parte do lucro obtido com as riquezas coloniais passou a ser consumido no pagamento de dívidas em transações comerciais, sobretudo com a Inglaterra, estagnando o crescimento de Portugal.

Espanha

O território que hoje conhecemos como Espanha já foi um conjunto de reinos distintos, unificados no reinado de Carlos de Habsburgo, que, em 1516, herdou os reinos de Aragão e de Castela, e passou a governá-los com o título de Carlos I.

No entanto, a formação de um Estado unificado é muito mais do que uma junção de territórios. Era necessário construir uma identidade única que sobrepujasse as distintas nacionalidades, como a galega, a catalã e a basca. Para isso, um idioma foi imposto – o castelhano, falado no reino de Castela –, e o catolicismo consolidou-se como o elemento cultural unificador.

Por meio da religião, a Espanha agrupou os diversos reinos em torno de um objetivo comum: a luta contra os "infiéis". O ano de 1492 marcou a retomada dos territórios dominados pelos muçulmanos e a expulsão dos judeus. Assim, ser espanhol passou a estar intimamente ligado a ser católico.

Museu de Belas Artes, Sevilha

← Eduardo Cano. *Os reis católicos recebendo os cativos cristãos na conquista de Málaga,* 1867. Óleo sobre tela, 3 m × 4,8 m.

A influência da religião na Espanha

A religião marcou profundamente a história espanhola.

O **Tribunal da Inquisição**, criado em 1480 em Sevilha, foi um dos mais atuantes e rendia muitos lucros à Coroa, que tomava posse dos bens daqueles que eram condenados.

Nos quase 300 anos de existência do Tribunal, milhares de "infiéis" foram torturados, mutilados e queimados vivos. Nesse período, muitos judeus e muçulmanos foram expulsos do reino, o que causou grande impacto na economia e na cultura espanhola, pois esses dois povos tinham ligação com atividades mercantis, além de contribuírem com suas riquezas culturais para o desenvolvimento das artes, da arquitetura e das ciências.

 **FORMAÇÃO CIDADÃ**

A intolerância religiosa é, ainda hoje, um problema a ser superado no Brasil. A discriminação aos adeptos de religiões de matriz africana e islâmica, por exemplo, persiste em nossa sociedade. Pensando nisso, faça uma pesquisa sobre os casos de intolerância religiosa no país e escreva uma redação sobre a liberdade de culto prevista na Constituição de 1988.

O declínio da Espanha

No reinado de Carlos de Habsburgo, além da unificação da Espanha, iniciaram-se a conquista e a colonização da América. De regiões dos atuais Peru e México era extraída grande quantidade de prata, motivo pelo qual a Europa começou a receber enorme fluxo desse metal.

Em 1519, com a morte de seu avô, Carlos passou a ser também imperador do Sacro Império Romano-Germânico, dessa vez com o título de Carlos V. A partir de 1556, ele começou a dividir seus domínios e entregou ao filho, Filipe II, a Espanha, Flandres, a Sicília e as possessões americanas. Em 1557 abdicou do título de imperador em favor de seu irmão, Fernando, que passou a governar de Viena, na Áustria, o restante do império.

Filipe II, o mesmo que anexou Portugal ao reino espanhol, enfrentou diversas revoltas nos Países Baixos e lutou contra a Inglaterra, com a intenção de invadir as ilhas britânicas, mas não obteve êxito. Em 1588, a esquadra espanhola – a chamada Invencível Armada – foi derrotada pelos ingleses.

National Maritime Museum, Londres

← Batalha entre navios da armada espanhola (bandeiras com as cores vermelha e amarela) e navios ingleses (bandeiras brancas com cruz vermelha). Pintura inglesa de autoria desconhecida, século XVI. Óleo sobre madeira, 1,12 m × 1,43 m.

Nos reinados de Filipe III (1598-1621) e de Filipe IV (1621-1665) acelerou-se o declínio econômico e político da Espanha. Entre os acontecimentos que contribuíram para a decadência do poderio espanhol estão: o reconhecimento da independência dos Países Baixos, a revolta da Catalunha, a restauração da independência de Portugal, a derrota na Guerra dos Trinta Anos e os fracassos militares diante de franceses e ingleses.

Antes multicultural e exuberante, a sociedade espanhola se fechou na intolerância religiosa e nos valores tradicionais aristocráticos. A valorização da terra como um bem patrimonial, somada ao grande fluxo de metais originário da América e à riqueza gerada pelas colônias, causou uma paralisia econômica. A Coroa investiu pouco na diversificação agrícola e no desenvolvimento das manufaturas, práticas que já estavam sendo implementadas por outros países, como França e Inglaterra, o que lhes garantiria uma economia mais próspera nos séculos posteriores. Além disso, os gastos com a aristocracia improdutiva, em especial a Corte, oneravam os cofres do Estado.

Todos esses fatores contribuíram para o declínio do império espanhol, o que influenciou também na independência das colônias americanas no século XIX.

A ascensão das Províncias Unidas

Os Países Baixos espanhóis correspondiam ao que é hoje Holanda, Bélgica, Luxemburgo e pequena parte do norte da França. Muitos dos judeus expulsos da Espanha, em 1492, e de Portugal, em 1498, migraram para essa região, levando consigo seus recursos e suas habilidades comerciais, o que impulsionou as atividades mercantis.

No entanto, a dominação e opressão de Felipe II na região, impedia o desenvolvimento e a expansão dos negociantes locais, além de perseguir os adeptos do calvinismo. Por isso, eclodiram diversas revoltas que foram sufocadas pelo governo.

Em 1579, foi assinado o Tratado de Arras, o qual estabeleceu que as dez províncias do sul manteriam a religião católica e só reconheceriam a autoridade do rei da Espanha. No mesmo ano, as sete províncias calvinistas do norte (Frísia, Groningen, Guéldria, Holanda, Overijssel, Utrecht e Zelândia) optaram pela independência e, por meio da União de Utrecht, formaram a República das Sete Províncias Unidas dos Países Baixos.

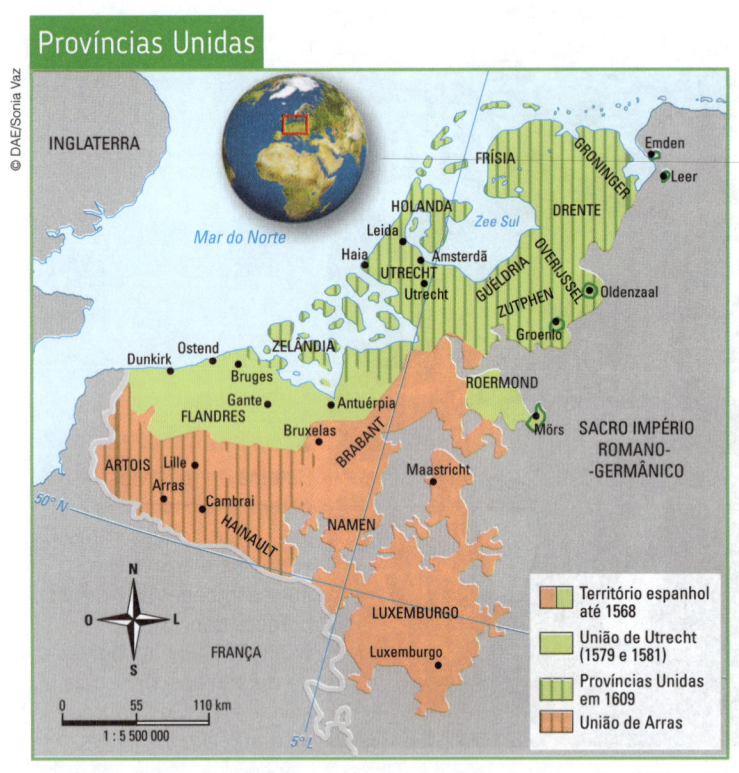

Fonte: Jeremy Black. *World History Atlas*. Londres: Dorling Kindersley, 2008. p. 195.

Os espanhóis atacaram as províncias calvinistas e enfrentaram forte resistência. Em 1609, uma trégua foi assinada, mas a Espanha somente reconheceu oficialmente a independência das Províncias Unidas em 1648.

Nas primeiras décadas depois da independência, o partido republicano impôs sua política às Províncias Unidas. A burguesia detinha o poder. Já a nobreza, representada pelo príncipe de Orange, defendia a centralização e o despotismo político.

Durante o domínio republicano, houve uma notável prosperidade econômica com base no comércio internacional, o que levou a Holanda a constituir um império. Foi também um período de esplendor artístico e intelectual.

No entanto, os conflitos religiosos, somados ao desinteresse da burguesia pelo exército – que permanecia dominado pela nobreza –, desestabilizaram o partido republicano, que testemunhou, pouco a pouco, o poder ser transferido para a casa de Orange.

! CURIOSO É...

Laranja mecânica

A Holanda já formou uma das melhores seleções de futebol mundial. Usando a cor do uniforme oficial, o laranja, em referência à dinastia de Orange, a seleção ficou conhecida entre os fãs desse esporte como "laranja mecânica". Esse apelido surgiu na Copa do Mundo de 1974, quando a seleção do país encantou o mundo com um esquema de jogo que ficaria conhecido como "carrossel holandês". Com uma movimentação parecida com as engrenagens de uma máquina, o time ganhou o apelido que remete ao título do clássico filme de Stanley Kubrick, lançado em 1971.

ATIVIDADES

NO CADERNO

SISTEMATIZAR

1. Quais são as principais características do Antigo Regime?

2. Qual era o papel do monarca nas monarquias absolutistas?

3. Como ocorreu a consolidação de Portugal como império marítimo comercial durante o século XVI?

4. Como se formou a União Ibérica?

5. Explique as principais razões que levaram ao declínio do império espanhol no século XVII.

REFLETIR

1. Observe a imagem e responda às questões.

Wellcome Library, Londres

↑ Bernard Picart. Câmara de tortura utilizada pela inquisição espanhola para obter confissões das pessoas consideradas hereges. Gravura francesa publicada em 1722.

a) A quem eram destinadas as torturas feitas pela Inquisição espanhola?

b) Qual era a justificativa da Inquisição espanhola para o uso da tortura?

c) Qual é sua opinião sobre essa prática que unia interesses econômicos da Espanha com o fundamentalismo religioso?

2. Analise os trechos dos poemas a seguir e responda às questões.

TEXTO I

Em tão longo caminho e duvidoso
Por perdidos as gentes nos julgavam,
As mulheres c'um choro piedoso,
Os homens com suspiros que arrancavam.
Mães, esposas, irmãs, que o temeroso
Amor mais desconfia, acrescentavam
A desesperação e frio medo
De já nos não tornar a ver tão cedo.

Luís de Camões. *Os Lusíadas*.

TEXTO II

Ó mar salgado, quanto do teu sal
São lágrimas de Portugal!
Por te cruzarmos, quantas mães choraram,
Quantos filhos em vão rezaram!
Quantas noivas ficaram por casar
Para que fosses nosso, ó mar!

Valeu a pena? Tudo vale a pena
Se a alma não é pequena.
Quem quer passar além do Bojador
Tem que passar além da dor.
Deus ao mar o perigo e o abismo deu,
Mas nele é que espelhou o céu.

Fernando Pessoa. In: *Mensagem*.
São Paulo: L& PM, 2006. p. 55.

a) Qual a relação entre os poemas?

b) A qual momento histórico os poemas se referem?

DESAFIO

1. Localize o porto de Amsterdã no mapa da página 14. Faça uma pesquisa sobre a importância desse porto para o desenvolvimento dos Países Baixos no século XVI. Escreva um pequeno texto no caderno com as informações coletadas.

2 O Iluminismo

No capítulo anterior, você estudou a formação de duas monarquias nacionais e a independência dos Países Baixos. Neste capítulo, você vai estudar as ideias propostas por pensadores iluministas.

Até o século XVI, o conhecimento do mundo estava muito ligado à fé e à religião. No entanto, os novos conhecimentos e as visões de mundo que os contatos dos europeus com outras sociedades propiciaram, além da facilidade da difusão das informações por conta da imprensa, possibilitaram uma gradual separação entre o conhecimento científico e a religião.

A Revolução Científica

Revolução Científica é o nome que posteriormente foi dado ao período entre os séculos XVI e XVIII, em que a ciência e a filosofia foram paulatinamente sendo mais aceitas na Europa, até tornarem-se áreas do conhecimento fundamentadas e estruturadas.

Uma das principais características desse período é o racionalismo, uma doutrina filosófica antiga que defendia que tudo que existe tem uma causa. Os pensadores europeus acreditavam que somente a razão poderia legitimar uma verdade científica. Portanto, toda a base do conhecimento sobre o ser humano e a natureza deveria ser justificada de forma científica, com fatos, análises críticas e argumentos lógicos, ignorando qualquer fator **teológico** e **metafísico**. Destacam-se nessa corrente René Descartes, John Locke e Isaac Newton, que já no século XVII prenunciavam o que seria consolidado cerca de cem anos depois.

→ Louis-Michel Dumesnil. *Cristina da Suécia e sua corte*, século XVIII. Óleo sobre tela, 97 cm × 126 cm (detalhe). Retrata a rainha Cristina I (à esquerda, de vestido escuro) ouvindo uma demonstração de Geometria feita pelo filósofo René Descartes, à sua frente.

Museu Nacional do Palácio de Versalhes

René Descartes

Filósofo e matemático francês, René Descartes (1596-1650) defendia que todo ser humano nasce com algumas ideias, chamadas de **inatas**, e que elas se misturam com o que foi compreendido pelos seus sentidos. Assim, ele desenvolveu o método da dúvida, cujo objetivo era distinguir as ideias inatas das adquiridas. Esse método baseia-se na indução e na dedução. O princípio de sua teoria, portanto, é a dúvida: caso seja possível duvidar de algo, é possível racionalizá-lo. Segundo ele, a única certeza da razão humana é a dúvida. Sua famosa frase é: "penso, logo existo".

John Locke

O filósofo inglês John Locke (1632-1704) não acreditava que as ideias eram inatas aos seres humanos. Ele defendia que a mente do ser humano, ao nascer, seria como uma página em branco, que é preenchida conforme o contato dele com o mundo.

Para Locke as relações entre governantes e governados fundamentam-se no contrato social, onde encontram-se os deveres e as obrigações de ambas as partes.

Nesse contrato, a função principal do Estado seria garantir os direitos fundamentais dos cidadãos: a vida, a liberdade e a propriedade. Além disso, ele defendia que o Estado não estaria acima da lei e, quando um governo é opressor, os cidadãos têm o direito de se rebelar. Para Locke, a lei do Estado deve proibir somente o que prejudica a sociedade. Sua teoria política está exposta principalmente no *Segundo tratado do governo civil*, publicado em 1690.

Isaac Newton

O inglês Isaac Newton (1642-1727) era matemático e físico. Aperfeiçoando os estudos de Kepler e Galileu, Newton descobriu que os movimentos da Terra e do Universo funcionam mecanicamente, segundo leis próprias, e, com base nisso, afirmou que o mundo não seria regido por leis divinas. Usando expressões matemáticas, explicou os fenômenos da natureza e desenvolveu teorias relacionadas ao conceito de gravidade.

← Reprodução do diagrama de Ferguson, criado em 1756, que explica os princípios astronômicos de Newton.

A filosofia iluminista

O Iluminismo foi precedido pela Revolução Científica e colaborou para o fim do absolutismo e do mercantilismo. Ele surgiu entre os séculos XVII e XVIII, na França e na Inglaterra, como um movimento intelectual que pretendia combater as tradições e os privilégios do Antigo Regime fazendo uso da razão.

Muitas das críticas dos filósofos iluministas eram anticlericais, pois atacavam veementemente a Igreja Católica. Dos críticos, o mais incisivo era Voltaire, que defendia a necessidade de combatê-la, mas sem extinguir a religião. Para os pensadores franceses, o absolutismo era um problema para a França. Alguns, como Montesquieu, eram a favor da monarquia, desde que os poderes dos reis fossem limitados. Outros, como Rousseau, propunham uma espécie de república democrática.

Foi na França que o Iluminismo ganhou mais projeção, porém as ideias e os conceitos iluministas foram amplamente difundidos e conquistaram grande número de adeptos em diversas regiões da Europa.

Os teóricos iluministas são até hoje ícones do pensamento filosófico e científico ocidental. Esses intelectuais sistematizaram um conjunto de ideias, cujos pilares básicos são o conhecimento racional e o método.

AQUI TEM MAIS

A Enciclopédia

Uma das obras mais significativas do Iluminismo foi a *Enciclopédia*, coordenada por Denis Diderot e Jean D'Alembert, terminada em 1772. Os seus mais de 70 mil **verbetes** foram escritos com a colaboração de cerca de 160 especialistas de diversas áreas, como Filosofia, Matemática, Física, Arte, História, entre outras.

Esse projeto tornou-se a concretização do ideal iluminista de valorização da ciência e da razão como instrumentos para o conhecimento da natureza e da sociedade. Além disso, a *Enciclopédia* contribuiu para abalar as bases do Antigo Regime, já que, em alguns de seus verbetes, criticavam-se abertamente as características ou o funcionamento do assunto explicado; por exemplo, no verbete "padres", a função desses sacerdotes é atacada claramente.

> **GLOSSÁRIO**
>
> **Verbete:** cada uma das palavras listadas em um dicionário ou enciclopédia.

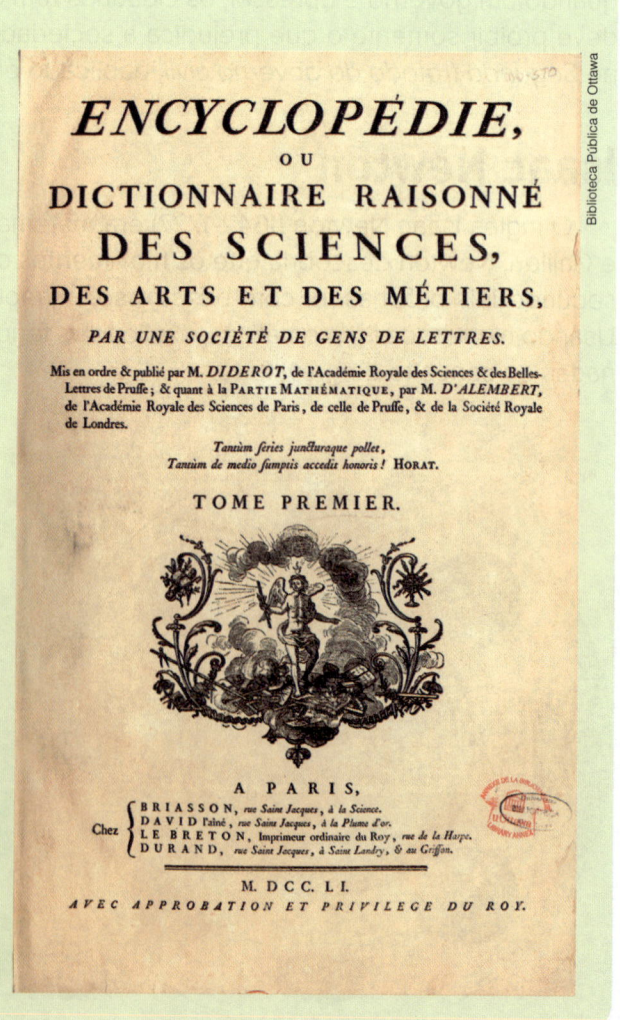

→ Página de rosto do primeiro tomo da *Enciclopédia* (*Encyclopédie, ou Dictionnaire raisonné des sciences, des arts et des métiers*), editada por Jean Le Rond d'Alembert e Denis Diderot, 1ª edição, 1751.

ILUMINISTAS FRANCESES

VOLTAIRE

 Voltaire defendia a liberdade de pensamento e a liberdade individual para todos. O filósofo acreditava em Deus e na religião, e considerava que a fé seria um ato de consciência puramente interior. Defendia um Estado laico e se posicionava contra a imposição dos dogmas da Igreja Católica. Para ele, a superstição e o preconceito são inimigos da razão; portanto, argumentos lógicos para combatê-los são ineficazes.

Cândido (1759): Nessa obra, o filósofo retrata seu tempo e critica a nobreza e a intolerância religiosa.

O ingênuo (1767): Nesse romance, ele critica a visão do filósofo contemporâneo Rousseau e sua percepção sobre o homem natural.

Dicionário filosófico (1764): Por meio do recurso da ironia, o autor criticou reis, nobres, ministros, religiões e teorias filosóficas e científicas.

MONTESQUIEU

Cristiane Viana

 Montesquieu acreditava que não existem leis justas ou injustas, boas ou más; o que existe são leis adequadas a um povo em determinado momento histórico.

Ele destaca a existência de três formas de sistema de governo: a república, a monarquia e o despotismo. Em sua análise, todas as formas de governo estão no mesmo plano, embora tivesse predileção pela monarquia moderada, na qual os poderes do monarca seriam controlados por instâncias independentes.

Cartas persas (1721): Nessa obra, o filósofo satirizou a sociedade francesa.

Do espírito das leis (1748): O autor defendeu a divisão do poder que, mais tarde, gerou a clássica divisão em Executivo, Legislativo e Judiciário, de modo que fiscalizassem uns aos outros.

ROUSSEAU

 Rousseau acreditava que a natureza dos humanos é boa, mas a sociedade os corrompe. As interpretações de sua obra inspiraram tanto os pensadores socialistas quanto os liberais no século XIX.

Discurso sobre as Ciências e as Artes (1750): Afirmou que as grandes invenções e o progresso prejudicam o ser humano.

Discurso sobre a origem da desigualdade entre os homens (1754): Ele afirmou que a desigualdade não é natural, e sim consequência das relações econômicas e sociais.

O contrato social (1762): Para ele, a sociedade e o Estado surgiram de um contrato social, no qual as partes se submetem às decisões para o bem comum.

Emílio (1762): O autor defende que a educação, desenvolvida por etapas de acordo com a idade do estudante, torna o ser humano mais livre e soberano.

A economia ilustrada

Assim como o absolutismo, a doutrina mercantilista também foi alvo de crítica no século XVIII. Confluindo com os ideais burgueses da época, diversos pensadores defendiam que o crescimento econômico seria mais efetivo se acabasse o fim da intervenção do Estado na economia e na vida pública e privada dos indivíduos. Essa foi a base para o surgimento do liberalismo econômico.

Liberalismo econômico

O liberalismo é uma doutrina político-econômica cujas ideias se opõem ao mercantilismo. Nessa doutrina a liberdade é entendida como a ausência de impedimentos para a concretização das realizações pessoais e para a administração das posses e das propriedades de acordo com a própria vontade.

No campo político, os liberais defendiam a liberdade de expressão, o governo representativo e o estabelecimento de uma Constituição, ideias opostas àquelas praticadas pelos absolutistas. Na área econômica, defendiam que a lei da oferta e da procura deveria regular o mercado, e a livre concorrência determinar o preço de cada produto.

Mercantilismo		Liberalismo
Interferência do Estado em todos os setores da economia.	×	Não intervenção estatal (livre funcionamento do mercado).
A riqueza de uma nação está relacionada com a quantidade de ouro e prata.		A riqueza de uma nação é medida pela capacidade de produção.

Adam Smith

O principal teórico do liberalismo foi Adam Smith (1723-1790), cuja teoria política foi usada para embasar a consolidação do capitalismo industrial nos séculos XIX e XX. A principal obra desse autor foi *A riqueza das nações*, em que defendia a ideia de que o trabalho e o acúmulo de **capital** deveriam ser os geradores de riqueza; portanto, o acúmulo de capital de uma nação depende do aumento da força de trabalho e do acúmulo de riquezas geradas por esse trabalho.

> **GLOSSÁRIO**
>
> **Capital:** total de bens destinados à produção e à geração de renda.

David Ricardo e Thomas Malthus

Outros teóricos importantes foram David Ricardo (1772-1823) e Thomas Malthus (1766-1834). Segundo as teorias políticas desses pensadores, o indivíduo também deve ser livre (nessa concepção, significa ter um trabalho livre e remunerado, ou seja, não ser escravo) e ter direito à propriedade privada (trabalho e capital). Nesse sistema, a função do Estado é garantir a liberdade do indivíduo, intervindo minimamente em sua vida e nas relações econômicas.

> O indivíduo liberal deve ser dotado da capacidade de gerenciar sua vida privada, pública e econômica, tendo a razão como pilar fundamental de sua liberdade, que deve ser plena.

→ Na teoria liberal, a riqueza é criada pelo esforço individual em seu trabalho, planejamento nas finanças pessoais e perseverança em alcançar seus objetivos.

JrCasas/Shutterstock.com

Despotismo esclarecido

As ideias iluministas expandiram-se pela Europa, atingindo também países nos quais o absolutismo não era questionado. Os monarcas que absorveram essas ideias eram chamados déspotas esclarecidos.

Os principais déspotas foram: Frederico II, da Prússia; Catarina II, da Rússia; Carlos III, da Espanha; José II, da Áustria; e o Marquês de Pombal, em Portugal, ministro do rei D. José I. Eles colocaram em prática reformas alinhadas às ideias iluministas, mas não permitiram que sua posição de governante absoluto fosse questionada. Essas reformas tinham o objetivo de aumentar a receptividade do Estado e diminuir o descontentamento da burguesia e das camadas mais baixas, que ansiavam por mudanças na estrutura social.

Os déspotas, de forma geral, procuraram atuar como agentes modernizadores. Eles incentivaram as artes e as ciências, empreenderam reformas econômicas, educacionais, jurídicas e administrativas, e também entraram em conflito com o clero. Entretanto, mantinham o poder absoluto e demonstravam isso em ações: Catarina II, da Rússia, reprimiu toda e qualquer oposição; Frederico II manteve práticas mercantilistas e proibiu os servos de mudar de profissão e até de se casar sem o consentimento de seu senhor; D. José II, da Áustria, concordou com a liberdade de imprensa; mas, quando lhe conveio, restabeleceu a censura.

[...] O ideal do despotismo esclarecido seduziu muitos filósofos da época, sobretudo Voltaire, e, dentre os monarcas europeus, Frederico da Prússia e Catarina da Rússia eram considerados modelos de déspotas esclarecidos. Diderot sempre manteve distância em relação a Frederico e, após sua viagem à Rússia, afasta-se também de Catarina. Nos textos escritos a partir dos anos 1770, sua crítica ao poder despótico passa a conter objeções específicas à forma do despotismo esclarecido. Tais objeções, [...] se caracterizam por assinalar, por meio de várias imagens, o fato de que, sob o governo de um déspota, mesmo esclarecido, justo e bom, o povo, sob o pretexto de estar sendo bem conduzido, instala-se numa apatia que o tornará, após certo tempo, incapaz de resistir a qualquer opressão. Por essa razão, segundo Diderot, o pior que pode acontecer a uma nação é ser governada por uma série de dois ou três reinados de despotismo justo e esclarecido: ela ficará reduzida a uma escravidão da qual não se pode saber a duração.

Maria das Graças de Souza. *Natureza e ilustração: sobre o materialismo de Diderot.*
São Paulo: Editora Unesp, 2002. p. 130.

 **CURIOSO É...**

Catarina II

A imperatriz Catarina II governou a Rússia de 1762 a 1796. Originalmente germânico, seu nome de nascimento era Sofia Frederica Augusta de Anhalt-Zerbst. Devido a conexões da família dela com a família imperial russa, foi escolhida pela imperatriz Elizabeth para se casar com o herdeiro do trono russo, Pedro III. Para isso, ela teve de aprender a língua russa, adequar-se aos costumes da corte e converter-se à religião ortodoxa.

Foi na cerimônia de conversão que Sofia recebeu um novo nome: Ekaterina Alexeyevna. Ekaterina (Catarina) foi escolhido em homenagem à mãe da imperatriz Elizabeth. Alexeyevna, que significa "filha de Alexei", é um nome tradicional russo. Desde então, Sofia passou a ser conhecida como Catarina e foi mais bem recebida na sociedade russa.

Rubens Lima

Pombal, o déspota português

Sebastião José de Carvalho e Melo nasceu em 1699 e pertencia a uma família de pequenos **fidalgos**. O título de Marquês de Pombal, pelo qual historicamente é conhecido, foi concedido em 1769 por D. José I pelos serviços prestados ao rei e a Portugal.

Como embaixador, Pombal viveu em Londres entre 1738 e 1743 e, em Viena, entre 1745 e 1749. Na Inglaterra, ele pôde acompanhar de perto o funcionamento do modelo de governabilidade inglês, superior econômica e militarmente ao português. Na Áustria, o Marquês entrou em contato com os princípios do despotismo esclarecido, que o influenciaram na condução política.

Em 1750, foi nomeado ministro do rei D. José I, cargo que lhe conferia grande autonomia para tomar decisões. Pombal implementou em Portugal uma série de reformas na administração, na economia, na educação e na política com o intuito de modernizar o país. O ministro acreditava que Portugal precisava acabar com a estrutura feudal e começar a adotar medidas que seguissem a mentalidade em voga na época – o Iluminismo – para poder concorrer com países em crescimento econômico, como a Inglaterra.

Pombal incentivou a criação de manufaturas e investiu na diversificação da produção agrícola, até então dominada pela produção de vinhos. Dessa forma, ele acreditava que o reino português se fortaleceria economicamente e se tornaria menos vulnerável à Inglaterra.

As decisões mais polêmicas foram tomadas no campo educacional, área dominada pela Companhia de Jesus desde o século XVI. Desde a reforma pombalina, a educação passou a ser administrada pela Coroa, e não mais pelos jesuítas. A ordem foi expulsa do Brasil em 1759, causando grande impacto na educação, já que as práticas de ensino na colônia não foram reorganizadas depois da saída dos jesuítas. Para Pombal, o ensino jesuítico consistia em uma barreira que impedia a difusão da filosofia iluminista e mantinha Portugal num estágio atrasado em relação aos demais países.

Câmara Municipal de Oeiras

↑ Louis-Michel van Loo e Claude Joseph Vernet. *Retrato do Marquês de Pombal*, 1767. Óleo sobre tela, 26,3 cm × 30,3 cm.

ATIVIDADES

NO CADERNO

SISTEMATIZAR

1. Em que contexto a França se encontrava quando o pensamento iluminista se desenvolveu?

2. Explique quais eram as formas de governo admitidas por Montesquieu e a posição dele sobre as leis de governança dos diversos países.

3. De que modo essas novas ideias iluministas promoveram a ascensão da burguesia?

4. Explique qual era a posição de Rousseau sobre a desigualdade social.

5. O que é despotismo esclarecido?

6. Qual era o objetivo dos monarcas absolutistas ao promoverem reformas de feição iluminista em seus governos?

7. Quais mudanças o Marquês de Pombal realizou em Portugal?

REFLETIR

1. *O príncipe*, de Nicolau Maquiavel, foi o livro de cabeceira de muitos déspotas esclarecidos. Com base no trecho a seguir, elabore hipóteses para explicar a importância dessa obra para esses monarcas.

A um príncipe, portanto, não é necessário ter de fato todas as qualidades supracitadas, mas é indispensável parecer tê-las. Aliás, ousarei dizer que, se as tiver e utilizar sempre, serão danosas, enquanto, se parecer tê-las, serão úteis. Assim, deves parecer clemente, fiel, humano, íntegro, religioso – e sê-lo, mas com a condição de estares com o ânimo disposto a, quando necessário, não o seres, de modo que possas e saibas como tornar-te o contrário. É preciso entender que um príncipe, sobretudo um príncipe novo, não pode observar todas aquelas coisas pelas quais os homens são considerados bons, sendo-lhe frequentemente necessário, para manter o poder, agir contra a fé, contra a caridade, contra a humanidade e contra a religião. Precisa, portanto, ter o espírito preparado para voltar-se para onde lhe ordenarem os ventos da fortuna e as variações das coisas e, como disse acima, não se afastar do bem, mas saber entrar no mal, se necessário.

Nicolau Maquiavel. *O príncipe*. São Paulo: Martins Fontes, 1996. p. 84-85.

2. Pesquise e escreva um breve texto sobre a importância da primeira enciclopédia na história cultural da Idade Moderna ressaltando seus principais colaboradores.

3. A pintura da página anterior é um retrato do Marquês de Pombal e foi feita em conjunto pelos pintores Louis-Michel van Loo e Claude Joseph Vernet. Quais interpretações se pode inferir a respeito de Pombal por meio da observação da obra?

DESAFIO

1. Alguns monarcas absolutistas adaptaram os ideais iluministas a seus governos. Imagine que novas ideias possam influenciar os governantes do Brasil: escreva uma carta para um político escolhido por seu município ou estado nas últimas eleições que contenha sugestões de melhorias para a sociedade.

3 As revoluções inglesas

No capítulo anterior, você viu como o surgimento de novas ideias modificou a ideologia vigente no Antigo Regime.
Neste capítulo, você vai estudar algumas tentativas de superar essa forma de poder, como a Revolução Gloriosa.

O século XVII marcou a passagem da hegemonia dos reinos ibéricos (Portugal e Espanha) para duas novas potências: Inglaterra e Holanda. Apesar da grande retirada de metais preciosos da América, Portugal e Espanha, essencialmente absolutistas e mercantilistas, viveram uma fase de declínio econômico, uma vez que se tornavam cada vez mais dependentes de outros reinos. Os britânicos e os flamengos, por sua vez, fortaleciam suas economias e gradualmente se desvinculavam do Antigo Regime.

A Guerra dos Trinta Anos

Museu do Louvre, Paris

↑ Pieter Snayers. *A batalha da Montanha Branca*, c. 1680. Óleo sobre lona, 43 cm × 67 cm.
A batalha da Montanha Branca ocorreu no início da Guerra dos Trinta Anos. Nela os protestantes da Boêmia foram derrotados, em 1620, pela Liga Católica. A batalha tornou-se tema de diversas representações artísticas.

O conflito que se convencionou chamar de Guerra dos Trinta Anos (1618-1648) foi uma série de confrontos armados travados entre vários reinos europeus por motivos variados: rivalidades religiosas, dinásticas, territoriais e comerciais.

A princípio havia o enfrentamento entre habitantes de regiões que almejavam libertar-se do domínio do Sacro Império Romano-Germânico e aqueles que pretendiam continuar a fazer parte dele. Mas a guerra também dividiu os cristãos, colocando católicos e protestantes em lados opostos. Com o apoio do papa, os monarcas católicos do Sacro Império Romano-Germânico, da Espanha e da Polônia lutaram contra uma coligação de reinos protestantes – Holanda, Dinamarca, Inglaterra, Suécia e os principados alemães. Essa visão de uma guerra religiosa, entretanto, não afetou toda a Europa. Um exemplo é a França católica, que, por razões diversas, aliou-se aos protestantes. Também houve exemplos de protestantes – luteranos da Saxônia e calvinistas de Brandemburgo – que se aliaram aos católicos.

Ocorreram ainda disputas territoriais, principalmente entre Suécia e Polônia, França e Espanha, Países Baixos e Espanha, e econômicas – influenciadas por concorrências comerciais, pelo tráfego de mercadorias e controle de rotas marítimas e por arrecadação de tributos – que resultaram em enfrentamentos armados.

Depois de uma série de derrotas, o Sacro Império Romano-Germânico e seus aliados assinaram, em outubro de 1648, o Tratado de Vestefália, que reduzia o poder do império dos habsburgos e da Espanha, proporcionando ganhos territoriais à França e à Suécia.

O Tratado de Vestefália foi o marco inicial das relações internacionais, pois nele foram reconhecidos e firmados o direito à liberdade religiosa, os conceitos de soberania nacional e de território, semelhantes aos conceitos atuais.

O absolutismo inglês

Durante o século XVII, a Inglaterra vivia de grande prosperidade econômica. A burguesia e a nova nobreza enriqueceram e fortaleceram-se tanto que já não necessitavam da tutela de um poder real forte, passando, então, a desejar a ampliação de sua influência política.

De sua parte, os reis ingleses acreditavam que poderiam governar como monarcas absolutos, à semelhança dos reis da França e da Espanha; mas, desde a Magna Carta em 1215, eram impedidos pelo Parlamento.

A Dinastia Stuart

Durante o reinado de Elizabeth I (1558 a 1603), as manufaturas se desenvolveram, a frota marítima se consolidou e, com o apoio da burguesia, o reino passou a dominar importantes setores comerciais no mundo. A falta de um herdeiro para a rainha interrompeu a continuidade da Dinastia Tudor no poder. Jaime I, primo de Elizabeth I e rei da Escócia, assumiu o trono após a morte dela, dando início à dinastia Stuart na Inglaterra.

Além de acumular os títulos de rei da Escócia e rei da Inglaterra, Jaime I desejava governar de forma absolutista. Assim, impôs seus representantes aos ingleses e procurou aproximar a Igreja Presbiteriana da Escócia da Igreja Anglicana, o que desagradou aos escoceses. Em algumas ocasiões, tentou aproximar-se dos católicos, mas a descoberta da Conspiração da Pólvora – plano de um grupo de católicos para explodir o Parlamento no momento de sua abertura, em 5 de novembro de 1605, a fim de matar o rei Jaime e todos os parlamentares – foi a justificativa para Jaime reprimi-los. Perseguiu também puritanos (calvinistas), provocando a emigração de muitos deles para a costa oriental da América do Norte, onde fundaram colônias.

Além de agravar as questões religiosas, Jaime aumentou a participação do Estado nas grandes companhias de comércio e manufatureiras, diminuindo os lucros da burguesia. Com os burgueses e parte da nobreza descontentes, o Parlamento passou a fazer oposição aberta ao rei. Depois de diversos conflitos, em 1614, Jaime I fechou o Parlamento por sete anos.

Coleção Real, Inglaterra

↑ Paul van Somer. *Rei Jame I da Inglaterra e VI da Escócia*, c. 1620. Óleo sobre tela, 2,26 m × 1,49 m.

A Revolução Puritana

Jaime I faleceu em 1625, e Carlos I, seu filho, subiu ao trono. O novo monarca assumiu atitudes mais autoritárias e de caráter ainda mais absolutista que as do pai, agravando os conflitos com o Parlamento. Para resolver alguns problemas resultantes da crise financeira gerada pela diminuição no pagamento de impostos, Carlos I reabriu o Parlamento. Os parlamentares, então, movimentaram-se para restringir novamente o poder do rei.

Carlos I reuniu um exército no norte da Inglaterra. Os parlamentares também formaram uma força militar para garantir que o Parlamento não fosse fechado. O país marchava para a guerra civil, que ficou conhecida como Revolução Puritana. De um lado, estavam os cavaleiros, seguidores do rei, e, do outro, os puritanos, representantes da burguesia, aliados do Parlamento.

A pequena burguesia assumiu o controle do exército após sucessivas derrotas. Sob o comando do general Oliver Cromwell, o exército parlamentarista avançou sobre os aliados do rei em 1645. O revés empreendido a Carlos I obrigou-o a fugir para a Escócia, onde mais tarde recomeçou a guerra civil. Após muitos conflitos, os escoceses concordaram em entregar o rei, que foi julgado pelo Parlamento por alta traição e condenado à morte.

Museu da Picardia, Amiens. Fotografia: Bridgeman Images/Easypix Brasil

← Gonzales Coques. *A execução de Carlos I da Inglaterra*, século XVIII. Óleo sobre tela, 1,37 m × 2,15 m.

A República Puritana

Com a morte do rei Carlos I, a Inglaterra tornou-se uma república e, assim, foi concebida uma nova estrutura política. Um conselho de Estado de 41 membros escolhidos pelo Parlamento confiou o Poder Executivo a Oliver Cromwell, em 1649.

Parte da população era representada por dois grupos políticos:

- os *levellers* ("niveladores"), composto de pequenos proprietários, manufatureiros e agricultores que defendiam a igualdade de direitos, a abolição da monarquia e a liberdade religiosa;
- os *diggers* ("cavadores"), composto de camponeses, trabalhadores e servos que defendiam a ocupação das terras comunais e a igualdade social.

Apoiado pelo exército e setores da burguesia, Cromwell governou de forma autoritária e opressora. Reprimiu a revolta dos católicos irlandeses, sufocou uma rebelião favorável ao rei, na Escócia, e, em 1651, editou os Atos de Navegação. Esse documento estabelecia que somente navios ingleses poderiam transportar as mercadorias que saíssem da Inglaterra ou fossem a ela destinadas, o que dificultava a entrada de produtos estrangeiros.

Em 1653, em razão da oposição que sofria, Cromwell dissolveu o Parlamento e convocou, no ano seguinte, outro, composto de parlamentares submissos à sua vontade. Quando morreu, em 1658, seu filho assumiu o poder, por pouco tempo, pois foi deposto em 1659.

A Revolução Gloriosa

Em 1660, burguesia e setores da nobreza queriam consolidar o que haviam conquistado com a Revolução Puritana. Por isso, pretendiam um governo que mediasse as disputas pelo poder, em vez de exercê-lo com tirania. A solução encontrada pelo parlamento foi restaurar a monarquia. A coroa foi entregue a Carlos II, filho de Carlos I.

A restauração da monarquia não significou a volta do absolutismo, pois o Parlamento limitava os poderes do rei. Assim, o rei teve de conceder **anistia** e reconhecer o direito dos novos proprietários sobre as terras confiscadas durante a revolução. Apenas os que participaram do julgamento de seu pai foram julgados e condenados.

Carlos II reiniciou um período de paz e liberdade de costumes. Em 1679, por exemplo, foi aprovada a lei do *Habeas Corpus*, que protegia a população dos atos arbitrários das autoridades, garantindo assim a liberdade pessoal.

Depois de sua morte, em 1685, subiu ao trono seu irmão, o duque de York, com o título de Jaime II. O novo rei era católico e iniciou uma política pró-catolicismo com tendências absolutistas, fato que preocupou a burguesia e o clero anglicano.

Diante dessa situação, o Parlamento propôs ao calvinista holandês Guilherme de Orange, casado com a filha de Jaime II, banir o sogro. Em 1688, Guilherme de Orange desembarcou na Inglaterra e, sem conflitos armados (daí o nome Revolução Gloriosa), depôs Jaime II, que fugiu para a França.

Guilherme de Orange subiu ao trono inglês, assumindo o nome de Guilherme III, e jurou respeitar a Declaração de Direitos (*Bill of Rights*), redigida pelo Parlamento e que estabelecia: o julgamento pelo júri; a permanência do *Habeas Corpus*; o rei deveria pertencer à Igreja Anglicana e não poderia lançar impostos nem organizar exércitos sem a autorização do Parlamento; e o fim das perseguições religiosas.

FORMAÇÃO CIDADÃ

A lei do *habeas corpus* é uma conquista histórica e permanece até hoje. Ciente disso, estabeleça uma relação entre a aprovação dessa lei durante a Revolução Gloriosa na Inglaterra e a conquista desse direito no Brasil. Se necessário, pesquise.

Coleção Particular. Fotografia: Bridgeman Images/Easypix Brasil

↑ *Apresentação da Declaração de Direitos a Guilherme III e Maria II*, século XIX. Gravura, escola inglesa.

O parlamentarismo britânico

↑ Deputados na Câmara durante as Questões dos Primeiros-Ministros, Câmara dos Comuns, Londres, 2018.

↑ A Rainha Elizabeth II senta-se ao lado de seu filho, Príncipe de Gales, durante a Abertura do Parlamento nas Casas do Parlamento em Londres, 2017.

Assinada pelo Parlamento inglês em 1689, a Declaração de Direitos colocou um ponto final nas tentativas de alguns membros da família real de promover o retorno ao absolutismo como forma de governo e ao catolicismo como religião do país.

A Declaração também foi o princípio da monarquia parlamentar na Inglaterra. Nesse sistema, a figura real é mantida, mas o poder de fato é exercido pelos parlamentares. Além da Inglaterra, outros países adotam atualmente o sistema, como Espanha e Dinamarca.

Um fator importante sobre o parlamentarismo inglês é que ele é bicameral, ou seja, tem duas câmaras: a dos comuns, com parlamentares eleitos pelo povo, e a dos Lordes, composta de nobres ingleses e membros da igreja anglicana. Uma importante diferença entre as câmaras é que os nobres e membros da igreja não são eleitos. Os cargos dos nobres, chamados de Lordes Temporais, são hereditários, enquanto os títulos dos membros da igreja, denominados Lordes Espirituais, são vitalícios: depois que o ocupante atual morre, seu título é passado ao membro mais velho da respectiva ordem.

Com a Declaração dos Direitos, o poder da monarquia britânica foi esvaziado e começou a seguir as decisões do Parlamento. A atual monarca inglesa, rainha Elizabeth II, possui diversos títulos reais em países colonizados por britânicos, como Jamaica, Austrália e Canadá. Ela também é chamada de "Defensora da Fé", título que remete ao início da Igreja Anglicana e é transmitido de geração em geração àqueles que carregam a coroa britânica.

No entanto, o poder da família real é basicamente simbólico na política do Reino Unido. Ela representa a história, as tradições e a cultura inglesas, atuando mais no campo cultural do que no campo político propriamente. Isso não quer dizer, no entanto, que a rainha não tenha influência política. Desde que assumiu o trono, Elizabeth tem encontros semanais com o primeiro-ministro para discutir os rumos políticos no parlamento.

1. O que é a Câmara dos Lordes do Parlamento inglês e em que ela se diferencia da Câmara dos Comuns?

2. Atualmente, qual é a importância da família real para a Inglaterra?

ATIVIDADES

SISTEMATIZAR

1. Quando a República Puritana foi instaurada, Oliver Cromwell promulgou uma medida que causou significativa mudança econômica, favorecendo a burguesia inglesa. Qual foi essa medida e como ela beneficiou a burguesia?

2. Por que o Parlamento representava uma barreira ao absolutismo inglês?

3. O julgamento e a execução de Carlos I marcaram o florescimento de novas ideias políticas na Inglaterra. Que mudança esse evento possibilitou no modelo de governo inglês?

4. Explique o que foram os Atos de Navegação e como eles beneficiaram a burguesia.

REFLETIR

1. Leia o texto e explique quais valores se contrapunham à forma de governo tradicional na Inglaterra.

Na Inglaterra, por volta de 1640, a monarquia dos Stuart era incapaz de continuar governando de maneira tradicional. Entre as forças sociais que não podiam mais ser contidas no velho quadro político, estavam aqueles que queriam obter dinheiro, como também aqueles que queriam adorar a Deus seguindo apenas suas próprias consciências, o que os levou a desafiar as instituições de uma sociedade hierarquicamente estratificada.

Revista Brasileira de História, São Paulo, vol. 4, n. 7, 1984, p. 10.

2. Leia o texto a seguir e responda às questões.

Por volta de 1640, bem pouca coisa restava da "divindade que guarnece o rei", e os que acreditavam no mito ainda popular dos ingleses como povo eleito de Deus o estavam então usando como uma arma contra o rei Carlos. Em inflamados sermões na Câmara dos Comuns, os pregadores incitavam a uma maior intransigência com relação ao monarca declarando à Câmara que o Parlamento, e não o rei Carlos, era o verdadeiro herdeiro da rainha Elizabeth, e era agora o instrumento escolhido por Deus para reconstruir Sião e esmagar os falsos deuses. Por volta de 1640, os pregadores puritanos estavam chamando a Câmara dos Comuns de "a Câmara dos Deuses e a Câmara dos Deuses mortais". O direito divino havia sido transferido de Whitehall para Westminster.

Lawrence Stone. *Causas da Revolução Inglesa: 1529-1642*. Bauru: Edusc, 2000. p. 165.

a) O que significava a Câmara dos Comuns defender que o Parlamento era herdeiro da rainha Elizabeth?

b) Por que o autor afirma que "o direito divino havia sido transferido de Whitehall para Westminster"? Se necessário, pesquise.

3. Pesquise a Declaração de Direitos inglesa de 1689 e responda:

a) Que mudança efetiva a Declaração de Direitos possibilitou ao povo inglês?

b) O que afirmava a Declaração a respeito da cobrança excessiva de impostos?

DESAFIO

1. Os conceitos de soberania nacional e território foram forjados no Tratado de Vestefália, em 1648. Explique, com suas palavras, o que significa cada um desses conceitos. Se necessário, pesquise.

O PALÁCIO DE WESTMINSTER

Localizado à margem do Rio Tâmisa, o Palácio de Westminster é o centro do poder britânico. Nele estão situadas as duas Câmaras do Parlamento do Reino Unido. Ele foi construído no século XI e reconstruído duas vezes, nos séculos XIX e XX. É uma edificação representativa do estilo gótico, que tem entre suas características torres muito elevadas e pontiagudas, **naves centrais** e **arcos ogivais**, também encontrados na Abadia de Westminster, vizinha do Parlamento, e na Catedral de Notre-Dame de Paris, entre outras.

Torre Victoria

Câmara dos Lordes

Apelidada de Câmara Vermelha, é onde os lordes se reúnem. Com mais de 700 membros não eleitos (os cargos são vitalícios e hereditários), a principal missão da Câmara dos Lordes é melhorar e aprovar as leis criadas na Câmara dos Comuns.

GLOSSÁRIO

Arco ogival: também conhecido como arco de ogiva ou arco quebrado, constitui uma estrutura arquitetônica gótica composta de dois arcos iguais que se encontram na parte superior.

Nave central: em arquitetura, é o espaço longitudinal entre duas fileiras de colunas.

Justin Tallis - WPA Pool/Getty Images

Câmara dos Comuns

Na Câmara dos Comuns, dividida em duas bancadas, as leis inglesas são discutidas e criadas por 650 membros eleitos pelo povo. A bancada à direita do orador é reservada para a coligação do primeiro-ministro e, à esquerda, ficam os parlamentares da oposição. Os bancos são verdes em homenagem à primeira Câmara, que se reunia na nave da Capela de Santo Estevão, na primeira versão do Palácio.

Infográfico: Cristiane Viana / Ilustração: Marcos Farrel

Torre Elizabeth e Big Ben

Pouca gente sabe, mas Big Ben não é o nome da torre de 96 metros construída no estilo neogótico em 1858, mas do sino que está nela. O nome oficial da torre é Torre Elizabeth, em homenagem à atual monarca, Elizabeth II, que ocupa o trono há mais de 65 anos.

Peter Noyce GBR/Alamy/Fotoarena

Daniel Berehulak/Getty Images

Praça do Parlamento

Localizada na frente do Palácio, a Praça do Parlamento é palco das principais manifestações populares inglesas. Abriga estátuas de diversos estadistas, como Winston Churchill, e líderes mundiais, como Nelson Mandela e Mahatma Gandhi.

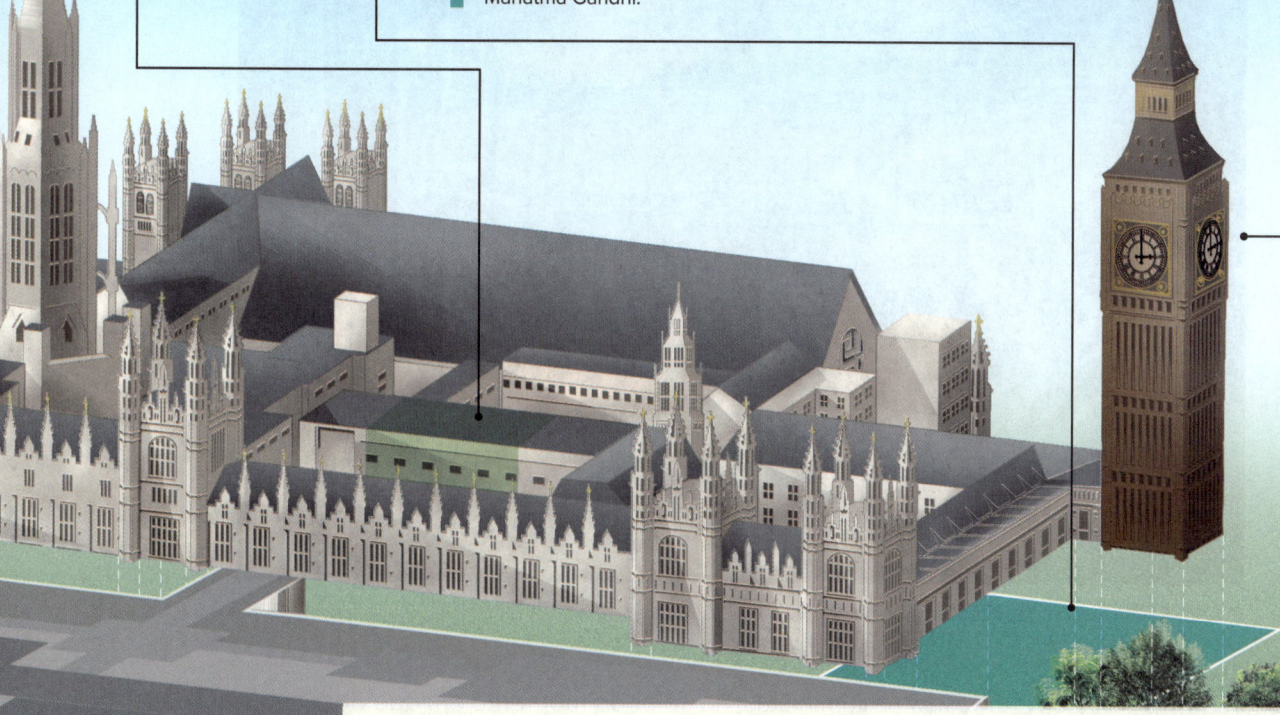

1. De que modo o estilo gótico está representado no Palácio de Westminster?

2. Explique as diferenças entre os membros das duas câmaras do Palácio de Westminster e pesquise os projetos que pretendem igualá-los.

Um debate iluminista

Neste tema você estudou o Iluminismo, um movimento filosófico dos séculos XVII e XVIII que defendeu a razão no lugar da fé. Contrário ao poder que a Igreja Católica exercia sobre a cultura e a sociedade, o nome "Iluminismo" fazia uma referência ao período de trevas vivido na Idade Média e ao surgimento das "luzes" no mundo ocidental, ou seja, de ideias mais iluminadas.

A noção de leis racionais, pensadas teoricamente, com direitos e deveres individuais e sociais, embasou as ideias dos filósofos iluministas, assim como uma organização mais sistemática da sociedade, que seria dividida em três poderes: Executivo, Legislativo e Judiciário. Com isso, é possível entender atualmente que os iluministas se opuseram ao absolutismo!

Você deve ter percebido que os filósofos iluministas defenderam ideias que ainda hoje estão presentes nas sociedades ocidentais. De fato, muitas ideias iluministas mostravam-se ousadas para sua época. Um exemplo disso era que, em diversas reuniões de filósofos iluministas, podiam-se encontrar mulheres e eram analisadas as condições sociais às quais elas eram submetidas. Em Paris, no século XVIII, diversas mulheres da alta burguesia organizavam reuniões com intelectuais para debater filosofia e política e mobilizavam-se para a conquista de direitos.

Musée National du Chateau de Malmaison, Rueil-Malmaison

↑ Anicet-Charles Gabriel Lemonnier. *No salão de Madame Geoffrin em 1755*, 1812. Óleo sobre tela, 2,34 m × 2,96 m.

Era comum os filósofos e entusiastas iluministas, no calor do momento em que desenvolviam suas ideias, discordarem entre si, ainda que com o mesmo propósito de pensar uma organização mais racional das sociedades. Como nenhum conhecimento é produzido sem um amplo debate, que tal estudar o que propunham os iluministas, "incorporar" alguns importantes pensadores e promover uma discussão em sala de aula dessas ideias tão fundamentais para a nossa sociedade?

Passo a passo

1. Com o auxílio do professor, organizem-se em quatro grupos. Cada grupo deve escolher um assunto que era discutido pelos iluministas e ainda está presente em nosso cotidiano; por exemplo, a importância da dúvida.

2. Com toda a turma, votem um dos temas propostos para ser o tema de um debate.

3. Sorteiem entre os grupos quem estudará com maior profundidade cada um dos seguintes filósofos: Locke, Voltaire, Rousseau e Montesquieu.

4. Faça, com o grupo, uma pesquisa sobre o que o filósofo iluminista correspondente a seu grupo defendia. Vocês podem começar pelas informações do livro didático para depois buscar outras fontes, como enciclopédias, *sites* educativos ou outros livros, que podem ser encontradas na biblioteca. Se possível, procure também uma imagem do filósofo.

5. Após as pesquisas, selecionem as informações que podem ser aplicadas no tema escolhido para o debate. Elas devem ser organizadas e registradas no caderno para que possam ser consultadas durante a aula.

6. Escolham, democraticamente, um aluno do grupo para encenar o filósofo. Esse aluno representará o grupo no debate. Vocês podem também elaborar um figurino para ele.

7. No dia marcado para o debate, os alunos, com a ajuda do professor, devem organizar a classe da seguinte forma: dispor quatro cadeiras, que serão dos "filósofos", uma diante da outra, como em um quadrado, e o restante delas para os demais integrantes do grupo, atrás de cada um dos quatro "alunos-filósofos".

8. Será realizado um sorteio para definir quem começará a rodada de perguntas.

9. O debate seguirá em sentido horário, ou seja, o grupo fará sua pergunta para o "aluno-filósofo" à sua esquerda, que, por sua vez, fará a pergunta para o colega à esquerda, até chegar novamente ao que iniciou a rodada de perguntas. O debate terá duas rodadas, o que significa que cada grupo terá direito a duas perguntas.

10. É importante que vocês elaborem perguntas relativas à obra do filósofo em questão. Podem questionar assim: "Como sua ideia contribui para o mundo atual?".

11. Feita a pergunta, o "aluno-filósofo" a responderá. Em seguida, o primeiro aluno terá direito à réplica, e o segundo, à tréplica. O tempo para as falas deve ser acordado com o professor antes do início do debate.

12. Então o aluno que respondeu à primeira pergunta fará a sua pergunta para o aluno seguinte e assim por diante, até o aluno que fez a primeira pergunta responder.

Finalização

- Passada a primeira rodada de perguntas, a atividade recomeçará, do mesmo modo que a anterior, com a segunda pergunta elaborada pelos grupos.

- Para encerrar, alunos e professor devem fazer uma avaliação de como foi o debate – levantando aspectos positivos e negativos de todo o processo, desde a elaboração até o debate em si.

Bom trabalho!

PANORAMA

1. Sobre o Antigo Regime, classifique as frases a seguir em verdadeiras ou falsas.

   a) A forma de governo era a monarquia absolutista.

   b) A sociedade era organizada de forma a permitir mobilidade social.

   c) Não havia intervenção estatal na economia.

   d) A Igreja era compreendida e se portava como parte do Estado.

2. Durante os anos de 1492 a 1498, muitos judeus se dirigiram para os Países Baixos espanhóis porque foram expulsos da Espanha e de Portugal. O que explica a migração dos judeus para essa região?

3. Após a restauração portuguesa, em 1640, na qual os lusitanos se libertaram da autoridade espanhola, Portugal passou a explorar ao máximo a colônia na América. O trabalho realizado por africanos escravizados proporcionou grande riqueza aos portugueses. Comente essa exploração em terras brasileiras.

4. Explique o que foi o Iluminismo e cite suas principais características.

5. Explique o que Rousseau quer dizer quando afirma que "os indivíduos, enquanto criam a soberania..., são cidadãos e, enquanto se submetem..., são súditos".

6. Leia o texto abaixo e responda às questões.

Se indagarmos em que consiste precisamente o maior bem de todos, que deve ser o fim de todo sistema de legislação, achar-se-á que se reduz a estes dois objetivos principais: liberdade e igualdade. A liberdade, porque toda dependência particular é outro tanto de força tirado ao corpo do Estado; a igualdade, porque a liberdade não pode existir sem ela. [...] a respeito da igualdade, não se deve entender nessa palavra que os graus de poder e riqueza sejam absolutamente os mesmos, mas sim que, quanto ao poder, esteja por cima de toda a violência e não se exercite senão em virtude das leis, e, quanto à riqueza, que nenhum cidadão seja bastante opulento para poder comprar o outro e nenhum tão paupérrimo para necessitar vender-se, o que supõe, por parte dos grandes, moderação de bens e crédito; dos pequenos, moderação de ânsia e cobiça.

Jean-Jacques Rousseau. *O contrato social*. Rio de Janeiro: Ediouro, 1999. p. 67-68.

   a) Ao comentar sobre igualdade e riqueza, Rousseau afirma que o estágio de riqueza deve ser o mesmo entre as pessoas? Explique.

   b) No texto, Rousseau tratou do tema liberdade. Para você, o que esse tema significa?

7. O liberalismo defende a liberdade como algo que eliminaria obstáculos para alcançar realizações pessoais. Assim, como podemos relacionar a liberdade com o individualismo, que também é defendido pela teoria liberal?

8. Leia o texto a seguir e responda às questões.

[...] O despotismo esclarecido era um projeto elitista de modernização "por cima". Assim, o camponês continuou sofrendo a carga principal esmagadora para sustentar a economia do país.

[...] Catarina II não era mais um joguete nas mãos da nobreza. Tratando habilmente com ela, implementou várias de suas políticas próprias. Diminuiu as tarifas protecionistas estabelecidas por

Pedro, o Grande, liberalizando a economia. Ampliou o império ao oeste partilhando a Polônia com a Prússia e a Áustria e alcançou outra saída permanente para o mar ao sul, ao conquistar a Crimeia, no mar Negro. Um aspecto maior de sua obra foi no âmbito cultural. Daí sua fama de déspota esclarecida. Ela mesma escrevia obras de ficção e não ficção. Mandou seus assessores estudarem os sistemas educacionais de diferentes países para estabelecer um sistema nacional de educação na Rússia.

[...] Foi patrona das artes e da literatura na Rússia. Chegou mesmo a estabelecer uma efêmera Grande Comissão, uma espécie de parlamento consultivo composto de cerca de seis centenas de representantes da aristocracia, burguesia e campesinato, com o objetivo de propor soluções aos problemas russos. O incentivo para o desenvolvimento cultural e educacional representou, enfim, o ápice de uma espécie de Iluminismo russo do século XVIII, iniciado na época de Pedro, o Grande.

Ângelo Segrillo. *Os russos*. São Paulo: Contexto, 2012. E-book.

a) Por que o autor afirma que o despotismo esclarecido era "um projeto elitista de modernização 'por cima'"?

b) Como você justifica a afirmação do autor de que as reformas culturais de Catarina II deram a ela a fama de déspota esclarecida?

c) Segundo o autor, o chamado Iluminismo russo iniciou-se com Catarina II? Explique.

9. Uma das reformas mais drásticas realizadas por Pombal foi no âmbito da educação, que, desde então, passou a ser gerenciada pela Coroa e não mais pela Companhia de Jesus. Por que Pombal eliminou a educação jesuíta?

10. Leia o trecho e comente o papel da religião nos processos políticos na Inglaterra do século XVII.

Mas não devemos duvidar da sinceridade dos inúmeros pregadores que proclamavam que a causa do Parlamento era a de Deus e que – não importando quais pudessem ser as intenções subjetivas de Carlos I – o seu governo estava defendendo, objetivamente, a causa do Anticristo romano. [...] A Guerra dos Trinta Anos, que entre 1618 e 1648 assolou a Europa continental, parecia uma luta de morte entre protestantes e católicos e contribuiu para difundir e consolidar a crença de um influente grupo de estudiosos da Bíblia, segundo os quais o fim do mundo estava iminente. Era natural que esses pregadores, sinceramente convencidos do caráter anticrístico do governo de Carlos I, vissem a guerra civil como o primeiro acontecimento numa série de cataclismos e conclamassem as suas congregações a apoiar a causa do Parlamento.

Christopher Hill. *O mundo de ponta-cabeça: ideias radicais durante a revolução inglesa de 1640*. São Paulo: Companhia das Letras, 1987. p. 49-50.

11. Por que os governos de Jaime I e, posteriormente, de seu filho, Carlos I, representaram um bloqueio para o desenvolvimento burguês da Inglaterra?

12. Com a República Puritana, a população almejava melhorias e igualdades sociais que foram defendidas pelos *levellers e diggers*, porém seus movimentos foram sufocados por Oliver Cromwell. Como um agente histórico e participante ativo da sociedade, quais reivindicações você faria para que houvesse melhorias em nossa sociedade?

DICAS

▶ ASSISTA

Elizabeth. Reino Unido/EUA, 1998. Direção: Shekhar Kapur, 125 min.
O filme retrata a história da rainha Elizabeth I (1558-1603). Essa biografia ficcional apresenta os fatos econômicos e comerciais que levaram à queda da Dinastia Tudor, iniciando a Dinastia Stuart.

📖 LEIA

O Iluminismo e os reis filósofos, de Luiz R. Salinas Fortes (Editora Brasiliense).
Esse livro mostra como foi o desenvolvimento do movimento iluminista e as transformações que o novo modo de pensar trouxe para diversas sociedades na Europa.

Esculturas em homenagem ao último rei do absolutismo francês, Luís XVI, e sua esposa, Maria Antonieta, sepultados na Basílica de Saint-Denis, França. Obra de 1830, feita por Edme Gaulle e Pierre Petitot.

2

Transformações na França

NESTE TEMA
VOCÊ VAI ESTUDAR:

- o reflexo da crise do Antigo Regime na França;
- a Revolução Francesa e a força política popular;
- as contradições e os limites da república revolucionária;
- a ascensão de Napoleão Bonaparte a imperador;
- como as guerras napoleônicas redesenharam a Europa.

Sonnet Sylvain/Hemis.fr/Alp

Luís XVI foi rei da França e de Navarra. Apesar de seu caráter absolutista, ele tentou instalar na França um governo mais tolerante. No entanto, não conseguiu conter a crise econômica e social que se instaurava.

Assim, no final do século XVIII, ideias iluministas foram colocadas em prática na França por novos sujeitos históricos, que depuseram o rei Luís XVI e sua esposa, Maria Antonieta, e os condenaram à morte.

Mas quem eram eles? Como atuaram no processo revolucionário que marcou o fim do Antigo Regime e o início de uma nova Era?

1 Absolutismo na França

Neste capítulo, você vai estudar a sociedade do Antigo Regime na França e suas principais características: o monarca absolutista, a manutenção da nobreza baseada em títulos, privilégios e trocas de favores e a desigualdade social e política que havia no país.

Como vimos anteriormente, o Antigo Regime caracterizava-se por mercantilismo, privilégios, hereditariedade, prerrogativas feudais, sociedade desigual e hierárquica e monarquia absoluta. Esse sistema encontrou na França sua melhor expressão.

A lógica dos favores

Conforme a lógica da sociedade do Antigo Regime, a distinção social de um indivíduo era medida pelos privilégios que este recebia diretamente do rei ou de seus representantes.

Na sociedade de Corte, ser privilegiado não significava estar próximo fisicamente do rei, mas ser dependente direto dele. O rei definia quem seria agraciado com seus favores e quem ficaria de fora desse círculo. Essa forma de organização social permitia ao rei controlar principalmente os nobres que pudessem competir com ele na busca pelo poder, e o clero. Parte expressiva da burguesia era privilegiada, por exemplo, por receber concessão para a exploração econômica do comércio ultramarino e parte por possuir títulos de nobreza ("togada").

Nesse cenário, o rei absolutista era o centro de uma complexa rede de favores e intrigas, que começava na Corte e se estendia às províncias e colônias.

Museu Nacional do Palácio de Versalhes

← Etienne Allegrain. *Passeio de Luís XIV no parterre do norte dos jardins de Versalhes*, c. 1688. Óleo sobre tela, 2,34 m × 2,96 m.

Rumo ao fim

No século XVIII, a França era o reino mais populoso da Europa. No entanto, a lógica dos favores e o pagamento de altos impostos foi deixando a população cada vez mais insatisfeita.

Em meados do século XVIII, colheitas sucessivas foram arruinadas pelas guerras e por problemas ambientais, o que fez os preços dos alimentos subir. Muitas pessoas migravam para as cidades sem perspectiva de trabalho, mas, como a França era bem menos industrializada que a Inglaterra, não havia ofertas de emprego suficiente para a população.

Em 1787, a França entrou em bancarrota. O reino gastava mais do que arrecadava. À situação interna, somava-se uma crise externa gerada por guerras, como a independência das Treze Colônias na América, que recebeu apoio financeiro da França, e a Guerra dos Sete Anos, que envolveu várias potências europeias.

A insatisfação das classes populares aumentava a cada dia. Obrigados a recolher tributos aos donos das terras, a pagar impostos ao Estado e o dízimo à Igreja Católica, sobrava pouco dinheiro para as despesas cotidianas, que aumentavam constantemente devido ao descontrole nos preços dos alimentos.

Entre a burguesia e a nobreza, foram se acirrando os conflitos em razão da oposição entre os interesses arraigados às concepções do Antigo Regime – como as isenções fiscais do clero e da nobreza – e os interesses de outros favorecidos, particularmente os burgueses.

Com o enfraquecimento da nobreza, que vivia da renda do Estado, sem produzir novas riquezas ao reino, o rei começou a depender de favores da burguesia e, em troca, a considerar alguns burgueses merecedores de um título de nobreza por serviços prestados à Coroa.

Assim, no final do século XVIII, a mobilidade social tornou-se mais frequente, abalando as estruturas do Antigo Regime. Surgiram, dessa situação, diferentes projetos políticos para o reino, como a restauração das unidades senhoriais, o monopólio da administração pública pela nobreza e a monarquia constitucional parlamentar. Era o início de um período de mudanças.

→ *O despertar do terceiro estado*, gravura de 1789 alusiva ao contexto da Revolução Francesa, França.

Museu Carnavalet, Paris. Fotografia: Photo 12/Alamy/Fotoarena

O monarca francês Luís XIV, talvez o exemplo mais representativo dos reis absolutistas, também chamado de Rei-Sol, reinou por mais tempo do que qualquer outro monarca até hoje. Foram mais de 72 anos de governo, em uma época na qual a maioria das pessoas vivia pouco mais de 40 anos. Como era de baixa estatura, especula-se que ele usava saltos altos e roupas um pouco maiores e largas para parecer mais imponente.

Mas foi no reinado de seu sucessor, Luís XV, que o salto alto se difundiu entre os nobres, primeiro entre os homens e depois entre as mulheres da Corte, ficando conhecido pelo nome do rei. Antes, outros calçados com saltos foram usados tanto por homens como por mulheres, mas quase sempre por motivos mais práticos do que estéticos, como os calcanhares reforçados das botas de montaria ou os sapatos e tamancos em plataforma usados pelas mulheres para evitarem sujar suas longas saias em ruas enlameadas.

O chamado salto Luís XV tornou-se objeto de desejo dos nobres, pois lhes conferia *status*. Como o rei ditava a moda, usar esse salto indicava que o indivíduo vivia na Corte e, supostamente, conhecia o rei em pessoa. Como os sapatos eram caros, quem os usava aparentava ser uma pessoa de posses. Entretanto, muitos se endividavam para se vestir de acordo com a moda e manter as aparências.

↑ Hyacinthe Rigaud. *Luís XIV, rei da França,* 1702. Óleo sobre tela, 3,13 m × 2,05 m.

Atualmente, muitas roupas e acessórios têm a mesma função. Alguns ambientes de trabalho, clubes exclusivos e ocasiões sociais exigem que os homens usem terno e gravata ou *smoking* com gravata borboleta. As mulheres devem usar vestidos, joias e sapatos de salto alto. Assim como na época dos reis Luís XIV e XV havia artesãos famosos que confeccionavam sapatos que só os mais ricos podiam pagar, hoje há marcas de roupas que mostram o poder aquisitivo de quem as usa.

Hoje, as vestimentas e os acessórios trazem implícitas características culturais da localidade de quem os usa e distinguem tanto a posição social como o gênero das pessoas. O salto alto, por exemplo, é pouco usado pelos homens e muito usado pelas mulheres. O que é feminino ou masculino costuma ser visto como "natural", mas, na verdade, as variações dependem da sociedade e da época.

1. Quais são as diferenças entre o uso de salto alto pelos homens das elites da Corte do rei Luís XIV na França absolutista e pelas mulheres em nossos dias?

ATIVIDADES

SISTEMATIZAR

1. Como funcionava a lógica de favores durante o absolutismo francês?

2. Explique a situação das camadas populares na sociedade francesa durante o absolutismo.

REFLETIR

1. Leia o trecho abaixo e responda às questões.

> Deus estabeleceu os reis como seus ministros e, através deles, reina sobre os povos. Os reis agem como ministros de Deus e seus representantes sobre a Terra. É através deles que Deus exerce seu império. O trono real não é o trono de um homem, mas o trono do próprio Deus. A pessoa dos reis é sagrada e atentar contra eles é um sacrilégio [...]. Deve-se obedecer ao rei por um princípio de religião e de consciência. São Paulo disse que o rei é ministro de Deus. São Paulo disse: Sede submissos pelo amor de Deus à ordem que foi estabelecida pelos homens; sede submissos ao rei e aos seus representantes. Obedecei a vossos mestres, não somente àqueles que são bons e moderados mas também àqueles que são maus e injustos.

> Jacques Bossuet. *Política baseada na Santa Escritura*. In: Gustavo de Freitas. *900 textos e documentos de História*. Lisboa: Plátano, 1976. p. 201. v. II.

a) Qual é o tema principal do texto?

b) O autor Bossuet apresenta justificativas para a autoridade do rei? Explique.

2. Analise a imagem ao lado e depois faça o que se pede.

a) O que a charge demonstra?

b) Observando a mensagem transmitida pela charge, de que maneira podemos perceber a importância da vestimenta para a construção da imagem do rei?

Coleção particular

→
Makepeace Thackeray. *Rei, Luís, rei Luís*. Sátira da construção da imagem do rei Luís XIV, imortalizada no retrato pintado por Hyacinthe Rigaud em 1701.

DESAFIO

1. Leia o texto a seguir.

> [...] Continuamos a ver pobres mendigos pelas ruas, nas igrejas e nas praças públicas como outrora no dito estabelecimento,* o que provém da dificuldade em prendê-los, por causa da proteção que lhes dão os serviçais das pessoas de posição, os burgueses, os soldados e a arraia-miúda [...].

> Jacques Wilhelm. *Paris no tempo do Rei-Sol*. São Paulo: Companhia das Letras, 1998. p. 241.
> * O autor refere-se ao Hospital Geral de Paris.

- Agora, faça uma pesquisa e compare a vida no Palácio de Versalhes com a da maioria da população que vivia fora dele. Escreva um pequeno texto sobre o que você concluiu e apresente-o aos colegas.

2 Revolução Francesa

No capítulo anterior, você aprendeu que os últimos reis absolutos na França foram marcados por crises econômicas e pela insatisfação da burguesia com os limites da representação política. Neste capítulo, você vai estudar as consequências dessas tensões.

O final do século XVIII marcou o desmoronamento da sociedade feudal francesa. Naquele momento, quase não havia mais servos, pois os camponeses eram livres e, em certos casos, donos de suas propriedades. Mesmo assim, persistiam as obrigações e as taxas feudais.

Nas assembleias dos Estados-Gerais as votações no Antigo Regime eram realizadas em razão de três **ordens**: clero (Primeiro Estado), nobreza (Segundo Estado) e o restante da população, como burgueses, camponeses e artesãos (Terceiro Estado). Cada ordem tinha direito a um voto. Assim, essa distribuição favorecia os projetos do clero e da nobreza em detrimento dos anseios da maior parte da população. E mesmo o Terceiro Estado tinha, com raras exceções, apenas burgueses como seus representantes.

GLOSSÁRIO

Ordem: uma das divisões de uma hierarquia.

Biblioteca Nacional da França, Paris

↑ Autor desconhecido. *Traje cerimonial dos deputados das três ordens dos Estados-Gerais*. 22 cm × 27,5 cm. Gravura publicada em *A Paris*, 1789.

Os Estados-Gerais eram um órgão político de caráter deliberativo e consultivo, formado por representantes das três ordens, que apresentava projetos governamentais ao rei e servia ainda para que o rei consultasse a opinião desses representantes.

Na Assembleia dos Estados-Gerais de 5 maio de 1789, que ocorreu no Palácio de Versalhes, o rei Luís XVI abriu a sessão com discussões sobre os problemas que afetavam a sociedade francesa. Em seguida, foram iniciadas as votações de medidas para resolver essas questões. Na ocasião, o Terceiro Estado, impulsionado pela crise econômica, protestou contra o voto por ordens, pois em todas elas os privilégios de nobres e clero eram mantidos, enquanto a solução encontrada era aumentar a tributação do Terceiro Estado, que já vivia em situação difícil.

Biblioteca Nacional da França, Paris

← Gravura de Isidore-Stanislaus Helman, com base no desenho de Charles Monnet. *Abertura dos Estados-Gerais em Versalhes, 5 de maio de 1789*, século XVIII.

Enfrentando a resistência do rei, os representantes do Terceiro Estado se reuniram no salão destinado ao jogo da pela e juraram manter-se firmes em seus propósitos. Esse evento ficou conhecido como o Juramento do Jogo da Pela.

Alguns representantes do clero, assim como alguns representantes da nobreza, apoiaram a reivindicação do Terceiro Estado. Apesar de tentar resistir, o rei foi vencido e autorizou a nobreza a se juntar aos outros dois Estados. Estava formada a Assembleia Nacional Constituinte, que durou de 1789 a 1791.

O Terceiro Estado havia conseguido assim estabelecer o princípio de um voto por indivíduo. Dessa maneira, como eles compunham a maioria, passaram a ter mais chances de aprovar suas demandas.

 **CURIOSO É...**

Da pela ao tênis

Durante a Idade Média, a Igreja Católica condenou algumas práticas esportivas por associá-las aos jogos dos antigos gregos e romanos, organizados para celebrar divindades pagãs. Mas as pessoas nunca deixaram de se exercitar e de se interessar por exercícios e jogos, seja como forma de treinamento militar, seja como recreação e convívio social.

Carlos Caminha

Uma dessas antigas práticas era o jogo da pela, cujos praticantes eram essencialmente aristocratas. No Palácio de Versalhes, havia uma sala própria para esse jogo. As partidas eram disputadas por dois jogadores, cada um procurando impedir o adversário de recuperar a bola. O número, porém, podia chegar a quatro, seis e oito participantes. O jogo entrou em decadência na época do reinado de Luís XIV, mas se desenvolveu na Inglaterra de forma diferente e voltou para a França com o nome de tênis.

Eclode a revolução

Na abertura da Assembleia Nacional, em 9 de julho de 1789, o ministro das finanças da França, Jacques Necker, em seu discurso, apresentou a situação financeira do reino fazendo diversas críticas e propôs reformas que não foram bem recebidas pelo Primeiro e Segundo Estados. O monarca, em represália, demitiu Necker, em 11 de julho, por propor medidas mais radicais do que desejavam o Primeiro e o Segundo Estados.

A demissão do ministro Jacques Necker foi o estopim para uma série de revoltas em Paris. No dia 13 de julho de 1789, 48 mil homens formaram a Guarda Nacional, comandada pelo marquês de Lafayette.

Em 14 de julho, a fortaleza da Bastilha,

↑ Jean-Pierre Laurent Houel. *Queda da Bastilha*, 1789. Aquarela, 50,5 cm × 37,8 cm.

um depósito de munição onde havia alguns prisioneiros, foi invadida. A Bastilha era o lugar para onde o rei enviava, sem julgamento, os que se opunham a ele. Por isso, tornou-se símbolo de arbitrariedade.

A tomada da Bastilha foi consagrada como o marco inicial da Revolução Francesa, mas, nessa data, outro fator contribuiu para o início dos conflitos: o preço do pão atingiu o maior valor no século XVIII. As revoltas espalharam-se por diversas regiões da França. Camponeses atacaram castelos e mataram nobres.

A Declaração de Direitos

Enquanto trabalhava para mudar a legislação francesa, a Assembleia Nacional Constituinte contou com intensa participação da população, que se manifestava nas ruas e nas instituições, dando força para que as leis garantissem a abolição dos privilégios nobiliárquicos e trouxessem mais igualdade de direitos entre os franceses.

Em agosto de 1789, foi criada a primeira delas, a Declaração dos Direitos do Homem e do Cidadão, que ajudou a abolir os privilégios típicos do Antigo Regime, lançando os princípios de uma sociedade liberal e democrática, fundamentada na liberdade e na igualdade.

Resistente às transformações, o rei Luís XVI negou-se a aprovar os termos da Declaração, provocando uma intensa reação dos populares, que tomaram o Palácio de Versalhes, forçando-o a se mudar para o Palácio das Tulherias.

←
Jean-Jacques-François Le Barbier. *Declaração dos Direitos do Homem e do Cidadão*, 1789. Óleo sobre madeira, 71 cm × 56 cm.

A Constituição francesa

Ciente de que a antiga configuração sociopolítica da França se esvaía, em junho de 1791, o rei Luís XVI tentou fugir da França para buscar apoio de outras monarquias europeias e conter a expansão da revolução. Ele e sua família, porém, foram descobertos e levados de volta a Paris.

Diante dos fatos, em 13 de setembro, o rei aceitou a primeira constituição da história da França. A revolução, enfim, trouxe o primeiro regramento geral do país. Conhecida como Constituição de 1791, por meio dela a monarquia passou a ser constitucional, o rei poderia indicar seus ministros sem consultar a Assembleia e ainda tinha poder de veto. A Igreja foi separada do Estado, e o poder foi dividido em Legislativo, Executivo e Judiciário. Os direitos políticos passaram a ser regidos pela renda, ou seja, apenas os cidadãos mais ricos poderiam votar e ser votados. Por fim, a constituição limitou a intervenção do Estado na economia francesa.

→ Reinier Vinkeles e Daniel Vrydag. *O retorno de Luís XVI a Paris de Varennes*. Gravura, 1791.

Biblioteca Nacional da França, Paris. Fotografia: Bridgeman Images/Easypix Brasil

AQUI TEM MAIS

O Iluminismo e a revolução

A relação entre o Iluminismo e a revolução é assunto complexo que merece ser estudado com todo cuidado. Muitos letrados eram atraídos pelo poder do monarca – ser um escritor ou pensador famoso e reconhecido garantia o recebimento de privilégios reais. Já falar mal do rei poderia levar à prisão ou ao exílio.

Ainda assim, muitos pensadores iluministas escreveram textos criticando a sociedade francesa do século XVIII. Na década de 1780, a produção cultural dos filósofos iluministas foi bastante disseminada. Panfletos, convocações e cartazes estimulavam o sentimento de revolta da população. Setores da nobreza procuravam argumentos na própria filosofia iluminista para sustentar a ideia de que o poder do monarca deveria ser limitado.

O Iluminismo não foi um movimento cultural homogêneo e contínuo, e seus filósofos tinham diferentes opiniões e propostas para a sociedade. De modo geral, por exemplo, Voltaire achava que os filósofos eram a elite esclarecida e que deveriam guiar e "iluminar" (esclarecer) o povo. Já Rousseau acreditava em uma vontade geral, à qual todos deveriam obedecer, que eliminaria a divisão entre dominantes e dominados.

1. Em linhas gerais, aponte as principais diferenças entre as ideias referentes à sociedade defendidas pelos filósofos Voltaire e Rousseau.

A participação feminina

Filósofos iluministas e revolucionários inspirados pelo Iluminismo refletiam sobre as diferenças entre homens e mulheres, sem apresentarem uma opinião única. Embora fossem mais liberais em relação aos valores vigentes, de forma geral, para eles, haveria uma relação de complementariedade entre os dois sexos, mas os homens continuavam sendo considerados superiores.

Contudo, muitas mulheres não se acomodaram à limitação dos valores vigentes e foram além do papel sugerido pelos filósofos e líderes revolucionários. Elas lutaram também por mais participação no cenário político. Mulheres das camadas mais baixas em toda a França protestaram e revoltaram-se. Nos Estados-Gerais, elas pressionavam intensamente os deputados, dentro e fora do prédio do Parlamento. Por isso, em 1793, foram proibidas de entrar nele.

Elas continuaram atuantes nos cafés, nos salões e na imprensa. Algumas chegaram a disfarçar-se de homens e a lutar nos exércitos da revolução, compondo de 10% a 20% das forças revolucionárias.

Museu Carnavalet, Paris

← *A Versalhes, a Versalhes.* Marcha das mulheres para Versalhes, 5 de outubro de 1789. Gravura do século XVIII, de autoria desconhecida.

Livres, iguais e fraternos

A revolução gerou um dos lemas mais conhecidos da História: "liberdade, igualdade e fraternidade".

A liberdade referia-se à liberdade de ir e vir, à liberdade de nascimento, o que implica a rejeição da escravidão (existente nas colônias), e à livre-iniciativa para estabelecimento de atividades artesanais e comerciais, antes muito limitadas pelo Antigo Regime e pelos resquícios do feudalismo. Alguns detentores de privilégios, como os nobres das províncias, podiam cobrar impostos e pedágios ou simplesmente negar a passagem de quem não lhes agradasse. Já a iniciativa da cobrança era limitada pelas concessões da Coroa e pelos privilégios de antigas corporações profissionais.

A igualdade dizia respeito à igualdade de nascimento, o que tem efeito, por exemplo, no estabelecimento de direitos de posse; e aos direitos políticos dos cidadãos. Ela foi o resultado da abolição das ordens em agosto de 1789. Mas a desigualdade econômica era considerada inevitável e, portanto, não questionada.

Para alguns historiadores, grandes acontecimentos criam a oportunidade de reconstrução social da realidade. Com a revolução, uma sucessão de acontecimentos violentos abalou a população. Foi dessa destruição que novas possibilidades surgiram, entre elas, viver a irmandade entre os homens, ou seja, a fraternidade, o mais difícil dos valores revolucionários.

 **FORMAÇÃO CIDADÃ**

A Revolução Francesa possibilitou às classes pobres frequentar lugares até então destinados às classes ricas. Faça uma análise da sociedade atual e pesquise em jornais, revistas e *sites* se os espaços de sua cidade são para todos, sem distinção. Escreva uma redação com base na pesquisa.

ATIVIDADES

SISTEMATIZAR

1. Quem fazia parte do Terceiro Estado e quais eram suas obrigações?

2. Desde o reinado de Luís XVI, o descontentamento do Terceiro Estado contra o Primeiro Estado e o Segundo Estado ficou explícito. Explique essa situação.

3. Como as ideias iluministas eram divulgadas na França?

4. Quais foram os principais pontos da Constituição de 1791?

REFLETIR

1. Observe a imagem abaixo e responda: Quais interpretações podemos fazer da sociedade francesa anterior à eclosão da revolução?

Biblioteca Nacional da França, Paris

← Autor desconhecido. *Um camponês carregando um prelado e um nobre*, 1789. Gravura, 25 cm × 16,5 cm.

2. Com base no texto abaixo, responda: Qual foi a importância da Tomada da Bastilha para o movimento revolucionário francês?

Em tempos de revolução nada é mais poderoso do que a queda de símbolos. A queda da Bastilha, que fez do 14 de julho a festa nacional francesa, ratificou a queda do despotismo e foi saudada em todo o mundo como o princípio da libertação.

Eric J. Hobsbawn. *A era das revoluções: 1789-1848*. São Paulo: Paz e Terra, 2005. p. 83.

3. Leia o texto abaixo, que comenta a Declaração dos Direitos do Homem e do Cidadão, e responda às questões.

Os homens nascem iguais e livres e assim permanecem quanto a seus direitos. O objetivo das associações políticas é a preservação dos direitos naturais e inalienáveis do homem. Esses direitos são: a liberdade, a prosperidade, a segurança e a resistência à opressão. A liberdade civil e política consistem no poder de fazer o que quer desde que não prejudique os outros. [...] Ninguém deve ser punido a não ser de acordo com a lei promulgada antes da ofensa. Um homem é considerado inocente até ser condenado. [...] Cada cidadão pode falar, escrever e publicar livremente seus pensamentos e opiniões desde que se responsabilize pelo abuso dessa liberdade, nos casos determinados pela lei.

Miriam Moreira Leite. *Iniciação à história contemporânea*. São Paulo: Cultrix, 1980. p. 196.

a) De acordo com o texto, quais são os direitos naturais do homem?

b) Segundo o texto, até que ponto as pessoas são livres para expressar suas opiniões?

4. Qual foi a importância da Declaração dos Direitos do Homem e do Cidadão para a hierarquia social francesa?

DESAFIO

1. Olympe de Gouges é o pseudônimo de Marie Gouze, uma revolucionária na época da Revolução Francesa. Ela foi defensora da democracia e dos direitos das mulheres. Seus escritos foram bastante disseminados, especialmente a obra *Declaração dos Direitos da Mulher e da Cidadã*, de setembro de 1791. Pesquise na internet o conteúdo dessa declaração, o que ela aborda sobre a igualdade de gêneros e sua diferença em relação à Declaração dos Direitos do Homem e do Cidadão. Escreva um texto sobre suas descobertas.

3 A república francesa

No capítulo anterior, você estudou os processos revolucionários e as bases teóricas que levaram à Revolução Francesa. Neste capítulo, você vai ver os rumos que a revolução tomou e como esse embate marcou a maneira de fazer política até hoje.

A Proclamação da República

Mesmo após a França tornar-se uma monarquia constitucional, diversos problemas sociais, políticos e econômicos permaneceram, gerando ainda mais tensões e exaltando os ânimos de muitos franceses que almejavam mais mudanças.

No campo da política, facções que se uniam na Assembleia Legislativa começaram a se organizar em defesa de determinados posicionamentos. A disposição na qual se sentavam jacobinos e girondinos – lado esquerdo e lado direito, respectivamente – deu origem à ideia de direita e esquerda na política.

GLOSSÁRIO

Sans-culottes: nome dado aos parisienses que não usavam culotes, calça típica da nobreza francesa. Esse grupo social era composto, basicamente, de artesãos, jornaleiros – trabalhadores que recebiam por dia trabalhado – e donos de pequenos negócios. Apoiando a politização dos cidadãos, os *sans-culottes* tinham forte sentimento coletivo, valorizavam as ações em grupo e a convivência entre si.

Jacobinos	Girondinos
Representavam a pequena e média burguesia e os profissionais liberais, apoiados pelos *sans-culottes*.	Representantes da alta e média burguesia comercial. Eram moderados.
Desejavam implantar a república.	Uns eram favoráveis à monarquia constitucional, enquanto outros eram republicanos.
Sentavam-se à esquerda na Assembleia.	Sentavam-se à direita na Assembleia.

Na economia, houve uma reforma, que introduziu uma moeda nova, o *assignat*. Contudo, suas cédulas perderam valor rapidamente, levando o país à inflação.

Cédula de *assignat*. 1000 francos "*assignat*", 1795.

A tentativa de contrarrevolução

Enquanto os girondinos queriam frear a revolução, os jacobinos pretendiam acelerar o processo revolucionário, e os aristocratas conspiravam para restabelecer o Antigo Regime.

Na Áustria, os aristocratas franceses que haviam fugido da revolução, com o apoio de outras monarquias absolutistas europeias, especialmente da Prússia, formaram um exército com o objetivo de invadir a França e restituir todos os poderes ao rei Luís XVI.

Nikonaft/Shutterstock.com

Os girondinos queriam declarar guerra, pois acreditavam que a ameaça externa uniria o país. Os jacobinos, por sua vez, mobilizaram o povo, pois defendiam que só seria possível impedir o triunfo da contrarrevolução por meio da participação popular.

Em abril de 1792, a França entrou em guerra contra a Áustria e a Prússia. O início do conflito foi desfavorável aos revolucionários, que, diante da aproximação dos exércitos contrarrevolucionários, organizaram o povo e formaram batalhões de voluntários. Alguns deles marcharam cantando entusiasticamente uma canção – "canção de guerra para o exército do reno" –, que acabou conhecida como *A Marselhesa*, tornando-se mais tarde o Hino Nacional francês.

← *Partida dos voluntários de 1792 (A Marselhesa). Detalhe do Arco do Triunfo, esculpido por François Rude entre 1832 e 1835.*

A Comuna Insurrecional de Paris

Durante a guerra, Luís XVI expulsou os ministros girondinos do governo, o que impulsionou uma revolta popular. Sob o comando de Georges Jacques Danton, Maximilien de Robespierre e Jean-Paul Marat foram distribuídas armas ao povo e organizada a Comuna Insurrecional de Paris.

A Comuna era uma organização político-militar que tinha o objetivo de fortalecer e conduzir a participação dos *sans-culottes* no processo revolucionário. Para isso, a Comuna estabeleceu uma forma de governo revolucionário que, além de defender as ideias dos *sans-culottes*, impunha seu poder por meio da força.

As tropas revolucionárias derrotaram a coalizão antifrancesa na Batalha de Valmy, em 20 de setembro de 1792. Sob os gritos de "Viva a nação!", dados pelas tropas francesas, os invasores retiraram-se. Dois dias depois, foi declarada a república na França.

As convenções

Em 10 de agosto de 1792, Luís XVI foi deposto. Assim, os deputados da Assembleia Legislativa decidiram convocar uma nova Assembleia Constituinte, que ficou conhecida como Convenção. Sua primeira reunião ocorreu em 21 de setembro de 1792.

Na república, o rei não era mais o soberano absoluto que governava os súditos pela graça divina, e sim o representante dos franceses, que governava em nome dos cidadãos e em respeito à soberania nacional.

A Convenção era formada por 749 deputados, a maioria de origem burguesa. Na Convenção, os jacobinos defendiam mudanças radicais, e a posição dos girondinos era mais moderada, eles consideravam que as mudanças ocorridas até aquele momento eram suficientes. No centro da Assembleia Constituinte, entre os dois grupos, estavam os deputados conhecidos como "pântano", pois suas posições políticas alternavam-se, como se fossem "movediças".

Os girondinos controlaram a Convenção de 21 de setembro de 1792 até 2 de junho de 1793. As dificuldades eram grandes: guerra externa, insurreições camponesas, queda na arrecadação de tributos, inflação, tumultos e oposições de diversas naturezas.

Por pressão dos jacobinos e em um julgamento tumultuado, Luís XVI foi condenado à morte, o mesmo acontecendo, meses mais tarde, com a rainha Maria Antonieta. Essas execuções fortaleceram os *sans-culottes*, que apoiavam projetos políticos mais radicais.

Coleção particular. Fotografia: Bridgeman Images/Easypix Brasil

↑ Interrogatório de Luís XVI, em 26 de dezembro de 1792, na sala de convenções, antigo *manège*. Gravura de *Paris à travers Les Ages*, 1875.

Os girondinos ainda estavam no poder e não concordavam com mais reformas, desejando, portanto, livrar-se dos *sans-culottes*, já que estes desejavam intensificar o processo revolucionário. Mas um acontecimento afetaria a posição política dos girondinos.

Em março de 1793, eclodiu a Guerra Civil da Vendeia, região do oeste da França. Camponeses revoltaram-se e iniciaram um movimento contrarrevolucionário. A revolta chegou a Paris e estimulou um golpe de Estado contra os girondinos.

Em uma sucessão de eventos, os jacobinos assumiram o Governo da Salvação Pública que culminou com o início do regime do Terror.

Os jacobinos no poder

A Convenção Jacobina começou em 2 de junho de 1793, terminou em 27 de julho de 1794 e foi marcada por atitudes autoritárias.

A República Jacobina foi marcada por vários aspectos:

- instauração do regime do Terror e instituição de um tribunal revolucionário que julgava sumariamente os inimigos da revolução;

- promulgação, em 1793, da nova Constituição, que concedeu o direito de voto a todos os cidadãos masculinos com mais de 21 anos, além de garantir o direito ao trabalho, à instrução e à rebelião, se o governo não correspondesse mais aos interesses da maioria;

↑ Karl von Piloty. *Os girondinos a caminho do suplício em 1793*, 1885. Gravura.

- criação do Comitê de Segurança Geral, que investigava e denunciava os inimigos da revolução;

- abolição da escravidão nas colônias;

- estabelecimento da Lei do Máximo, que definia um valor máximo para alguns preços e salários;

- criação de um calendário revolucionário, no qual o ano I começava no dia 22 de setembro de 1792.

O partido jacobino, no entanto, estava dividido. A ala esquerda do partido desejava a intensificação do Terror e da revolução social (a reforma agrária, por exemplo), por isso seus membros eram chamados de raivosos. A ala direita, dos chamados indulgentes, era liderada por Danton, que pretendia atenuar o Terror e frear o processo revolucionário. Ele e seus partidários foram presos e condenados à morte. Nesse cenário, Robespierre, o principal líder do centro, triunfava sobre os demais.

(!) CURIOSO É...

Guilhotina

A guilhotina era um instrumento utilizado para aplicar a pena de morte por decapitação. Ela foi criada pelo médico e deputado francês Joseph-Ignace Guillotin (1738-1814) com o objetivo de o condenado morrer rapidamente e não ficar agonizando.

Embora já existisse antes, esse aparelho ganhou fama na Revolução Francesa, pois todos os condenados à morte passaram a ser executados nessa máquina a fim de nivelar as formas de execução, fazendo jus aos ideais de igualdade. Até então, os nobres eram executados com um rápido golpe de machado afiado e os condenados de outras classes sociais eram enforcados ou torturados em público até a morte, o que servia tanto para humilhá-los quanto para inspirar medo no povo.

Com o tempo, a guilhotina tornou-se um símbolo do Terror.

A Convenção Termidoriana

Em meados de 1794, Robespierre ficou isolado, pois grande parte da burguesia já não o apoiava. Quando a população parisiense também o abandonou, ele foi deposto e guilhotinado. Era o golpe do 9 Termidor, de 27 de julho de 1794, com o qual a alta burguesia tomou o poder e instaurou a Convenção Termidoriana.

A Comuna Insurrecional de Paris e o partido jacobino deixaram de existir. Uma nova constituição, elaborada em 1795, reservava o poder à alta burguesia, além de impedir a participação das camadas populares nas decisões políticas. Com essas mudanças, o movimento popular entrou em decadência, assinalando o fim da participação do povo na revolução.

Coleção particular

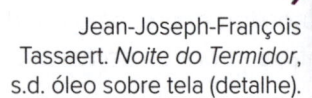

Jean-Joseph-François Tassaert. *Noite do Termidor*, s.d. óleo sobre tela (detalhe).

O Diretório

Em fins de 1795, de acordo com a nova Constituição, a Convenção foi dissolvida e cedeu lugar ao Diretório, conselho formado por cinco membros que consolidou a alta burguesia no poder. Foi um período marcado por corrupção, crise econômica e social e reação conservadora.

Com os conservadores no poder, o projeto de governo mudou e a desigualdade econômica voltou a crescer. Os princípios da preponderância social e política da burguesia passaram a considerar a propriedade como fundamento da ordem social. A economia estagnou, em decorrência da falta de ambiente seguro para investimentos; o desemprego atingiu 10% da população de Paris; a criminalidade aumentou; houve redução na quantidade de hospitais para a população e no número de alunos nas escolas. Mesmo com algumas medidas tomadas pelo Diretório, não foi possível restaurar o sistema aos níveis anteriores a 1789.

Com receio de uma nova revolução, a alta burguesia, com o Exército, procurou alternativas para estabilizar a França. Buscava alguma liderança de prestígio, que até aquele momento tivesse lutado pelos ideais revolucionários. A escolha recaiu sobre o general Napoleão Bonaparte, que tinha ganhado destaque nas lutas contra as potências absolutistas externas.

ATIVIDADES

SISTEMATIZAR

1. Identifique os fatores internos e externos que motivaram a Revolução Francesa.

2. Quem eram os opositores da burguesia na Assembleia e quais eram seus objetivos políticos?

3. Descreva as facções políticas na Assembleia.

4. Quais foram as medidas tomadas após a deposição de Luís XVI?

5. Explique a divergência entre os jacobinos durante a Convenção.

6. O que foi a Convenção Termidoriana?

REFLETIR

1. Leia este trecho e responda às questões.

> Duas forças levaram a França a uma guerra geral: a extrema direita e a esquerda moderada. O rei, a nobreza francesa e a crescente emigração aristocrática e eclesiástica, acampados em várias cidades da Alemanha Ocidental, achavam que só a intervenção estrangeira poderia restaurar o velho regime. [...] era cada vez mais evidente para os nobres e os governantes por direito divino de outros países que a restauração do poder de Luís XVI não era meramente um ato de solidariedade de classe, mas uma proteção importante contra a difusão de ideias perturbadoras vindas da França. Consequentemente, as forças para a reconquista da França concentravam-se no exterior. [...] Para os franceses, bem como para seus numerosos simpatizantes no exterior, a libertação da França era simplesmente o primeiro passo para o triunfo universal da liberdade, uma atitude que levou facilmente à convicção de que era dever da pátria da revolução libertar todos os povos que gemiam debaixo da opressão e da tirania.

Eric J. Hobsbawn. *A era das revoluções.* São Paulo: Paz e Terra, 2010. p. 83.

a) Qual é o tema abordado no texto?

b) Segundo o autor, de que maneira os reis absolutistas de outros países avaliavam a necessidade de Luís XVI retornar ao poder? Quais são as ideias que o trecho apresenta?

c) De acordo com o texto, a população francesa concordava com o retorno do rei?

2. O processo revolucionário francês foi marcado por muito simbolismo. Analise a imagem a seguir e explique qual é a simbologia expressa nela.

Coleção particular

↑ *A Marselhesa*, 1870. Litogravura de autoria desconhecida, com base em desenho de Gustave Doré.

3. Podemos afirmar que os ideais de liberdade e igualdade defendidos na Revolução Francesa são encontrados na sociedade em que vivemos? Justifique.

DESAFIO

1. Em 1792, a canção *A Marselhesa* foi utilizada como estímulo contra o exército contrarrevolucionário. Na época, o trecho "Que um sangue impuro/banhe o nosso solo" era direcionado aos invasores estrangeiros; porém, atualmente, alguns grupos na França o utilizam para discriminar imigrantes e filhos de imigrantes. Pesquise a maneira como a França recepciona imigrantes atualmente e compare a aversão aos estrangeiros no passado e no presente.

4 A Era Napoleônica

No capítulo anterior, você estudou a Revolução Francesa, repleta de novos rumos, mas também de divergências políticas. Neste capítulo, você vai ver a ascensão de um líder que provocou mudanças profundas na Europa e na América.

Entre aqueles que saíram vitoriosos da revolução – donos de terras, burgueses e burocratas – estavam os soldados. O exército havia se constituído em uma instituição aberta ao talento, não importando a origem social de seus integrantes.

De suas fileiras surgiu um dos maiores protagonistas da história ocidental: o jovem general Napoleão Bonaparte.

A ascensão de um novo líder

Em 1796, Graco Babeuf organizou a Conspiração dos Iguais, um movimento social que propunha a igualdade efetiva, ou seja, que os bens e o trabalho deveriam ser igualmente divididos entre os homens. Esse movimento foi reprimido pelo Diretório e seus líderes condenados à morte. No ano seguinte, o Diretório deu o golpe do 18 Frutidor contra os jacobinos e os realistas. Por sua vez, em 1799, os deputados tiraram os membros do Diretório do poder, substituído pelo Consulado, sob o comando de Napoleão Bonaparte.

A crise financeira e política na França e as derrotas militares no exterior levaram a burguesia e o Exército a acreditar que, para restabelecer a ordem, seria necessário um governo forte. Por isso, apoiaram Bonaparte em um golpe de Estado.

Assim, Napoleão deu o Golpe do 18 Brumário (9 de novembro de 1799) e depôs o Diretório. Iniciava-se o Consulado.

Museu Nacional do Palácio de Versalhes

← Antoine-Jean Gros. *O general Bonaparte na ponte de Arcole, 17 de novembro de 1796*, 1796. Óleo sobre tela, 130 cm × 94 cm.

O governo do Consulado

O Consulado era um sistema de governo baseado nos ideais republicanos, mas com fortes características militares. Nessa nova organização, o poder era exercido por três cônsules, sendo Bonaparte um deles. Os cônsules eram responsáveis por criar leis, controlar o exército, nomear funcionários administrativos para o governo e administrar a política externa.

O governo do Consulado marcou o fim da Revolução Francesa e um novo período de ascensão da burguesia. Entre as principais medidas desse governo estão:

- a criação do Banco da França, que tinha como função controlar a emissão da moeda e as finanças da burguesia;
- uma reaproximação com a Igreja Católica;
- a obrigatoriedade de o Estado oferecer educação à população;
- a elaboração de uma nova Constituição.

O governo do Consulado consolidou projetos dos representantes da alta burguesia francesa, que, em retorno, concedeu em 1802 o cargo de cônsul vitalício a Bonaparte. Nos anos seguintes, a melhoria na qualidade de vida dos franceses alavancou ainda mais a popularidade de Bonaparte. Com esse respaldo, ele buscou apoio do Senado e, em 1804, implantou o império e autocoroou-se Napoleão I, imperador da França.

O Império Napoleônico

O grande objetivo de Napoleão era transformar a França em uma potência hegemônica e unir a Europa sob seu comando.

Para isso, deu continuidade ao projeto de conquistas territoriais e declarou guerra à Inglaterra, pois os ingleses constantemente opunham-se à expansão francesa. Napoleão decidiu invadi-la, mas a Grã-Bretanha era uma ilha com forte esquadra naval, o que dificultava sua conquista.

O Bloqueio Continental

Em 1806, para tentar debilitar economicamente os ingleses, Napoleão oficializou o Decreto de Berlim (conhecido como Bloqueio Continental), que proibia qualquer território europeu de comercializar com a Inglaterra, sob pena de invasão.

No entanto, o Bloqueio Continental não enfraqueceu a economia inglesa como Napoleão esperava, pois a Inglaterra encontrou formas de escoar sua produção para fora da Europa.

O Bloqueio Continental teve importantes consequências para Portugal. O monarca, D. João, desobedeceu às ordens de Napoleão e manteve estreita relação comercial com os britânicos. Diante da iminência da invasão francesa, a família real portuguesa transferiu-se para o Brasil.

Museu do Exército - Hôtel des Invalides, Paris

↑ Jean-Auguste Dominique Ingres. *Napoleão no trono imperial*, 1806. Óleo sobre tela, 2,59 m × 1,62 m.

Império Napoleônico - 1812

Fonte: Jeremy Black. *World history atlas*. Londres: Dorling Kindersley, 2008. p. 201.

Legenda do mapa:

- Território francês governado diretamente por Paris
- Estados dependentes
- Estados governados por Napoleão ou por membros de sua família
- Território britânico ou território ocupado pela Grã-Bretanha
- Bloqueio Continental

O domínio da Europa

O ano de 1812 representou o auge do domínio napoleônico na Europa. Ao conquistar territórios, Napoleão destronava os monarcas, concedia títulos nobiliárquicos aos próprios parentes e amigos, e colocava-os para governar. Somente então realizava reformas políticas.

A Guerra Peninsular

Ao conquistar a Espanha, Napoleão aprisionou o rei D. Fernando VII e nomeou seu irmão, José Bonaparte, como monarca. Napoleão controlou parte expressiva da península entre 1807 e 1814, estabelecendo-se na região por sete anos.

Adotando táticas de guerrilha, os espanhóis impuseram aos franceses uma série de reveses. Para manter seu irmão no trono espanhol, Napoleão dispendeu muitos recursos e perdeu muitos soldados experientes. A aliança do clero com alguns setores da população e o apoio britânico selaram a derrota da França na Península Ibérica.

A campanha na Rússia

Alegando que o czar Alexandre I, da Rússia, violara acordos assinados – por exemplo, o rompimento do Bloqueio Continental –, Napoleão invadiu o Império Russo. Com um exército de mais de 600 mil homens de várias nacionalidades, a campanha começou em junho de 1812.

O comandante do exército russo adotou a tática da terra arrasada, que consistia em recuar depois de destruir tudo o que pudesse ser usado como suprimento e abrigo pelos franceses. Assim, quanto mais as tropas de Napoleão avançavam, mais sofriam com a falta de comida, de munição e com o frio.

A pouco mais de cem quilômetros de Moscou, os franceses, apesar das pesadas baixas, em setembro daquele ano, venceram a Batalha de Borodino. O caminho para Moscou estava aberto. Eles ocuparam a cidade que, para surpresa de Napoleão, estava deserta, pois fora evacuada.

Diante da crescente oposição que sofria na França, Napoleão optou pela retirada da Rússia, o que teve início em 19 de outubro de 1812. O inverno de 1812-1813 foi um dos mais rigorosos do século XIX. O frio, a fome, as doenças e os ataques dos inimigos dizimaram a Grande Armada Francesa. Em 14 de dezembro de 1812, sob um frio de −38 °C, apenas 10 mil homens haviam sobrevivido. Mais de 500 mil integrantes do exército de Napoleão morreram na campanha russa.

A derrota

Ciente de que o Exército francês estava enfraquecido, os países inimigos de Napoleão – Inglaterra, Rússia, Prússia e Áustria – reuniram-se para derrotá-lo, o que aconteceu em 1813, perto de Leipzig (na atual Alemanha), naquela que ficou conhecida como a Batalha das Nações.

Ao retornar à França, com o prestígio abalado e com os inimigos ameaçando invadir Paris, Napoleão foi pressionado a renunciar e exilar-se na Ilha de Elba. Com a abdicação de Napoleão, a Dinastia dos Bourbons, por meio de Luís XVIII, voltou ao poder. Os emigrados regressaram com a intenção de reaver as terras distribuídas aos camponeses durante a revolução e, para isso, praticaram violência e arbitrariedades, provocando muito descontentamento popular.

O Governo dos Cem Dias

Em março de 1815, ao conseguir sair da Ilha de Elba, Napoleão, acompanhado de sua guarda pessoal, dirigiu-se a Paris. Por onde passava era recebido entusiasticamente pela população; mesmo as tropas enviadas para detê-lo mudavam para seu lado. Diante dessa situação, Luís XVIII fugiu.

Napoleão retomou o poder, reorganizou seu exército e passou à ofensiva contra a mesma coligação de nações europeias que o havia deposto anteriormente. Acabou, porém, sendo derrotado na Batalha de Waterloo, na Bélgica. Napoleão abdicou do governo após 100 dias de mandato. Foi exilado pelo governo inglês na Ilha de Santa Helena, sob forte esquema de segurança, onde faleceu em 1821.

English Heritage, The Wellington Collection, Apsley House, Londres

↑ William Allan. *A Batalha de Waterloo, 1815*, 1843. Óleo sobre madeira, 1,18 m × 3,10 m.

A restauração absolutista

A nova derrota de Napoleão levou à criação de movimentos que visavam à restauração da monarquia. Para isso, foi fundado o Congresso de Viena, um conjunto de conferências entre os embaixadores dos principais países europeus que ocorreu entre 2 de maio de 1814 e 9 de junho de 1815.

Os principais objetivos do Congresso de Viena eram restaurar os respectivos tronos às famílias reais derrotadas pelas tropas de Napoleão, retomar a colonização nos termos anteriores ao Império Napoleônico e redesenhar o mapa político do continente europeu após a derrota da França.

Sinfonia de Beethoven para Napoleão

Ludwig van Beethoven (1770-1827) nasceu em Bonn, região pertencente à atual Alemanha, e desde jovem ajudava no sustento da casa trabalhando como **organista**, **cravista**, músico de orquestra e professor. Compôs muitas sinfonias, que são composições musicais longas, para serem tocadas por orquestras, geralmente divididas em vários movimentos.

> A sinfonia é considerada a mais importante composição musical para orquestras e a maior expressão da música erudita.

GLOSSÁRIO

Cravista: músico que toca cravo, instrumento com cordas e teclado, similar a um piano.

Organista: músico que toca órgão, instrumento constituído de tubos, que produz um som característico quando o ar passa por eles, acionado por teclado e pedaleira.

Jovem no período em que ocorreu a Revolução Francesa, Beethoven foi um entusiasta e identificou em Napoleão uma figura capaz de realizar as transformações políticas e sociais imaginadas pelos revolucionários. Via nele o homem que libertaria a região da atual Alemanha dos aristocratas e dos príncipes que a dominavam, ao colocar em prática os ideais da Revolução Francesa, e que aboliria a servidão dos camponeses. Muitos germânicos o viam assim.

A simpatia de Beethoven por Bonaparte era tão profunda que, quando Napoleão foi nomeado primeiro-cônsul, dedicou uma sinfonia a ele. A Terceira Sinfonia foi escrita entre 1802 e 1804 e era inovadora para a época: tinha muitos contrastes – o que exigia grande concentração para acompanhá-la –, e foi a sinfonia mais extensa composta até então. O resultado: se tornou uma das obras mais significativas da música clássica.

Porém, quando Napoleão se autoproclamou imperador, Beethoven se decepcionou, pois reconheceu nesse gesto um reflexo de seu ímpeto tirano. Alguns biógrafos afirmam que ele teria pensado em queimar a partitura, mas acabou jogando na lareira apenas a sua capa e manteve a composição em memória da esperança nos ideais revolucionários, substituindo o título original por um novo: Sinfonia Heroica.

→ Joseph Karl Stieler. *Retrato de Ludwig van Beethoven ao compor a Missa solene*, 1820. Óleo sobre tela, 62 cm × 50 cm.

Beethoven-Haus, Bonn

1. De que modo a arte de Beethoven acompanhou os movimentos históricos do Período Napoleônico?

SISTEMATIZAR

1. Em que contexto histórico a França se encontrava quando Napoleão Bonaparte assumiu o governo?

2. Que tipo de igualdade Babeuf almejava?

3. Como foi instituído o Consulado?

4. Explique o Bloqueio Continental e por que ele foi estabelecido por Napoleão.

5. O Governo dos Cem Dias foi a última vez em que Napoleão Bonaparte ocupou o poder na França. O que aconteceu para ele retornar ao poder e por que esse governo durou tão pouco?

REFLETIR

1. Leia o trecho do decreto do Bloqueio Continental definido por Napoleão e responda.

[…]

Artigo 1º – As Ilhas Britânicas são declaradas em estado de bloqueio.

Artigo 2º – Qualquer comércio e qualquer correspondência com as Ilhas Britânicas ficam interditadas [...].

Artigo 3º – Qualquer indivíduo, súdito da Inglaterra [...], que for encontrado nos países ocupados por nossas tropas ou pelas tropas de nossos aliados, será constituído prisioneiro de guerra. [...]

Artigo 5º – O comércio de mercadorias inglesas é proibido, e qualquer mercadoria pertencente à Inglaterra ou proveniente de suas fábricas e de suas colônias é declarada boa presa. [...]

Artigo 7º – Nenhuma embarcação vinda diretamente da Inglaterra ou das colônias inglesas, ou lá tendo estado, desde a publicação do presente decreto, será recebida em porto algum.

Artigo 8º – Qualquer embarcação que [...] transgredir a disposição acima será apresada, e o navio e sua carga serão confiscados como se fossem propriedade inglesa.

Decreto do Bloqueio Continental, 1806. In: Kátia M. de Queirós Mattoso. *Textos e documentos para o estudo da História Contemporânea (1789-1963)*. São Paulo: Hucitec; Edusp, 1977. p. 48-50.

● Quais são as características marcantes do governo de Napoleão que podemos encontrar registrada no trecho selecionado?

2. Com base na realidade mundial hoje, quais são as consequências de uma guerra para a sociedade civil? Se necessário, pesquise.

3. Os personagens da imagem abaixo representam Napoleão Bonaparte (monarca francês) e Jorge III (monarca inglês).

National Portrait Gallery, Londres

← James Gillray. *São Jorge e o dragão*, 1805. Gravura, 39,5 cm × 39,9 cm.

a) A qual contexto histórico esta obra faz alusão?

b) Quais são os personagens que representam Napoleão e Jorge III?

DESAFIO

1. Durante o Consulado, Napoleão reorganizou o sistema educacional público francês. Ele criou liceus – escolas de artes e ofícios –, o que ficou caracterizado como um dos principais feitos dessa época. Explique a importância da educação para o mundo contemporâneo.

Marat na arte contemporânea

Museu Real de Belas Artes, Bruxelas

↑ Jacques-Louis David. *A morte de Marat*, 1793. Óleo sobre tela, 1,28 m × 1,65 m.

Jean-Paul Marat (1743-1793) foi um intelectual, cientista, pensador, jornalista e ativista político que atuou decisivamente nos processos que desencadearam a Revolução Francesa. Em seu jornal, *O Amigo do Povo*, ele escrevia em prol das causas populares e promovia agitações importantes. Esse destaque lhe garantiu a imagem de grande lutador em prol das causas da revolução. Foi assassinado por uma ativista do partido político que se opunha a suas ideias e atividades. Isso aconteceu em um momento de fervor nos processos revolucionários, gerando comoção social e homenagens em memória desse personagem da revolução.

Jacques-Louis David (1748-1825) foi um pintor importante, que também participou ativamente dos processos revolucionários retratando momentos de destaque e ajudando a construir a imagem da revolução. Posteriormente, tornou-se amigo de Napoleão Bonaparte, o que lhe possibilitou criar outras obras-primas da pintura nessa época.

Em *A morte de Marat*, Jacques-Louis David retrata o ativista alguns instantes após seu assassinato. Quase não há sangue no quadro; apenas algumas gotas, além da água da banheira, que está avermelhada. A luz é teatral: enquanto o caixote, a cabeça e os braços de Marat estão bem iluminados, os detalhes mais sangrentos ficam nas sombras. O pintor escolheu concentrar a atenção no mártir, e não no crime em si, o que também se evidencia pela faca jogada ao chão, que é do mesmo tamanho da pena utilizada por Marat para escrever. Esses objetos contam a interpretação do artista sobre o atentado: enquanto a assassina utilizou uma arma, Marat seria alguém que lutava com suas ideias. A divisão central sugere um horizonte, delimitando a terra e o céu, como se estivesse nos dizendo que sua memória sobreviveria após sua morte.

A morte de Marat é um exemplo do que a indústria da arte faz com obras e artistas que se destacam: viram ícones incontestáveis e celebridades dignas de muitas citações.

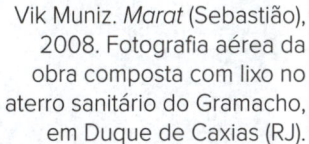

→ Vik Muniz. *Marat* (Sebastião), 2008. Fotografia aérea da obra composta com lixo no aterro sanitário do Gramacho, em Duque de Caxias (RJ).

© Muniz, Vik/Licenciado por AUTVIS, Brasil, 2018

O poder da arte, de fato, fez cumprir as intenções do pintor, pois essa obra ganhou notoriedade e diversas releituras, e muitos outros artistas renderam homenagem à criação de David. Entre eles, destacamos Vik Muniz, um consagrado artista plástico contemporâneo brasileiro radicado nos Estados Unidos, que realizou um extraordinário trabalho plástico fazendo uma releitura do quadro de David com outro personagem, o líder sindical Sebastião Carlos dos Santos, mais conhecido por Tião. Muniz, como David, realiza um tipo de arte cuja proposta é a comunicação com o povo, e não somente com o universo das artes, galerias e museus. Desse modo, fez sua obra com material do aterro sanitário do Jardim Gramacho, no Rio de Janeiro, o maior do mundo, representando um grande mosaico humano formado pelos trabalhadores do local, os catadores.

A obra de Vik Muniz faz com que o espectador olhe para a arte contemporânea não só como arte, mas chama a atenção para artistas, processo criativo, histórias, pessoas, contexto, transformações e conceitos. Nesse caso, a intenção é fazer com que aqueles catadores ganhem o mundo como os seres humanos que são, ou como as obras de arte que se tornaram. O líder revolucionário do quadro de David aqui é substituído por um líder sindical; os elementos do contexto social da Revolução Francesa, como a reivindicação do povo por transformações profundas na sociedade, aqui são substituídos pelo clamor de indivíduos a favor do reconhecimento de sua existência.

1. De que forma Jacques-Louis David retratou o contexto da Revolução Francesa em seu quadro *A morte de Marat*?

2. De que modo Vik Muniz utiliza-se dos elementos do quadro de Jacques-Louis David para construir o conceito de sua obra contemporânea?

Museu Belvedere, Viena

1

- **Título:** *Napoleão no passo de São Bernardo ou Napoleão cruzando os Alpes*
- **Autor:** Jacques-Louis David
- **Técnica:** Óleo sobre tela
- **Dimensão:** 2,75 m × 2,32 m
- **Ano de produção:** 1801
- **Localização:** Museu Belvedere, Viena

Museu do Louvre, Paris

2

- **Título:** *Bonaparte atravessando os Alpes*
- **Autor:** Paul Delaroche
- **Técnica:** Óleo sobre tela
- **Dimensão:** 2,89 m × 2,22 m
- **Ano de produção:** 1848
- **Localização:** Museu do Louvre, Paris

As imagens de Napoleão Bonaparte

Os dois quadros representam Napoleão Bonaparte em sua travessia pelos alpes suíços a fim de chegar à região da Itália para conquistá-la, no ano de 1800, no início do período chamado de Guerras Napoleônicas. Ambos foram pintados por artistas franceses.

O **quadro 1** é uma obra de Jacques-Louis David, pintor oficial do governo de Bonaparte. Nele, podemos observar a pose de bravura de Napoleão, que, com seu dedo, aponta para a frente. Napoleão está sobre um cavalo branco, majestoso, que, empinando e relinchando, dá a sensação de movimento. Atrás de Napoleão, há soldados, e até uma parte de uma roda de suporte de canhão da época aparece na imagem. Na pintura, apesar do cenário um pouco escurecido, devido à sombra das geleiras dos Alpes, Napoleão e seu cavalo estão iluminados. O primeiro-cônsul, como figura de destaque, tem um grande manto vermelho sobre os ombros.

O **quadro 2** é do artista Paul Delaroche. A pintura é escura e nela estão representados Napoleão Bonaparte e seus homens em direção à Itália. Bonaparte, sobre uma mula cansada e cabisbaixa, veste um pesado e escuro casaco para se proteger do frio, parecendo fatigado. Atrás dele, seu exército parece fazer muito esforço para conseguir vencer as barreiras geográficas dos Alpes.

Contextualizando as pinturas

Ainda que retratem o mesmo episódio histórico, as duas pinturas são completamente diferentes: no **quadro 1**, há a intenção de representar Napoleão Bonaparte como um primeiro-cônsul herói; no **2**, o objetivo do artista é mostrar a possível realidade daquela difícil travessia dos Alpes por Napoleão e seu exército.

Provavelmente, isso se deve ao fato de terem sido pintados em épocas diferentes: o **quadro 1** é de 1801, portanto contemporâneo ao fato histórico retratado – além de ter sido feito pelo pintor oficial de Bonaparte; já o **quadro 2** é póstumo a Napoleão, pois foi pintado em 1848 (Napoleão falecera em 1821), momento em que, na Europa, houve uma série de críticas e abalos das monarquias. Temos, então, duas visões sobre Napoleão Bonaparte e dois tipos de artes distintas: uma romântica **(1)** e outra mais realista **(2)**.

Estudiosos apontam que Delaroche indignou-se ao ver a pintura de Jacques-Louis David sobre Napoleão cruzando os Alpes, pois sabia-se, à época, que ele não utilizara um cavalo na missão, e sim uma mula, tal como Delaroche retratou em sua obra. Portanto, podemos concluir que a representação de Delaroche é mais crítica; o artista talvez tenha tentado mostrar o abalo das monarquias, em especial do grandioso e, naquele momento, já histórico Império Napoleônico.

Refletindo sobre as pinturas

1. Descreva as duas obras analisadas e aponte as diferenças entre elas.

2. Explique, com suas próprias palavras, por que as duas obras, apesar de retratarem o mesmo tema, têm abordagens diferentes.

1. Na pintura abaixo, vemos o retrato do rei Luís XIV quando criança sendo coroado pela deusa da vitória (Nice). Observando esta obra, a qual conclusão podemos chegar a respeito desse personagem histórico, levando em consideração a representatividade da origem divina dos reis?

Museu Nacional do Palácio de Versalhes

↑ Jean Nocret (atribuição). *Luís XIV, rei da França*, c. 1653. Óleo sobre tela, 2,51 m × 2,06 m.

2. Leia o trecho a seguir e responda às perguntas.

Seríamos demasiado felizes, meu filho, se nunca tivéssemos que obrigar e conceder graças. Mas o próprio Deus, cuja bondade não tem limites, nem sempre tem que recompensar e algumas vezes vê-se obrigado a castigar. Qualquer que seja a dor que isto nos cause, devemos consolar-nos sentindo em nós próprios que o fazemos como Ele, partindo do único ponto de vista justo e legítimo de um bem mil vezes mais considerável. Exterminar os homicidas e os malfeitores não é derramar o sangue de nossos súditos, mas antes economizá-lo e conservá-lo: é comover-se de compaixão, mais por um número infinito de inocentes do que por um pequeno número de culpados. A indulgência perante estes desgraçados indivíduos seria uma crueldade universal e pública. Suprimir o rigor das leis é suprimir a ordem, a paz, a tranquilidade do mundo; é suprimir, ao mesmo tempo, a realeza.

Luís XIV. *A arte de governar*. Lisboa: Iniciativas Editoriais, 1976. p. 59-60.

a) Qual é a comparação que o rei Luís XIV faz no trecho anterior?

b) Qual é a função do castigo quando imposto pelo rei?

c) Quais atributos precisam necessariamente compor a personalidade do rei?

3. A situação interna e externa da França contribuiu para a eclosão do movimento revolucionário de 1789. Qual era a situação do país anos antes desse evento?

4. A Declaração dos Direitos do Homem e do Cidadão, fruto da Revolução Francesa e base da Declaração Universal dos Direitos Humanos, é ainda hoje um documento importante para todas as atuais democracias. Leia abaixo um excerto dessa declaração e, em seguida, explicite os ideais e os direitos fundamentais expressos nela.

Art. 1º Os homens nascem e são livres e iguais em direitos. As distinções sociais só podem fundamentar-se na utilidade comum.

Ministério Público Federal. *Declaração dos Direitos do Homem e do Cidadão de 1789*. Disponível em: <http://pfdc. pgr.mpf.mp.br/atuacao-e-conteudos-de-apoio/legislacao/ direitos-humanos/declar_dir_homem_cidadao.pdf>. Acesso em: jan. 2019.

5. Até o século XVIII, a história só registrava os magníficos impérios, grandes heróis e

importantes reis; ou seja, analisava apenas os grandes feitos. Porém, a partir da Revolução Francesa, houve uma ruptura nesse sentido. Explique qual foi essa mudança na história.

6. Mesmo sendo considerado um período de atitudes autoritárias, a Convenção Jacobina realizou algumas mudanças sociais. Cite quais foram os princípios revolucionários levados adiante pelos jacobinos.

7. Com a dissolução da Convenção ao final de 1795, instalou-se um novo governo, o Diretório. Um novo panorama político desenvolveu-se nesse período. Explique como o poder político desenrolou-se nessa fase.

8. Leia o texto abaixo e responda às questões a seguir.

Em 1804, depois de nomeado imperador, Napoleão convenceu o papa Pio VII a vir a Paris para sua coroação. Foi um feito diplomático memorável, para quem se notabilizara apenas pelo uso eficiente das armas: mil anos antes, outro imperador francês, Carlos Magno, teve que fazer o caminho inverso e ir a Roma em busca da bênção papal à sua investidura. Napoleão, não satisfeito, frisou seu triunfo fazendo o papa esperá-lo três horas para a cerimônia. Outra surpresa estava reservada para o chefe da Igreja nesse dia: Napoleão coroou a imperatriz Josefina e, em seguida, com as próprias mãos, colocou a coroa imperial sobre sua cabeça. Ao papa coube, apenas, a celebração do ofício religioso.

Ricardo Maranhão; José Carlos Ruy. Napoleão e a Igreja. *Superinteressante*, São Paulo: Abril, ano 3, n. 2, p. 41, 1989.

a) Que mudança ideológica está expressa no fato de o papa ter ido à França, e não o imperador francês ter ido a Roma?

b) Qual foi o intuito de Napoleão ao formalizar a própria coroação?

9. Durante o Consulado (1799 -1804), Napoleão criou, em 1804, o Código Napoleônico, um conjunto de leis que reconheceu os princípios de liberdade civil, igualdade perante a lei e secularidade do Estado. Esse código influenciou os códigos da lei civil em todo o mundo. Leia o trecho abaixo, escrito por Leo Huberman, e faça o que se pede.

O exame do Código Napoleônico deixa isso bem claro. Destinava-se evidentemente a proteger a propriedade – não a feudal, mas a burguesa. O Código tem cerca de dois mil artigos, dos quais apenas 7 tratam do trabalho e cerca de 800 da propriedade privada. Os sindicatos e as greves são proibidos, mas as associações de empregadores permitidas. Numa disputa judicial sobre salários, o Código determina que o depoimento do patrão, e não o do empregado, é que deve ser levado em conta.

Leo Huberman. *História da riqueza do homem.* 18. ed. Rio de Janeiro: Zahar Editores, 1982. p. 162.

a) Pesquise o que o Código Napoleônico determinava.

b) Explique por que esse código é considerado por Huberman uma garantia para a burguesia.

10. Sobre o Bloqueio Continental, responda:

a) Que argumentos Napoleão utilizou no decreto para legitimar o Bloqueio Continental?

b) Quais foram as implicações do decreto para os países afetados?

DICAS

📖 LEIA

A Revolução Francesa, de André Diniz (Escala Educacional).
Nesse livro, a Revolução Francesa é retratada em forma de história em quadrinhos.

Declaração dos Direitos da Mulher e da Cidadã. O documento foi proposto à Assembleia Nacional da França, em setembro de 1791, por Marie Gouze (1748-1793), filha de um açougueiro do sul da França. Disponível em: <www.direitoshumanos.usp.br/index.php/Documentos-anteriores-à-criação-da-Sociedade-das-Nações-até-1919/declaracao-dos-direitos-da-mulher-e-da-cidada-1791.html>. Acesso em: jan. 2019.

↑ Juan O'Gorman. *Retábulo da Independência*, 1960-1961. Mural, 4,4 m × 15,69 m (detalhe).
A pintura faz uma representação teatralizada da guerra de independência mexicana. Ao centro, Miguel Hidalgo carrega uma tocha (símbolo da liberdade) e o Decreto de Guadalajara, documento em que propunha a abolição da escravidão e a repartição igualitária de terras.

TEMA

3

Tempo de independências

NESTE TEMA
VOCÊ VAI ESTUDAR:

- o processo de independência dos Estados Unidos;
- a abolição da escravatura e a independência do Haiti;
- os efeitos da crise do Antigo Regime nas colônias americanas;
- os movimentos independentistas latino-americanos e a participação popular.

As ideias iluministas, a Revolução Francesa e a independência dos Estados Unidos influenciaram processos de independência de várias regiões no continente americano. Do México à Argentina, a participação de indígenas, mestiços, africanos, afrodescendentes, livres e escravizados, e religiosos foi fundamental para os processos de emancipação política da região. Como essas emancipações ocorreram? Foram de forma pacífica? Quem foram os principais sujeitos históricos? Elas aconteceram de maneira homogênea?

Independência dos Estados Unidos

Neste capítulo, você vai estudar a colonização britânica no norte do continente americano e o primeiro processo de independência da América.

No final do século XVIII, havia 13 colônias inglesas na América do Norte ocupando uma faixa do litoral atlântico. A maioria dos colonos da região era composta de migrantes puritanos que fugiram dos conflitos religiosos durante a Reforma Protestante na Inglaterra.

Treze Colônias inglesas na América – 1763

© DAE/Studio Caparroz

75° O

Massachusetts

New Hampshire

L. Huron

L. Ontário

Nova York

Massachusetts

Rhode Island
Connecticut

L. Erie

Pensilvânia

Nova Jersey

Maryland

Delaware

Virgínia

OCEANO ATLÂNTICO

Carolina do Norte

Carolina do Sul

Geórgia

N O L S

0 194 388 km
1 : 19 400 000

30° N

Colônias do Norte ou Nova Inglaterra

Colônias Centrais

Colônias do Sul

- - - - Fronteiras aproximadas

O desenvolvimento das colônias norte-americanas foi bastante diversificado.

Nas colônias do sul havia grandes propriedades de tabaco e algodão, produtos destinados à exportação. A principal mão de obra utilizada nelas era escrava, de origem africana, explorada por colonos enriquecidos. A Inglaterra estabelecia estreitas relações com os colonos do sul, pois eles consumiam mais produtos metropolitanos do que os do norte.

Já nas colônias do centro e do norte, o trabalho em propriedades pequenas ou médias era preponderantemente livre e o sistema escravista estava em declínio. Ao contrário do que ocorria no sul, havia maior diversificação de produção agrícola e algumas manufaturas, que supriam a demanda por produtos metropolitanos nessas regiões.

Essa diversificação das colônias inglesas possibilitou o estabelecimento de relações comerciais entre colonos, que, com o tempo, passaram a ameaçar o monopólio comercial da metrópole e, portanto, da economia inglesa. Essa foi a principal origem das divergências e dos conflitos entre a colônia e a metrópole.

Fontes: *Atlas histórico*. São Paulo: Encyclopaedia Britannica do Brasil, 1997. p. 125; Jeremy Black (Ed.). *World history atlas*. Londres: Dorling Kindersley, 2008. p. 127.

As origens dos conflitos

No século XVIII, a Inglaterra projetou-se como a maior potência europeia. O expansionismo inglês e a vitória sobre a França na Guerra dos Sete Anos consolidaram essa hegemonia, o que garantiu estabilidade e segurança para a economia das ilhas britânicas.

Estabilizada após a guerra, a Inglaterra decidiu restabelecer o monopólio comercial com as colônias, garantindo assim o escoamento de sua produção manufatureira e restringindo a manufatura colonial. Para isso, houve uma série de intervenções às colônias americanas, entre as quais se destacam as medidas indicadas na linha do tempo ao lado.

Com essas medidas, a Inglaterra criava mecanismos para proteger o capital investido até então, ao mesmo tempo que evitava a constituição de uma sociedade autônoma e independente na América.

No entanto, os interesses da coroa e da burguesia inglesa passaram a colidir com as aspirações da elite colonial, que estava bastante influenciada pelas ideias iluministas. Entre as ideias disseminadas pelos colonos, estava o liberalismo defendido por John Locke – para quem a democracia poderia conviver com a escravidão –, o direito de rebelião do povo que fosse oprimido e a máxima de que "sem representação não deve haver taxação".

As manifestações coloniais

Durante todo o período em que a metrópole oprimiu a colônia ocorreram manifestações por parte dos colonos.

Uma dessas manifestações resultou no denominado Massacre de Boston. Em 1770, colonos protestavam contra o aumento de impostos sobre produtos como o chá, o papel, a tinta e o vidro, quando soldados metropolitanos, para conter o protesto, dispararam na multidão, matando cinco pessoas e ferindo outras. O episódio teve grande repercussão nas colônias.

Coleção particular

← Paul Revere. *Massacre de Boston*, c. 1770. Gravura colorida.

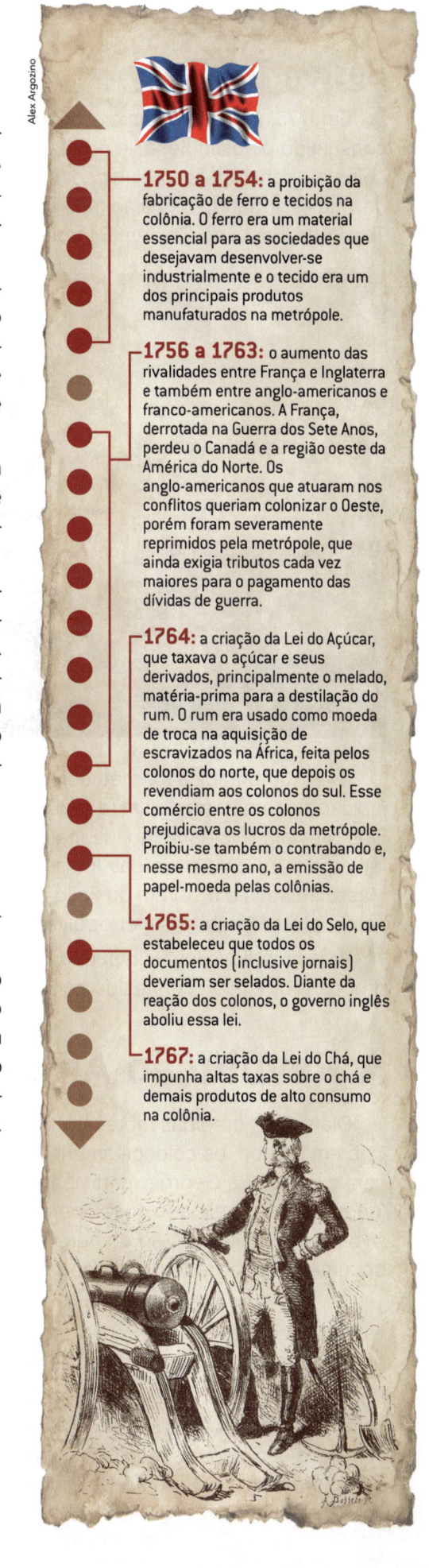

Alex Argozino

1750 a 1754: a proibição da fabricação de ferro e tecidos na colônia. O ferro era um material essencial para as sociedades que desejavam desenvolver-se industrialmente e o tecido era um dos principais produtos manufaturados na metrópole.

1756 a 1763: o aumento das rivalidades entre França e Inglaterra e também entre anglo-americanos e franco-americanos. A França, derrotada na Guerra dos Sete Anos, perdeu o Canadá e a região oeste da América do Norte. Os anglo-americanos que atuaram nos conflitos queriam colonizar o Oeste, porém foram severamente reprimidos pela metrópole, que ainda exigia tributos cada vez maiores para o pagamento das dívidas de guerra.

1764: a criação da Lei do Açúcar, que taxava o açúcar e seus derivados, principalmente o melado, matéria-prima para a destilação do rum. O rum era usado como moeda de troca na aquisição de escravizados na África, feita pelos colonos do norte, que depois os revendiam aos colonos do sul. Esse comércio entre os colonos prejudicava os lucros da metrópole. Proibiu-se também o contrabando e, nesse mesmo ano, a emissão de papel-moeda pelas colônias.

1765: a criação da Lei do Selo, que estabeleceu que todos os documentos (inclusive jornais) deveriam ser selados. Diante da reação dos colonos, o governo inglês aboliu essa lei.

1767: a criação da Lei do Chá, que impunha altas taxas sobre o chá e demais produtos de alto consumo na colônia.

Boston Tea Party

Em 1773, a Coroa britânica concedeu o monopólio da comercialização do chá – produto bastante consumido pelos ingleses e norte-americanos – à Companhia das Índias Orientais. Os comerciantes coloniais sentiram-se prejudicados e, disfarçados de indígenas, atacaram os barcos da Companhia das Índias, jogando o chá ao mar, como forma de protesto. O episódio ficou conhecido como *Boston Tea Party* (Festa do Chá em Boston).

← *Festa do Chá em Boston.* Gravura publicada no livro *The History of North America*, de W. D. Cooper. Londres: E. Newberry, 1789.

A reação britânica foi imediata: interditou o Porto de Boston, exigiu indenização à companhia prejudicada e tomou medidas de represália. Os colonos chamaram essas medidas de Leis Intoleráveis. Elas previam o julgamento, na Inglaterra, dos líderes da *Boston Tea Party*, uma indenização da colônia para a Companhia das Índias Orientais pelo chá destruído, a ocupação militar da colônia de Massachusetts e a severa punição aos agressores de funcionários públicos e aos vândalos que atacaram prédios públicos metropolitanos.

Essas medidas levaram parte dos colonos ingleses a optar pela independência das colônias, um processo que ficou conhecido como Revolução Americana.

A Revolução Americana

Diante das medidas repressivas tomadas pela metrópole britânica, notadamente após a Festa do Chá em Boston, os colonos americanos resolveram reagir. Em 1774, os representantes das colônias, com exceção da Geórgia, participaram do Primeiro Congresso Continental da Filadélfia. Nele, os colonos juraram fidelidade ao rei, porém exigiram a supressão das Leis Intoleráveis, dos impostos abusivos e das limitações ao comércio e à indústria. Todas essas reivindicações estavam contidas no documento elaborado pelos congressistas: a Declaração dos Direitos dos Colonos.

Em resposta, a Coroa inglesa exigiu que os colonos se submetessem à sua vontade, sem acatar às reivindicações deles. Isso, porém, só fez com que a causa da independência recebesse um apoio popular ainda maior entre diversos grupos sociais das colônias.

As ações militares entre ingleses e colonos americanos começaram em 1775. Depois de diversos combates e dos abusos cometidos pelas tropas inglesas e mercenários a serviço da metrópole, os representantes das colônias reuniram-se no Segundo Congresso da Filadélfia, em que o democrata Thomas Jefferson redigiu a Declaração de Independência dos Estados Unidos, divulgada em 4 de julho de 1776.

O documento, inspirado nas principais ideias iluministas, estabelecia, entre outras determinações, que todos os homens foram criados iguais e têm direito à vida, à liberdade e à busca da felicidade.

FORMAÇÃO CIDADÃ

O direito à liberdade e à busca pela felicidade pública, que constituem direitos individuais, são marcos importantes da Declaração de Independência dos Estados Unidos. Atualmente, você considera que eles estejam sendo aplicados? Caso seja necessário, pesquise.

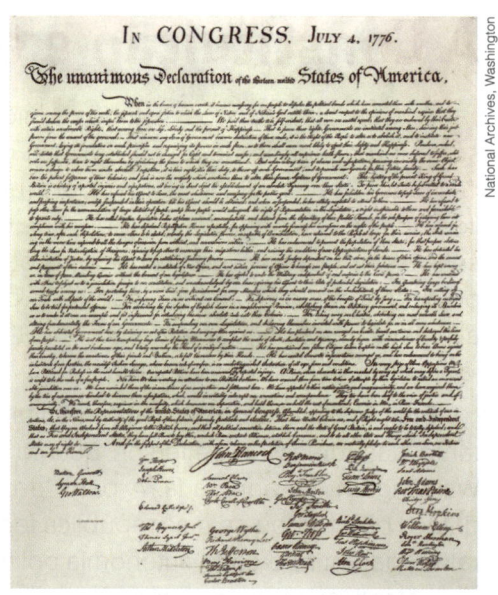

→ Fac-símile da Declaração de Independência dos Estados Unidos, 4 de julho de 1776.

A guerra por independência

Logo que recebeu a notícia da Declaração de Independência dos Estados Unidos, os ingleses ordenaram às suas tropas na América que combatessem os rebeldes e restabelecessem, à força, o poder da Coroa sobre a colônia.

Para combater o exército britânico, os colonos tinham tropas compostas basicamente de civis, que careciam de treinamento militar e equipamento de combate. Ciente de que não estava em condições de enfrentar os britânicos em batalhas convencionais, George Washington, comandante do exército continental, optou pela guerra de guerrilha, um tipo de conflito a que não estavam acostumados. Em vez de combater em campo aberto, os colonos atacavam as tropas de surpresa e, como conheciam melhor o terreno, conseguiam se esconder e se deslocar mais rapidamente em grupos menores. Os americanos também afundavam os navios ingleses, enquanto construíam as próprias embarcações com técnicas e materiais oriundos da colônia.

Em 1778, o embaixador americano Benjamin Franklin, representando os colonos, obteve na Europa o apoio da França, da Holanda e da Espanha para o processo de independência. Assim, a marinha britânica passou a sofrer ataques constantes das armadas desses três países. Sem o apoio da marinha britânica para suprir as tropas inglesas do outro lado do Atlântico, o conflito passou a se tornar favorável ao Exército Continental. Finalmente, em 1781, os ingleses foram cercados pelos americanos e franceses. Derrotadas na Batalha de Yorktown, as tropas imperiais renderam-se.

A paz só foi firmada em 1783, quando foi reconhecida a Independência dos Estados Unidos no Tratado de Paris. A França recebeu dos ingleses o Senegal e parte das Antilhas, enquanto a Flórida (mais tarde comprada pelos Estados Unidos) e Minorca couberam à Espanha.

↑ Emanuel Leutze. *Washington atravessando o Delaware*, 1851. Óleo sobre tela, 3,78 m × 6,48 m.

A Constituição e a república

A Constituição dos Estados Unidos só foi promulgada depois de muitas discussões. Havia duas tendências: uma liderada por George Washington, que desejava um governo centralizado, e outra pelo advogado Thomas Jefferson, que almejava maior independência político-administrativa de cada estado.

Em 1787, a Constituição, resultante tanto das ideias de Jefferson quanto de Washington, foi aprovada. A partir dessa data, o país tornou-se uma república federativa, garantindo certa autonomia política aos estados; adotou o presidencialismo como sistema de governo; dividiu os poderes em três (Executivo, Legislativo e Judiciário, conforme a doutrina de Montesquieu e outros teóricos iluministas); e estabeleceu o voto censitário, ou seja, para votar era preciso possuir alguma propriedade de terra ou capital. Tinham direito ao voto somente os homens – exceto escravos, ex-escravos e indígenas.

↑ Howard Chandler Christy. *Cena da assinatura da Constituição dos Estados Unidos*, 1940. Óleo sobre tela, 50,8 cm × 76,2 cm.

Até 1791, foram aprovadas várias **emendas** que procuraram clarificar e aprofundar os direitos e as liberdades individuais expressos na Constituição, mas sem comprometer sua estrutura original.

Com a independência, o poder na jovem nação passou a ser exercido pela burguesia industrial e comercial do norte e pelos latifundiários e escravocratas do sul. Os políticos do norte, temerosos de enfraquecer a União, não exigiram dos sulistas a abolição da escravatura, que permaneceu como um elemento de tensão entre as regiões.

A independência dos Estados Unidos teve enormes repercussões, contribuindo para a queda do absolutismo na França e, sobretudo, para a eclosão dos movimentos emancipacionistas na América Latina.

CURIOSO É...

Abolição da escravidão no Mississippi

A escravidão nos Estados Unidos teve início no século XVII e terminou oficialmente em 1863, quando o presidente Abraham Lincoln assinou o Ato de Emancipação, declarando a libertação de mais de 4 milhões de escravos. Todavia, além da abolição da escravatura ter sido resultado de um longo processo de emancipação, ela não aconteceu de maneira uniforme.

No estado americano do Mississippi, a lei que aboliu a escravidão foi **ratificada** oficialmente apenas em 2013. Isso ocorreu porque a Constituição americana é simplificada e as leis descentralizadas – uma lógica federalista que orienta a União, permitindo que os estados operem a economia e a segurança, entre outros aspectos. Portanto, os estados têm independência para construir legislação própria.

Estátua da Liberdade

Steven Bostock/Shutterstock.com

A Estátua da Liberdade, cujo nome oficial é *A Liberdade iluminando o mundo*, um dos maiores símbolos dos Estados Unidos, foi um presente da França, como gesto de amizade, em comemoração ao centenário da Declaração de Independência dos Estados Unidos.

Ela foi projetada e construída pelo escultor Auguste Bartholdi, que contou com a ajuda do engenheiro francês Gustave Eiffel, responsável pelo projeto da Torre Eiffel, para ser uma versão moderna do colosso de rodes – uma das Sete Maravilhas do Mundo Antigo –, que representava o deus grego do Sol, Hélio, segurando uma tocha. Criado no século III a.C., o Colosso de Rodes ficava na Ilha de Rodes, na Grécia, de frente para o mar.

A estátua foi construída e montada na França e ficou pronta em 1884. Então foi desmontada e enviada para os Estados Unidos em navios, para ser remontada em seu lugar definitivo. A construção do pedestal que serve como base do monumento foi feita pelos estadunidenses. Em 28 de outubro de 1886, milhares de pessoas acompanharam a cerimônia de inauguração do monumento. Tendo funcionado como farol de 1886 a 1902, foi pioneiro na utilização de energia elétrica, pois até então eram utilizadas tochas no lugar de lâmpadas elétricas.

Atualmente, a estátua recebe mais de quatro milhões de visitantes ao ano.

↑ Estátua da Liberdade. Nova York, Estados Unidos, 2015.

Bridgeman Images/Easypix Brasil

←

Processo de construção da mão da Estátua da Liberdade na oficina Monduit. França, 1876.

1. De que modo a Estátua da Liberdade representa a Revolução Americana?

ATIVIDADES

SISTEMATIZAR

1. As Treze Colônias inglesas na América do Norte eram diferentes quanto ao grau de desenvolvimento. Faça uma comparação entre as colônias do norte, centro e sul.

2. As colônias inglesas na América desfrutavam de certa autonomia em relação à metrópole; entretanto, a partir de 1763, no final da Guerra dos Sete Anos, a Inglaterra passou a explorá-las mais. Explique quais foram as formas de exploração inglesa na América nessa época.

3. Quais foram as decisões do Primeiro e do Segundo Congresso da Filadélfia?

4. Quais os termos da Declaração de Independência dos Estados Unidos?

5. Por que o apoio da França, Holanda e Espanha foi primordial para as Treze Colônias durante o processo de independência?

6. Cite um fator que contribuiu para a independência dos Estados Unidos.

REFLETIR

1. Observe a imagem e faça o que se pede.

Coleção particular

↑ Autoria desconhecida. *Festa do Chá em Boston*, 16 de dezembro de 1773, c. 1850. Xilogravura.

a) As pessoas a bordo do navio são comerciantes. Explique por que elas estão vestidas como indígenas.

b) Os comerciantes jogaram chá ao mar em forma de protesto contra o monopólio de sua comercialização pela Companhia das Índias Orientais. Explique por que eles escolheram essa ação como forma de protestar.

c) Observando as vestimentas das pessoas que estão no cais, procure identificar quem são elas.

2. Leia o trecho a seguir.

> É importante lembrar que não havia na América do Norte, de forma alguma, uma nação unificada contra a Inglaterra. Na verdade, as 13 colônias não se uniram por um sentimento nacional, mas por um sentimento antibritânico. Era o crescente ódio à Inglaterra, não o amor aos Estados Unidos (que nem existiam ainda) que tornava forte o movimento pela independência.
>
> Na verdade, as elites latifundiárias e os comerciantes das colônias resistiram bastante à separação, aceitando-a quando ficou claro que a metrópole desejava prejudicar seus interesses econômicos.

Leandro Karnal. *Estados Unidos: a formação da nação.*
São Paulo: Contexto, 2001. p. 81.

- Com base no texto, responda: Foi o sentimento nacional que levou as Treze Colônias a romper com a Inglaterra? Justifique.

3. Leia o texto a seguir e responda às questões.

No congresso, 4 de julho de 1776.
Declaração unânime dos trezes estados unidos da América

Quando, no Curso dos acontecimentos humanos, torna-se necessário a um povo dissolver os laços políticos que o ligam a outro e assumir, entre os poderes da Terra, situação independente e igual à que lhe dão as Leis da Natureza e de Deus, o correto às opiniões dos homens exige que se declarem as causas que o levam a essa separação.

Consideramos estas verdades evidentes por si mesmas, que todos os homens são criados iguais, que são dotados pelo Criador de certos Direitos inalienáveis, que entre estes estão a Vida, a Liberdade e a busca da Felicidade. – Que para garantir esses direitos são instituídos entre os Homens Governos que derivam os seus justos poderes do consentimento dos governados; Que toda vez que uma Forma qualquer de Governo ameace destruir esses fins, cabe ao Povo o Direito de alterá-la ou aboli-la e instituir um novo Governo, assentando sua fundação sobre tais princípios e organizando-lhe os poderes da forma que pareça mais provável de proporcionar Segurança e Felicidade.

Stephanie Schwartz Driver. *A Declaração de Independência dos Estados Unidos.*
Trad. Mariluce Pessoa. Rio de Janeiro: Jorge Zahar, 2006. p. 53. (Coleção Manifesto).

a) Em que sentido o texto representa algo revolucionário para a época?

b) Quais são as principais ideias iluministas encontradas nessa declaração?

4. Qual é a importância histórica da Declaração de Independência dos Estados Unidos?

DESAFIO

1. O dia que marca a independência de um país é uma data cívica bastante importante. Tanto nos Estados Unidos como no Brasil, essa data é um feriado nacional e nela ocorrem diversas comemorações em todo o país.

- Faça uma pesquisa para descobrir como os estadunidenses comemoram o dia da Independência dos EUA (4 de julho) e compare essas comemorações com as que acontecem no Brasil em 7 de setembro. Elabore um texto com as semelhanças e as diferenças entre essas celebrações.

2 Independência do Haiti

No capítulo anterior, você estudou a independência dos Estados Unidos. Neste capítulo, você vai estudar a independência do Haiti, que foi conduzida por africanos escravizados e seus descendentes.

A colonização da Ilha de Hispaniola

↑ Vila indígena Taino. Cuba, 2015.

O primeiro desembarque de Cristóvão Colombo na América, em 1492, foi em uma ilha denominada pelos espanhóis de Hispaniola.

Como mais antigo foco de colonização, a população nativa da ilha foi dizimada por um processo repressivo e explorador, ao qual se somaram as doenças trazidas pelos europeus. O povo taino, nativo das ilhas do Caribe, sucumbiu às doenças dos espanhóis, como a varíola e um tipo de gripe. Eles também sofreram com a escravização e os maus-tratos dos europeus, que buscavam metais preciosos. Atualmente, há pouquíssimos descendentes de tainos na região do Caribe.

Para contornar a ausência de mão de obra, a solução encontrada pelos europeus foi repovoar a ilha de Hispaniola com africanos escravizados. Hispaniola, hoje chamada de Ilha de São Domingos, está dividida atualmente entre o Haiti, de língua francesa e crioula, e a República Dominicana, onde o espanhol é a língua oficial. No entanto, ambos os países têm em comum o fato de a maioria de suas populações serem descendentes de africanos escravizados trazidos à força para habitar a ilha e trabalhar para franceses e espanhóis.

O domínio francês

Conforme os produtos naturais passíveis de extração diminuíram, os espanhóis desinteressaram-se pelas ilhas do Caribe e passaram a focar na colonização do continente. Isso facilitou a ocupação da porção oeste da ilha por comerciantes, aventureiros e piratas franceses.

Essa parte do território, que atualmente conhecemos como Haiti, foi chamada pelos franceses de Ilha de São Domingos e reconhecida oficialmente como colônia francesa em 1647. Milhares de africanos escravizados foram trazidos das regiões do Daomé e do Senegal e começaram a repovoar o território. A situação desses povos na ilha era muito difícil: trabalhavam exaustivamente no plantio de cana-de-açúcar e na produção do açúcar, e ainda eram submetidos a castigos físicos constantes e a condições precárias de alimentação.

A Pérola das Antilhas

Ao longo dos séculos XVII e XVIII, São Domingos tornou-se a colônia mais rica do continente americano, sendo responsável por 25% de toda a riqueza da França; por isso também foi chamada de "Pérola das Antilhas".

A base dessa riqueza era o plantio da cana-de-açúcar, a produção e exportação de açúcar e o tráfico de escravos. Com a independência das Treze Colônias, na América do Norte, aumentaram as trocas comerciais entre as partes, o que contribuiu para aumentar também a demanda por africanos escravizados para suprir a produção.

Essas questões econômicas influenciaram na formação da sociedade colonial na ilha de São Domingos e levaram a impasses que resultaram na Revolução Haitiana.

Estima-se que, no final do século XVIII, a população na ilha era de aproximadamente 520 mil habitantes, sendo cerca de 40 mil brancos, 28 mil mulatos livres e 452 mil africanos escravizados, que viviam de acordo com a hierarquia social na ilha.

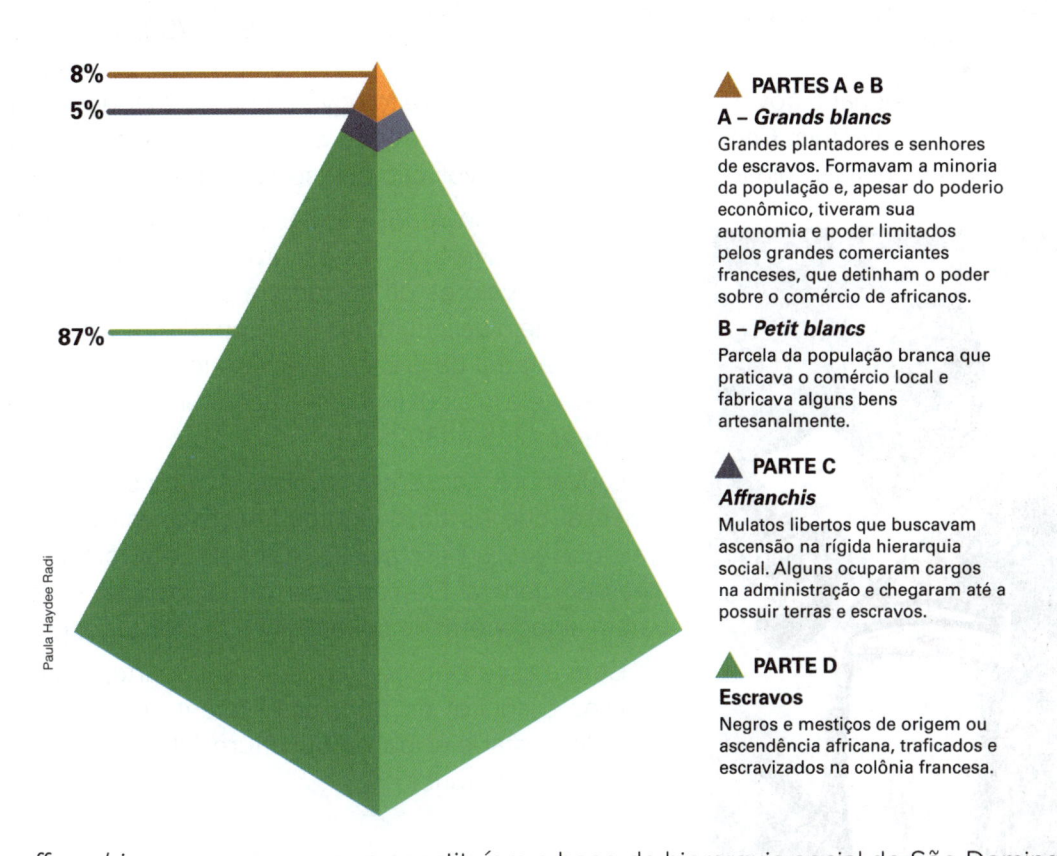

8%
5%
87%

Paula Haydee Radi

▲ **PARTES A e B**

A – *Grands blancs*

Grandes plantadores e senhores de escravos. Formavam a minoria da população e, apesar do poderio econômico, tiveram sua autonomia e poder limitados pelos grandes comerciantes franceses, que detinham o poder sobre o comércio de africanos.

B – *Petit blancs*

Parcela da população branca que praticava o comércio local e fabricava alguns bens artesanalmente.

▲ **PARTE C**

Affranchis

Mulatos libertos que buscavam ascensão na rígida hierarquia social. Alguns ocuparam cargos na administração e chegaram até a possuir terras e escravos.

▲ **PARTE D**

Escravos

Negros e mestiços de origem ou ascendência africana, traficados e escravizados na colônia francesa.

Os *affranchis* e os escravos, que constituíam a base da hierarquia social de São Domingos, promoveram o longo e complexo processo de independência do Haiti. Para muitos historiadores, esse processo não representou apenas a luta contra o controle da metrópole mas também contra os senhores de escravos.

A abolição da escravatura

A primeira grande revolta contra os colonizadores ocorreu em 1758. Liderados por François Mackandal, os escravos rebelaram-se, mas acabaram vencidos, o que aumentou a tensão com os latifundiários.

Coleção particular

↑ Autoria desconhecida. *Incêndio na cidade de Cap-Français* (atual Cabo Haitiano), 1795. Gravura.

Como a ilha era controlada e administrada pela França, os reflexos da Revolução Francesa foram intensos. Os ideais libertários franceses intensificaram a luta pela independência.

O segundo grande levante ocorreu em agosto de 1791, quando milhares de escravos desencadearam uma insurreição armada, incendiando plantações e cidades e massacrando parte da população branca da ilha. Eles foram duramente reprimidos pelo governo colonial, mas a revolta não foi contida.

Em 1792, os escravos já controlavam um terço da ilha e começaram a pressionar o governo francês a conceder direitos civis e políticos a todos os colonos, independentemente da etnia. Com o objetivo de conter a revolta, o governo lhes concedeu esses direitos, porém enviou mais soldados para reprimir a revolução que se desenhava.

Coleção particular

Entre os soldados enviados estava o comandante Toussaint Louverture, ex-escravo doméstico que tivera acesso aos valores da sociedade *criolla* e à filosofia iluminista por meio da leitura dos enciclopedistas. Aproveitando a situação interna da França durante e logo após a Revolução Francesa, ele iniciou uma bem-sucedida rebelião que se prolongou de 1795 a 1802.

Louverture conseguiu, usando a retórica revolucionária francesa, que os dominadores franceses ratificassem o decreto que abolia a escravidão na ilha de São Domingos e o nomeassem general. Ele manteve a ilha como protetorado francês, porém autogovernada por africanos e afrodescendentes.

Com a ascensão de Napoleão Bonaparte, as conquistas políticas e sociais da população foram anuladas. A escravidão foi restabelecida e Louverture faleceu, em 1803, em uma prisão na França.

← Autoria desconhecida. *Toussaint Louverture*, século XIX. Gravura.

O processo de independência

Em 1802, Alexandre Pétion, Henri Christophe e Jean-Jacques Dessalines uniram-se, iniciando um novo período de combates com os franceses. Alexandre Pétion era um mestiço livre que havia estudado na Academia Militar de Paris, e Henri Christophe e Jean-Jacques Dessalines, ex-escravos que tinham servido no exército francês.

Os revoltosos iniciaram uma guerra de guerrilha que colocou as forças francesas na defensiva. Além do sucesso militar, os rebeldes contaram com um surto de febre amarela que quase dizimou o exército francês. Derrotadas e sem contingente para repor as perdas, as tropas francesas bateram em retirada.

Em 1º de janeiro de 1804, a colônia francesa de São Domingos tornou-se independente, adotando o nome nativo de Haiti, que significa "terra das montanhas". O novo governo promoveu uma série de mudanças na sociedade haitiana e os escravos foram libertados.

A Independência de São Domingos somente foi reconhecida pela França em 1825, mediante o pagamento de uma indenização de 150 milhões de francos, que teve grande impacto na economia local. No entanto, a multa foi apenas um dos prejuízos econômicos da ilha. Com o resultado da revolução, muitos contratos de exportação foram cancelados, pois diversos países que comercializavam com a ilha temiam que a rebelião se expandisse para as suas colônias.

Nasce o Haiti

O Haiti nasceu das ruínas coloniais. A guerra trouxe muita destruição, tanto que as plantações e instalações agrícolas não existiam mais. A maior parte da infraestrutura colonial fora destruída. Na realidade, tudo estava para ser construído.

As dificuldades administrativas e as divergências entre as lideranças políticas provocaram uma ruptura com os revolucionários. Jacques Dessalines, influenciado pela figura de Napoleão Bonaparte, coroou-se em 1804 imperador com o título de Jacques I, mas, por não agradar à população, governou somente até 1806, quando foi assassinado.

Nesse contexto tenso e de muitos desentendimentos, estourou uma guerra civil. O país ficou dividido: Alexandre Pétion governava o sul e Henri Christophe, agora como rei Henri I, a região ao norte.

Com a morte de Pétion (1818) e de Henri I (1820), Jean Pierre Boyer unificou o país e conquistou a parte oriental da ilha, de colonização espanhola. Em 1843, por causa de disputas políticas e questões administrativas, o território da ilha foi definitivamente dividido em: República do Haiti, na parte ocidental, e República Dominicana, na parte oriental.

→ Autoria desconhecida. *Coroação de Jean Jacques Dessalines como primeiro imperador do Haiti*, s.d. Gravura colorida.

Coleção particular

Repercussões da Revolução Haitiana

A revolução social em São Domingos assustou os escravocratas de todo o continente americano, pois temiam que a Revolução Haitiana fosse um exemplo para outras populações escravizadas em todo o continente. Pode-se constatar o medo de rebeliões de escravos em diversos documentos do período, especialmente nos locais em que a população escravizada era numericamente muito superior à elite.

Após a Revolução Haitiana, os Estados Unidos tomaram medidas para reduzir – e em alguns estados até suspender – a importação de africanos escravizados. Em diversas fazendas, os proprietários, com receio de um levante, providenciaram melhorias nas condições de vida e de trabalho de seus escravos.

Já no Brasil, o medo de uma revolução negra teve resultado inverso: fez com que os senhores de escravos se tornassem mais conservadores e se mobilizassem para conter qualquer tipo de movimento pela independência da colônia, pois consideravam que eles poderiam prejudicar o sistema escravista.

Na América Espanhola, o medo da disseminação dos valores haitianistas levou o governo colonial a impedir a entrada de ex-escravos haitianos e até mesmo de brancos refugiados em seus territórios.

 AQUI TEM MAIS

Jacobinos negros

A Revolução Francesa foi um processo de radicalização dos ideais revolucionários que se opunham à ordem vigente. A burguesia encabeçou o processo que gerou mudanças relevantes para a França e para o restante do mundo.

Na colônia escravocrata francesa da ilha de São Domingos, os negros fizeram valer os princípios da revolução e assumiram o poder em um momento no qual países como Estados Unidos, Brasil e Cuba baseavam suas economias no trabalho escravo.

O livro escrito pelo historiador Cyril Lionel Robert James chamou-os de "os jacobinos negros", em alusão à ala mais radical do processo revolucionário francês, os jacobinos. Sob a liderança dos negros, o movimento de independência sofreu reveses durante o governo de Napoleão, que tentou restaurar a escravidão no país. Alguns de seus líderes também cometeram erros que dividiram a opinião popular, mas, por fim, essa nação impôs sua independência sob o nome de Haiti, como os nativos chamavam a ilha.

↑ Anne-Louis Girodet de Roussy-Trioson. *Jean-Baptiste Belley, deputado de São Domingos*, 1797. Óleo sobre tela, 1,59 m × 1,12 m.

1. Por que podemos afirmar que o processo de independência do Haiti foi além, em termos ideológicos e práticos, da própria Revolução Francesa, que foi sua inspiração?

ATIVIDADES

SISTEMATIZAR

1. Explique como foi o choque cultural do povo taino com os europeus depois da chegada de Cristóvão Colombo à ilha de Hispaniola.

2. Qual era a situação dos escravos de São Domingos?

3. Explique por que a ilha de São Domingos era tão importante economicamente para a França.

4. Como foram as primeiras rebeliões escravas na ilha de São Domingos?

5. Como foi o levante liderado por Toussaint Louverture?

6. Por que os escravos se rebelaram em São Domingos e em que momento o processo revolucionário na França contribuiu para o movimento na ilha?

7. Que medidas foram tomadas pela Coroa Espanhola para impedir que a revolução se espalhasse para outras colônias?

REFLETIR

1. Podemos afirmar que o processo de independência do Haiti representou um duplo movimento revolucionário? Justifique sua resposta.

2. Leia o trecho a seguir e faça o que se pede.

[...] para o restante do continente restava um preocupante aviso: na primeira colônia independente da América Latina as consequências haviam sido a acentuada decadência econômica, supressão dos brancos proprietários de terras e um Estado organizado por escravos insurretos ou mulatos libertos.

> Cláudia Wasserman; César A. Guazzelli. B *História da América Latina – Do descobrimento a 1900*. Porto Alegre: UFRGS, 1996. p. 96.

- Por que os autores afirmam que o caso haitiano de independência representou um perigo para a classe dominante da América Latina?

3. Responda a questão de acordo com o texto seguir.

[...] O Haiti representava não apenas a independência, mas também a revolução, não apenas a liberdade, mas também a igualdade. O novo regime exterminou sistematicamente os brancos que restaram e impediu que qualquer indivíduo de raça branca voltasse a ter algum tipo de propriedade; reconheceu como haitiano todo branco e mulato de ascendência africana e nascido em outras colônias, livre ou escravo, os quais eram convidados a desertar; também declarou guerra ao tráfico de escravos. Com a adoção dessas políticas sociais e raciais o Haiti foi estigmatizado como inimigo de todos os regimes coloniais e escravistas das Américas, os quais tomaram medidas imediatas para se proteger. [...].

> Leslie Bethell (Org.). *História da América Latina*. São Paulo: Edusp, 2004. p. 69.

- Quais foram as políticas adotadas pelo novo regime haitiano pós-revolução?

DESAFIO

1. Diferentemente do Brasil, o Haiti tem mais de uma língua oficial. Faça uma pesquisa sobre os idiomas falados nesse país e o contexto que possibilitou o surgimento da língua crioula.

3 Independências na América Espanhola

Nos capítulos anteriores, você estudou os processos de independência do Haiti. Neste capítulo, você vai ver como na América Espanhola a luta por independência resultou em diversos países novos.

A Independência dos Estados Unidos representou uma quebra nas relações tradicionais entre metrópole e colônia, e trouxe a proposta de um novo tipo de governo para o continente americano: a república.

Os velhos princípios e práticas do Antigo Regime deram sinais de decadência durante a Revolução Francesa, e valores de liberdade e igualdade foram disseminados por outros países da Europa, que gradativamente iniciaram reformas políticas e sociais, e também, ao longo do século, destituíram seus reis e procuraram instaurar novas formas de governo.

A Igreja Católica, apesar de sua grande influência nos âmbitos administrativo e governamental durante o Antigo Regime, foi perdendo prestígio em razão da Reforma e do Iluminismo. No entanto, as igrejas protestantes, cujos preceitos e doutrinas permitiam e, por vezes, até incentivavam o enriquecimento dos indivíduos, conquistaram mais adeptos no norte da Europa.

Na América Latina, o reflexo desses acontecimentos na Europa foi somado ao descontentamento, à violência, à alta carga tributária e à opressão acumulados em três séculos de ocupação espanhola. Nas elites locais surgiu o desejo de se tornarem independentes da metrópole. Após a invasão da Espanha pelas tropas de Napoleão, a América Espanhola encontrou a oportunidade ideal para iniciar levantes contra a Coroa.

↑ *Moradia de pescadores de esponja*. Cuba, século XIX. Litografia de autoria desconhecida.

Coleção particular. Fotografia: Bridgeman Images/Easypix Brasil

América Espanhola – 1800

Fonte: Jeremy Black (Ed.). *World history atlas*. Londres: Dorling Kindersley, 2008. p. 86.

A administração da América Espanhola

As colônias espanholas na América estavam organizadas, de acordo com critérios econômicos e administrativos, em quatro vice-reinados: Nova Espanha (México e parte da América Central), Nova Granada (atuais territórios da Colômbia, Venezuela, Panamá e Equador), Peru e Rio da Prata (atuais territórios da Bolívia, Chile, Paraguai, Argentina e Uruguai).

Os demais territórios foram divididos em capitanias gerais ou intendências, tinham limitada autonomia administrativa e eram pouco valorizados pela Espanha, que considerava essas terras de baixo valor econômico e estratégico.

A América Espanhola no início do século XIX

Nos primeiros anos do século XIX, a América Espanhola foi palco de muitas transformações políticas. Os principais cargos administrativos, por exemplo, eram ocupados pelos *chapetones*, como eram chamados os nascidos na Espanha. Isso causava o descontentamento da elite *criolla*, que almejava acesso às decisões políticas e autonomia administrativa para conter impostos altos.

A Revolução Americana também teve impactos na América Espanhola, e a Declaração de Independência dos Estados Unidos tornou-se um documento inspirador para os colonos que aspiravam à emancipação. Essa possibilidade de rompimento levou as tropas de Napoleão a ocupar a Península Ibérica. As elites *criollas* juraram fidelidade ao rei da Espanha, que fora deposto, opondo-se ao domínio napoleônico. As **juntas governativas** passaram a ter autonomia política, dada a ausência do poder real espanhol.

Durante o reinado de José I (1808 a 1813), irmão de Napoleão, os vice-reinos viram-se abandonados por causa dos problemas internos na Espanha. Por meio de instituições como as juntas administrativas começaram os focos de luta e resistência contra a opressora metrópole, resultando na abolição das leis e das práticas da metrópole nessas colônias.

Quando as Guerras Napoleônicas terminaram, a Espanha tentou retomar o poder e a antiga relação com a colônia, mas o contexto já havia mudado. As elites *criollas* não desejavam mais a intervenção direta dos europeus em assuntos políticos e administrativos na América.

As primeiras manifestações e batalhas diretas contra o domínio espanhol surgiram no vice-reinado de Nova Espanha, influenciando outros movimentos revolucionários que ocorreram nas Américas Central e do Sul.

> **GLOSSÁRIO**
>
> **Junta governativa:** conjunto de órgãos administrativos dirigidos por *criollos* encarregados de fazer um governo paralelo como forma de resistência ao domínio francês representado por Napoleão Bonaparte.

As lutas pela independência

A ocupação napoleônica da Espanha criou um contexto favorável para que as elites locais das colônias espanholas, com o apoio de potências estrangeiras, buscassem a independência política e administrativa. Ela serviu de pretexto para as primeiras rebeliões.

Vice-Reino de Nova Espanha

↑ Claudio Linati. *José María Morelos y Pavón*, 1828. Litogravura.

Em 1810, no vice-reino da Nova Espanha, um grupo de rebeldes liderado pelo padre Miguel Hidalgo – a maioria indígenas e mestiços, e poucos *criollos* – começou um levante contra os tributos e a opressão econômica impostos pela Coroa espanhola. O movimento, a princípio, obteve muitas vitórias, conquistando adeptos em diversas cidades, mas perdeu a força ao fracassar na tomada da Cidade do México. Em 1811, os rebeldes foram vencidos e presos. Hidalgo foi acusado de traição e heresia, julgado pelo Tribunal do Santo Ofício e condenado à morte. A derrota dos independentistas, no entanto, não deu fim ao movimento.

Em 1813, sob outra liderança religiosa e mais bem preparados, os rebeldes voltaram a lutar pela liberdade. O padre José María Morelos proclamou a Independência do México, uma Constituição foi aprovada e a república estabelecida. Segundo a nova legislação, os cargos políticos seriam escolhidos por meio do sufrágio universal, garantindo assim a igualdade política entre todos, e não seriam considerados os privilégios adquiridos em razão de riquezas, da origem ou do nascimento.

Essas decisões não agradaram à maioria da elite *criolla*, que reagiu perseguindo os líderes e fuzilando o padre José María Morelos em 1815. Diante da tensão, os *criollos* uniram-se aos *chapetones* e o general Agustín Iturbide foi aclamado imperador Agustín I em 1821. A insatisfação motivou uma grande rebelião e, dessa vez, indígenas e mestiços obtiveram sucesso. A república foi proclamada em 1823. O general Agustín Iturbide fugiu e, um ano depois, tentou retornar ao México. Porém, foi preso e fuzilado ao reivindicar o poder.

Vice-Reino de Nova Granada

Em 1807, depois de uma viagem de estudos pela Europa, o jovem Simón Bolívar retornou a Caracas. De origem abastada e influenciado pelas ideias iluministas que conhecera na Europa, colocou toda sua fortuna a serviço da causa independentista.

Com a invasão da Espanha por Napoleão Bonaparte em 1808, os *criollos* do Vice-Reino de Nova Granada organizaram-se rapidamente com o objetivo de conquistar maior autonomia política diante da ausência de um monarca espanhol no trono. Esse anseio foi alimentado também pelo desejo de preservação, diante da possibilidade de dominação das colônias americanas pelos franceses.

Iniciou-se assim um movimento político para salvaguardar os direitos do rei espanhol, Fernando VII, que estava na França. Os representantes espanhóis, reunidos em uma junta governativa local, declararam a Independência da Venezuela em 5 de julho de 1811. A declaração, no entanto, deu início a uma guerra entre os patriotas, comandados por Simón Bolívar e Francisco de Miranda, e os realistas, e levou alguns anos até alcançarem a independência por completo.

Em 1816, Simón Bolívar foi nomeado presidente da República da Venezuela, mas deu continuidade a um projeto de libertação de todas as colônias americanas. Em 1819, o exército de Bolívar libertou Nova Granada e unificou os territórios da Venezuela a Nova Granada, dando origem à República da Grande Colômbia, com capital em Bogotá, e assumindo como presidente.

↑ Martín Tovar y Tovar. *Assinatura da ata de independência da Venezuela*, 1883. Óleo sobre tela.

No entanto, enquanto Bolívar buscava uma união contra os espanhóis, a Grande Colômbia entrava em colapso, pois não conseguia se sustentar. Os recursos econômicos que o país era capaz de produzir não eram suficientes para a manutenção da população e o financiamento de uma guerra de libertação com destino ao sul do continente.

Durante seus poucos anos de existência, a Grande Colômbia era defendida pelos oficiais de Bolívar. Em 1829, a Venezuela se separou da Grande Colômbia e em 1830, pouco antes da morte de Bolívar, os realistas assumiram o poder como governadores de Nova Granada e Equador, e a Grande Colômbia foi dissolvida.

Dissolução da Grande Colômbia

Fonte: Jeremy Black (Ed.). *World history atlas. Londres*: Dorling Kindersley, 2008. p. 150.

A república de Nova Granada (composta dos atuais territórios da Colômbia e do Panamá) rapidamente foi contaminada pelos sentimentos separatistas que se difundiam no continente. Em 1858, foi criada uma constituinte de maioria conservadora que denominou a nova nação de confederação Granadina. Entretanto, revoltas organizadas por liberais derrubaram o governo em 1863, ano em que se fundaram os Estados Unidos da Colômbia, que, em 1886, passaram a se chamar república da Colômbia. O Panamá separou-se da Colômbia em 1903 com o apoio dos Estados Unidos, que tinham interesse em concluir a construção de um canal iniciado por empresários franceses em 1881 com o objetivo de ligar os Oceanos Atlântico e Pacífico e controlá-lo.

Vice-Reino do Rio da Prata

Bolívia

Na região do Alto Peru (inicialmente pertencente ao Vice-Reino do Peru, mas transferida para o Vice-Reino do Rio da Prata em 1776 (ano de sua criação), a posse do trono espanhol por José Bonaparte deu início a um conflito entre as elites – leais ao rei Fernando VII – e as autoridades, que serviam a Bonaparte.

Os embates aconteceram entre 1808 e 1810. De um lado, estava a elite fiel à Espanha, que estabeleceu a Junta Central da Espanha, um governo paralelo para manter o poder de Fernando VII; de outro, as forças oficiais de Bonaparte e alguns liberais que aprovavam o projeto dele; e, em uma terceira frente, um número crescente de *criollos* radicais, que queriam a independência do Alto Peru. Em 16 de julho de 1809, durante uma série de revoltas de *criollos* e mestiços, o militar Pedro Domingo Murillo proclamou La Paz como um Estado independente em nome de Fernando VII. A lealdade ao monarca foi um pretexto usado para legitimar o movimento de independência, que passou a agregar mais cidades.

A independência em relação à Espanha, propriamente dita, somente foi alcançada em 6 de agosto de 1825, sob a liderança de Simón Bolívar, que se tornou o primeiro presidente, e o novo país recebeu o nome de Bolívia em sua homenagem.

Argentina

↑ Estátua de San Martín sobre o cavalo em Buenos Aires, Argentina, 2015.

Assim como em outras regiões da América Espanhola, a província da Argentina foi fortemente influenciada pelos ideais iluministas, e, no início do século XIX, disseminava-se na região um sentimento antimonárquico e de desagrado com o monopólio comercial e os pesados tributos cobrados por Madri.

Ciente desse desconforto e apoiada pela elite *criolla* local, a Inglaterra tentou invadir Buenos Aires entre 1806 e 1807, buscando libertá-la da Espanha e trazê-la para seu campo de influência, mas suas expedições fracassaram. Os colonos encontraram uma nova oportunidade de proclamar sua independência quando Napoleão invadiu a Península Ibérica, enfraquecendo o poderio espanhol.

Em 25 de maio de 1810, teve início a guerra contra a metrópole, conduzida pelo militar José de San Martín, que ficou posteriormente conhecido como "El Libertador". Embora Buenos Aires tenha derrubado o governo espanhol e se tornado independente em 1810, a união das províncias só ocorreu em 1816. Em 9 de julho desse mesmo ano, uma declaração formal de independência concretizou a unidade territorial e política. Na prática, a região estava dividida em nove províncias autônomas.

Paraguai

Ao proclamar sua independência, o governo de Buenos Aires tentou estendê-la também à atual região do Paraguai, mas os líderes paraguaios recusaram-se a incorporar a sua província ao novo Estado que se formava.

O exército de Buenos Aires, então, decidiu intervir na província para incorporá-la por meio da força. Os paraguaios resistiram até o governador espanhol solicitar auxílio a Portugal para defender sua colônia. Nesse momento, os paraguaios, liderados por Fulgêncio Yegros, Pedro Juan Caballero e Vicente Ignácio Iturbide, depuseram o governador e proclamaram a independência em 15 de maio de 1811.

O processo de independência somente foi concluído em 1813, quando José Gaspar Rodrigues de Francia assumiu o poder e ditatorialmente exerceu uma efetiva defesa da soberania nacional.

Uruguai

O processo de independência do Uruguai está diretamente relacionado à independência da Argentina. Inspirados pelo sucesso vizinho, e liderados pelo general José Gervasio Artigas, tomaram o poder de Montevidéu em 1811, e lá permaneceram até 1814.

A luta pela independência prosseguiu, resistindo às investidas espanholas e luso-brasileiras. No entanto, em 1817, Artigas foi derrotado e, no mesmo ano, a parte Oriental foi anexada, com o nome de Província Cisplatina, ao Reino de Portugal, Brasil e Algarve.

Em 1825, um grupo de patriotas, conhecido como "os 33 orientais", iniciou uma campanha militar contra as tropas de ocupação do Brasil Império. Os brasileiros foram expulsos com a liderança do uruguaio Juan Antonio Lavalleja, ajudado por tropas argentinas, e a independência uruguaia foi proclamada. O reconhecimento da independência por brasileiros e argentinos efetivou-se em 1828 com a assinatura do Tratado de Montevidéu.

Vice-Reino do Peru

José de San Martín é considerado um dos grandes estrategistas da independência americana. Após a independência argentina, partiu para ajudar o Chile e o Peru, pois considerava que era no Peru que se localizava o centro da resistência à dominação colonial.

Independência do Chile

O processo separatista do Chile tem diversas semelhanças com as emancipações de outras colônias espanholas na América: após a invasão de Napoleão Bonaparte, os *chapetones* defendiam a submissão à Espanha, enquanto os *criollos* buscavam a independência, e os dois grupos sociais se uniram para criar uma junta de governo para comandar a Capitania do Chile enquanto Fernando VII estivesse preso.

No entanto, *criollos* e *chapetones* não chegavam a um consenso, o que resultou em sucessivos conflitos. Para conter a instabilidade e manter a ordem colonial, os espanhóis invadiram o Chile e os *criollos*, liderados por Bernardo O'Higgins, organizaram uma resistência.

Os conflitos no Chile se estenderam por anos, mesmo após o retorno de Fernando VII ao poder. Ele teve o apoio das elites locais, da Igreja Católica e ajuda bélica e financeira de outros Estados recém-independentes e da Inglaterra. A independência foi concretizada em 12 de fevereiro de 1818, por San Martín e Bernardo O'Higgins, mas as batalhas somente acabaram em abril daquele ano.

Independência do Peru

Assim como nas demais colônias, o Peru manteve-se fiel à monarquia espanhola após a invasão francesa. Com a Independência da Argentina, em 1810, os espanhóis enviaram uma grande quantidade de forças armadas para a região do Alto Peru, que se tornou um palco de batalhas.

Após proclamar a Independência do Chile em 1818, San Martín seguiu em direção a Lima com o objetivo de fortalecer as tropas rebeldes. Com um exército maior e fortalecido, Lima foi invadida e, em 28 de julho de 1821, a independência foi proclamada.

Museu Nacional de Arqueologia e Antropologia e História do Peru, Lima

↑ Juan Lepiani. *San Martín proclama a independência do Peru*, 1904. Óleo sobre tela.

O pan-americanismo

As lutas pela independência espalharam-se por todas as colônias espanholas na América. Chefiados por membros da elite *criolla* e líderes populares, os americanos lutaram em prol de sua liberdade. Desses líderes, Bolívar e San Martín foram os mais expressivos, com suas campanhas militares ou missões políticas atuando em diferentes colônias. O projeto de Bolívar, além de estabelecer união contra os espanhóis, era criar uma associação territorial. No entanto, no final do processo revolucionário, a América Espanhola acabou fragmentada em vários Estados Nacionais diferentes.

Arturo Michelena/Galeria de Arte Nacional, Caracas

↑ Símon Bolívar retratado por Arturo Michelena. *O libertador em traje de batalha*. 1895. Óleo sobre tela, 240 cm x 126,5 cm.

Em 1826, ocorreu o Congresso do Panamá, encabeçado por Bolívar. Nele se reuniram representantes da Grã-Colômbia, México, Províncias Unidas de Centro-América e Peru.

O objetivo desse evento era estabelecer uma confederação das repúblicas hispânicas, criar uma força militar comum a essa confederação e decretar o fim da escravidão no continente. Contudo, o ideal pan-americanista não foi aceito por três importantes nações da época: o Brasil, os Estados Unidos e a Inglaterra.

Assim, o Congresso não cumpriu sua função. Nos anos seguintes, a antiga América Espanhola dividiu-se ainda mais em pequenos Estados independentes. Depois da independência, a elite *criolla*, recém-formada, passou a controlar o poder econômico e político.

! CURIOSO É...

Libertadores da América

O termo **libertadores** é usado para se referir aos líderes dos movimentos de libertação da América Espanhola e da América Portuguesa nos séculos XVIII e XIX. Eram, em sua maioria, descendentes de europeus, principalmente de espanhóis e portugueses, influenciados pelo Iluminismo e pelo liberalismo. Os mais influentes foram Simón Bolívar, José de San Martín, José Gervasio Artigas, Bernardo O'Higgins, José Miguel Carrera, Manuel Belgrano, Antonio José de Sucre e José Joaquín de Olmedo. Também podem figurar nessa lista nomes como Francisco de Miranda, Manuel Rodríguez, D. Pedro I, José Bonifácio, Eugenio Espejo, Juan Pablo Duarte e José Martí, menos centrais, mas importantes nos processos de independência das nações latino-americanas.

O torneio de futebol chamado Libertadores da América rende homenagem a esses personagens da história, embora tal referência nem sempre seja percebida pelos torcedores que frequentam os estádios.

Rogério Soud

ATIVIDADES

SISTEMATIZAR

1. Quais fatores influenciaram o surgimento dos movimentos de independência na América Espanhola?

2. Que relação pode ser estabelecida entre a Inglaterra e os movimentos de independência da América Espanhola?

3. Como as ações de Napoleão na Europa influenciaram a América Espanhola?

4. Esclareça qual era o projeto político de Simón Bolívar?

5. Em 1826, Simón Bolívar encabeçou o Congresso do Panamá para tentar empreender o pan-americanismo, que pregava uma América forte e unida. Contudo, ele não teve êxito nesse projeto. O que explica tal fracasso?

6. Identifique um aspecto histórico que se relaciona com o processo de independência na América Espanhola, ocorrido na primeira metade do século XIX.

REFLETIR

1. Leia o texto a seguir e responda às questões.

> Por que se insurgem as colônias da Espanha? Será porque os grandes latifundiários (habitualmente produtores para a exportação), os proprietários de minas, os donos de milhões de índios e os poderosos mercadores além-mar foram seduzidos pelos filósofos franceses e alguns pensadores liberais espanhóis? É claro que houve exceções (e Bolívar foi uma delas), mas a imensa maioria moveu-se por motivos mais prosaicos. Havia chegado o momento de afastar um sócio incômodo: o poder da Coroa espanhola. Incômodo ou muito mais que isso, porque dificultava as transações mercantis, opunha restrições ao desenvolvimento de determinados setores produtivos, entregava o comércio com o além-mar a um grupo de monopolistas privilegiados, confiscava para si uma parte considerável do excedente econômico produzido pelo trabalho dos índios, limitava o acesso de criollos aos postos fundamentais da administração pública, e no cume da hierarquia social nem sempre conseguiam instalar-se os que aspiravam a isso em virtude de seu grande poder econômico.

Leon Pomer. *As independências da América Latina*. São Paulo: Brasiliense, 1981. p. 10.

a) Aponte quais grupos e sujeitos sociais da América Espanhola estão presentes nesse trecho?

b) É correto afirmar que o Iluminismo foi o único fator relevante para desencadear os processos de independência na América Latina? Explique.

c) Segundo o texto, qual motivo levou as colônias espanholas a se oporem à Espanha?

2. A manutenção das estruturas sociais nas repúblicas formadas nos primeiros anos do século XIX deixaram marcas perceptíveis na atualidade, como as desigualdades sociais. Faça um levantamento das ações necessárias para superar o desequilíbrio social nos países da América Latina.

3. Pesquise quais eram as bases da república para Bolívar?

DESAFIO

1. O bloco econômico Pacto Andino é formado por países da América que, durante o processo de independência, tiveram grande influência de líderes populares. Faça uma pesquisa sobre esse bloco e veja se há alguma relação com o projeto do pan-americanismo.

A imigração haitiana

O Brasil é um destino atraente para muitos imigrantes dos outros países da América Latina, da América Central, da Ásia e da África devido a seu contingente humano e econômico.

O país recebe imigrantes vindos principalmente da Coreia do Sul, China, Bolívia, Peru, Paraguai e de países africanos.

Destacam-se os imigrantes bolivianos, que são empregados nas pequenas indústrias de roupas de São Paulo, em geral propriedade de imigrantes coreanos. Imigrantes venezuelanos também cruzam a fronteira aos milhares, fugindo da ditadura na Venezuela. Outro destaque fica por conta dos haitianos.

O Brasil no Haiti

O Haiti passou por muitas crises em sua história. Uma delas foi a tentativa de golpe interno no início do século XXI, que pretendia depor o presidente eleito em condições duvidosas. Diante da crise, os organismos internacionais mobilizaram-se para intervir no país.

Em 2004, o Brasil foi escolhido para liderar uma missão de paz no Haiti. Os objetivos declarados da missão eram, principalmente, estabilizar o país, pacificar e desarmar grupos guerrilheiros e rebeldes, promover eleições livres e deixar a população bem informada sobre elas, fomentar o desenvolvimento institucional e econômico, entre outros.

> A presença das tropas brasileiras no Haiti ampliou as relações entre os dois países.

A presença brasileira na missão da ONU para a estabilização no Haiti entre 2004 e 2017 ampliou as relações entre os dois países, e uma das consequências foi o aumento da imigração haitiana para o Brasil. Mas essa imigração ganhou dimensões maiores após o terremoto que abalou o país caribenho em 2010. Pela fronteira do Peru, muitos haitianos entraram no país e instalaram-se nos estados do Pará, Acre, Amazonas, Mato Grosso e Mato Grosso do Sul. Entre janeiro e setembro de 2011 foram mais de 6 mil pessoas, e em 2012 mais de 2 mil haitianos imigrados.

Marco Dormino/UN/AFP

→ Membros das forças da paz da ONU fazem distribuição de água e alimentos no centro de Porto Príncipe, Haiti, janeiro de 2010.

Os haitianos no Brasil

De modo geral, os haitianos chegam ao Acre de ônibus, e o governo brasileiro expede um protocolo preliminar que os torna "solicitantes de refúgio", obtendo os mesmos direitos que cidadãos brasileiros, como saúde e ensino. Eles também podem tirar Carteira de Trabalho, Passaporte e CPF (Cadastro de Pessoas Físicas), sendo registrados oficialmente no país. O governo federal também abre um processo para avaliar a concessão de residência permanente, em caráter humanitário, com validade de até cinco anos, pois os haitianos não são considerados refugiados no Brasil. Segundo a lei brasileira, o refúgio só pode ser concedido a quem provar estar sofrendo perseguição em seu país, por motivos étnicos, religiosos ou políticos. Todavia, em razão da crise humanitária provocada pelo terremoto de 2010, o governo brasileiro abriu uma exceção, concedendo esse visto diferenciado.

↑ Haitianos se preparam para o Enem em busca de novas oportunidades. Cuiabá (MT), 2015.

1. Por que o Brasil é um destino atraente para imigrantes da América Latina, América Central, Ásia e África?

2. Como a presença do Brasil chefiando as forças de ocupação no Haiti possibilitou o aumento da imigração haitiana para os estados brasileiros?

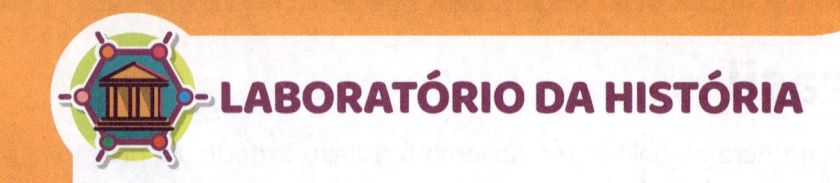

Elaboração de um trabalho escrito

Neste tema, você estudou a independência da América Espanhola, da Francesa e da Inglesa, o que resultou na formação de países como México, Argentina, Peru, Estados Unidos, Uruguai, Guiana e Haiti, entre tantos outros – exceto grande parte do Brasil, que, como sabemos, era a única região da América portuguesa. No decorrer dos séculos XVIII e XIX, exércitos foram montados e mobilizados, interesses defendidos e embates militares travados para que essas regiões se tornassem independentes das metrópoles europeias.

Mas como isso tudo aconteceu? Você seria capaz de, com suas próprias palavras, escrever essa história sem pesquisar na internet?

Tyler Olson/Dreamstime.com

Há quase duas décadas, antes da popularização da internet, as pesquisas escolares eram feitas de forma bem diferente. Os alunos iam às bibliotecas e buscavam, em livros e revistas, informações sobre o assunto que estavam pesquisando. Como há muitos livros nas bibliotecas, muitas vezes os estudantes pediam orientação ao bibliotecário para fazer essas pesquisas. Com todos os materiais em mãos, anotavam no caderno as informações encontradas e, depois, reuniam tudo o que descobriram em um texto original.

Nesta atividade, você vai aprender a fazer um trabalho escrito sobre a independência da América Espanhola, da Francesa e da Inglesa sem o uso da internet.

Mãos à obra!

← Adolescentes estudando em uma biblioteca.

Passo a passo

1. Para fazer o trabalho, escolha um país do continente americano, exceto o Brasil.

2. Com a ajuda do professor, faça uma pesquisa mais aprofundada – em outro material didático, em enciclopédias e em livros paradidáticos – sobre o processo de independência desse país. Para isso, você precisará ir a uma biblioteca.

3. Todas as informações obtidas devem ser registradas no caderno. Lembre-se de anotar os dados completos dos livros consultados: nome completo do autor, título da obra em destaque e ano de publicação.

4. Após a pesquisa e a coleta de informações, faça um quadro no caderno, procurando responder às seguintes questões:

- O que foi o evento?

- Por que ele ocorreu?

- Que fatores, internos e/ou externos, levaram à eclosão do evento?

- Quais foram as consequências desse evento? Por quê?

- Qual é sua conclusão sobre esse acontecimento?

5. Respondidas essas questões, escreva, no caderno, um texto explicando, com suas próprias palavras, cada uma das questões e organizando bem suas ideias. Não se esqueça de dar um título para cada item explicado.

6. Com isso, você já tem uma importante parte escrita de seu trabalho, o desenvolvimento. Para completá-lo faltam capa, introdução, conclusão e referências. A capa deve conter o título do trabalho e sua identificação pessoal. A introdução consiste em uma apresentação do tema estudado ao leitor. A conclusão constitui a resposta à última pergunta do item 4. As referências são a lista do material que você utilizou.

> Pronto! Você já tem seu trabalho, resta agora organizá-lo e concluí-lo para entregar ao professor.

Finalização

1. Em uma folha de papel almaço ou de caderno, redija, de acordo com a norma-padrão da língua portuguesa, a introdução, o desenvolvimento e a conclusão. Por fim, elabore a capa e inclua as referências.

2. Agora organize seu trabalho da seguinte forma: a capa deve ser a primeira folha; em seguida, vêm a introdução, o desenvolvimento, a conclusão e, finalmente, as referências.

Aí está! Procure ter cuidado com o trabalho (não o amasse nem suje) e entregue-o ao professor.

PANORAMA

1. Leia as frases a seguir sobre a colonização e o processo de independência dos Estados Unidos e, no caderno, copie somente as afirmativas corretas.

   a) Na atual região dos Estados Unidos foram estabelecidas Treze Colônias britânicas.

   b) As Treze Colônias eram bastante unidas, não havia discordância entre elas.

   c) Após a Revolução Industrial, a Inglaterra aumentou a fiscalização e os impostos nas colônias, gerando o descontentamento da elite colonial.

   d) A Festa do Chá em Boston foi uma tentativa de a Coroa inglesa apaziguar os ânimos dos colonos oferecendo a eles chá a preços mais baixos do que aos nativos.

   e) Um dos principais problemas dos colonos eram os altos impostos cobrados pela Coroa inglesa.

   f) Os interesses da burguesia inglesa eram os mesmos da elite colonial; no entanto, ambas divergiam das intenções da monarquia inglesa.

2. Reescreva, corrigindo, as afirmativas que você considerou incorretas na atividade anterior.

3. Embora na Declaração de Independência dos Estados Unidos esteja escrito que todos os homens nascem iguais, a escravidão foi mantida. Explique essa contradição.

4. Leia o texto e faça o que se pede.

> Em 1791, inspirados na independência dos Estados Unidos (1776) e na Revolução Francesa (1789), os haitianos levantaram-se contra a discriminação entre homens livres, mulatos, negros e brancos. O movimento começou com distúrbios provocados por mulatos livres que exigiam equiparação de direitos com os brancos. Dos americanos, o movimento herdou o anticolonialismo e a prática militar. Os cerca de 800 haitianos que participaram da guerra contra os ingleses e receberam treinamento militar nos Estados Unidos estavam entre os líderes do movimento. Dos franceses, vieram os ideais de igualdade e de direitos universais. Em poucos meses, a revolta chegou ao interior: os escravos abandonaram as fazendas, queimaram as plantações e mataram donos de terras e comerciantes. A situação ficou incontrolável quando as principais cidades foram ocupadas. Em 1793, com o caos instalado e o país paralisado, os franceses aboliram a escravatura e Touissant Louverture, um ex-escravo, líder do movimento de libertação, assumiu o poder.
>
> Isabelle Somma. O Haiti é aqui. *Aventuras na História para viajar no tempo.* São Paulo: Abril, 2004.

   a) Explique a influência da Independência dos Estados Unidos e da Revolução Francesa na Independência do Haiti.

   b) Por que era fundamental a abolição da escravidão para que o Haiti se estruturasse como nação?

5. Leia o trecho a seguir e responda à questão.

> Primeira carta constitucional da América Latina dispõe em seu artigo terceiro: "A escravatura está para sempre abolida. Não podem existir escravos sobre este território".
>
> Ricardo Seitenfus. *Haiti: a soberania dos ditadores.* Porto Alegre: Solivros, 1994. p. 30.

   • Por que o movimento de independência do Haiti se difere de outros movimentos emancipatórios da América Latina?

6. Em 1807, quando as tropas de Napoleão depuseram o rei espanhol Fernando VII, as elites *criollas* juraram fidelidade a este e formaram as juntas governativas, que, mesmo ligadas à Espanha, passaram a ter autonomia política. Após o fim das Guerras Napoleônicas, o que a Espanha tentou fazer com suas colônias na América?

7. Explique o papel dos padres Miguel Hidalgo e José María Morelos na Independência do México.

8. Observe novamente a imagem das páginas 66 e 67, que tem ao centro o padre Miguel Hidalgo e reflete o início do processo de independência do México. Depois, faça o que se pede.

a) Descreva a imagem identificando os sujeitos sociais presentes nela.

b) Com base em sua descrição, levante hipóteses sobre o que a imagem pode informar a respeito desse movimento no início do processo de independência do México.

c) A Constituição do México determinava que a religião oficial seria a católica. Elabore hipóteses para explicar por que não eram aceitas outras religiões.

9. Em 1813, o padre José María Morelos escreveu um projeto de constituição para o México. Leia trechos do projeto e responda à questão.

1º Que a América é livre e independente da Espanha e de toda outra Nação, Governo ou Monarquia, e que assim se sancione, dando ao mundo as razões.

2º Que a religião católica seja a única, sem tolerância de outra. [...] 5º A soberania dimana diretamente do povo, que só quer depositá-la em seus representantes, dividindo os poderes dela em Legislativo, Executivo e Judiciário, elegendo as províncias seus vocais e estes aos demais, que devem ser indivíduos sábios e de probidade. [...]

7º Que os vocais funcionarão por 4 anos, revezando-se, saindo os mais antigos para que ocupem o lugar os novos eleitos. [...]

11º Que a pátria não será de toda livre e nossa, enquanto não se reforme o governo, aniquilando o tirânico, substituindo o liberal e expulsando do nosso solo o inimigo espanhol [...].

15º Que a escravidão se prescreva para sempre, o mesmo para a distinção de castas, permanecendo todos iguais, e só distinguirá um americano de outro, o vício e a virtude. [...]

17º Que a cada um se lhe respeitem as propriedades e sua casa como um asilo sagrado, estipulando pena aos infratores. [...]

Chilpancingo, 14 de setembro de 1813
José María Morelos

> Manoel Lelo Bellotto; Ana Maria Martinez Corrêa. *A América Latina de colonização espanhola: antologia de textos históricos*. São Paulo: Hucitec; Edusp, 1979. p. 161-163.

- Quais influências iluministas aparecem no projeto de Morelos?

DICAS

▶ **ASSISTA**

O patriota, EUA, 2000. Direção: Roland Emmerich, 164 min.
O filme narra a luta pela independência dos EUA contra o domínio colonial inglês. Mostra a violência dos combates e as consequências da guerra para toda a sociedade estadunidense.

📖 **LEIA**

A independência dos países da América Latina, de Alexandre de Freitas Barbosa. Coleção Que História é Esta?
Nesse livro, os movimentos emancipatórios da América Latina são apresentados com suas particularidades e destaca-se a ação dos diversos grupos sociais nos processos de independência.

↑ Georgina de Albuquerque. *Sessão de Conselho de Estado que decidiu a independência*, 1922. Óleo sobre tela, 2,1 m × 2,65 m. Nessa obra, a imperatriz D. Leopoldina, esposa de D. Pedro I, foi retratada participando da redação da Declaração de Independência do Brasil.

A Independência do Brasil

NESTE TEMA
VOCÊ VAI ESTUDAR:

- a crise do sistema colonial;
- os primeiros movimentos de independência;
- a influência do Iluminismo no processo de independência política do Brasil;
- a transferência da Corte e da administração portuguesa para o Brasil;
- as implicações da independência do Brasil para a população.

Diferentemente do que ocorreu na América Espanhola, a independência do Brasil está relacionada a um processo iniciado em 1808 com a vinda da família real, que possibilitou a estruturação político-administrativa da colônia e culminou na independência proclamada por Dom Pedro, o herdeiro do trono português.

Quais foram os arranjos políticos necessários para a consolidação do país como Estado soberano?

Revoltas coloniais

Neste capítulo você vai estudar como o aumento do controle de Portugal sobre as atividades da colônia gerou insatisfações que levaram à organização de grupos que questionavam a condição do Brasil e quais eram as ideias e ações de alguns desses grupos.

No contexto de mudanças e novas ideias provocado pelo Iluminismo e pela Revolução Industrial na Europa, em Portugal, durante o reinado de D. José I, o marquês de Pombal detinha grande poder. O déspota esclarecido procurou revitalizar o Estado absolutista português e fortalecer os vínculos entre a metrópole e a colônia racionalizando e fiscalizando a arrecadação tributária e incentivando a produção. Pombal governou de 1750 a 1777 e foi responsável pelas seguintes medidas que afetaram diretamente o Brasil:

- organização de duas companhias de comércio – a Companhia Geral do Grão-Pará e Maranhão (1755-1778) e a Companhia Geral de Pernambuco e Paraíba (1759-1780) –, que detinham o monopólio do comércio na região em que atuavam;
- aumento dos impostos e instituição da **derrama**;
- transferência do centro administrativo da colônia portuguesa para a cidade do Rio de Janeiro (1763);
- expulsão dos jesuítas do Brasil.

Para os habitantes da colônia, a administração pombalina não resultou em melhorias.

Os colonos demonstravam sua insatisfação sempre que podiam, como na Revolta de Beckman (1684), na Guerra dos Mascates (1710) e na Revolta de Vila Rica (1720). O objetivo dessas rebeliões era modificar aspectos específicos e localizados, mas sem nenhuma pretensão separatista, nem mesmo local.

GLOSSÁRIO

Derrama: determinação da metrópole que dava direito aos dirigentes da colônia de tomar os bens dos cidadãos para completar o valor da arrecadação de impostos quando não se alcançava o valor esperado pela metrópole.

↑ Carlos Julião. *Dama em liteira carregada por escravos e suas acompanhantes*, século XVIII. Aquarela colorida, 28 cm × 38,2 cm.

Fundação Biblioteca Nacional, Rio de Janeiro

Ao longo do século XVIII, a Coroa portuguesa intensificou o controle e a opressão sobre sua colônia na América. A região mineradora foi a mais afetada pelo aumento da exploração colonial, pois, por meio da extração dos metais e pedras preciosas, era dela que saía a maior parte dos lucros de Portugal.

O surgimento de uma elite mineradora, descontente com os rumos tomados pela exploração por parte da metrópole, contribuiu para gerar contestações às bases mercantilistas do colonialismo português e, por consequência, atritos entre colonos e a Coroa.

Ainda assim, a população pobre do nordeste do país, que já era pobre no auge da produção açucareira, permanece nessa situação no momento em que o eixo econômico desloca-se para Minas. Os grandes produtores não empobreceram, pois a região continuou produzindo grandes quantidades de açúcar, embora o peso dessa exportação fosse relativamente menor no século XVIII do que no século XVII.

Além das condições econômicas e do descontentamento político local, os acontecimentos internacionais e a difusão das ideias iluministas também ecoavam na colônia portuguesa, assim como nas colônias espanholas. Tanto na região mineradora como na região nordeste do país, apesar das diferenças significativas entre elas, ocorreram movimentos que contestavam definitivamente o sistema colonial. Eles influenciaram os movimentos de emancipação do Brasil em relação a Portugal.

↑ Joaquim da Rocha Ferreira. *Provedor das Minas*, 1700. Óleo sobre tela.

A Conjuração Mineira

Em 1789, Vila Rica, atual Ouro Preto, na Capitania de Minas Gerais, foi palco do primeiro movimento emancipacionista do Brasil, a Conjuração Mineira.

Entre os motivos que levaram ao movimento podemos apontar alguns externos e outros internos. No primeiro grupo, identificamos as influências do Iluminismo: os conjurados defendiam um governo feito para o povo (não todo o povo, somente a classe proprietária), a garantia da liberdade e da propriedade, além de pregar que a soberania e o poder político estavam no povo, não no monarca que o governa. Outra influência externa foi a independência dos Estados Unidos, em 1776, que difundiu a ideia de que era possível os oprimidos se libertarem dos opressores e constituírem um país livre.

Internamente, a diminuição do volume de ouro extraído combinada ao aumento da sonegação de impostos e do contrabando de ouro levou à redução da arrecadação de impostos. Isso fez Portugal anunciar uma derrama para 1789, visando manter seus ganhos, na qual seriam cobrados impostos atrasados de 11 anos, de aproximadamente 9 mil quilos de ouro. Esse valor deveria ser pago por toda a população, inclusive com o confisco de bens dos que não pudessem saldar suas dívidas.

Diante dessa ameaça, os membros da elite econômica e cultural de Vila Rica começaram a planejar um movimento para conter as ações de Portugal na região.

A conspiração

Na organização da Conjuração Mineira destacaram-se os poetas Cláudio Manuel da Costa e Tomás Antônio Gonzaga, o coronel Joaquim Silvério dos Reis e o alferes Joaquim José da Silva Xavier, conhecido como Tiradentes, que era, entre os organizadores, um dos nomes de menor expressão econômica e social.

Os conspiradores decidiram que o movimento se iniciaria no mesmo dia marcado para a realização da derrama. Dessa forma, como o descontentamento era geral, caso o movimento tivesse sucesso, todos se beneficiariam e, se desse errado, seria difícil identificar os líderes, uma vez que se pretendia atrair todos para a revolta.

Todavia, em troca do perdão de suas dívidas, Joaquim Silvério dos Reis denunciou o movimento às autoridades locais e revelou o nome dos inconfidentes. O governador cancelou a derrama e mandou prender os envolvidos.

Durante os interrogatórios, alguns prisioneiros negaram a participação no movimento e houve quem confessasse, como Tiradentes, que assumiu a iniciativa da conspiração, sendo considerado o principal líder, o que não era verdade. Entretanto, essa posição parecia confirmar suas ações durante o planejamento do movimento, quando ele divulgava abertamente suas ideias, mostrando-se fiel a suas crenças e um inconfidente entusiasmado.

> Há uma diferença na denominação dada ao movimento. Para os envolvidos, foi uma conjuração, isto é, uma conspiração secreta contra os desmandos da Coroa. Já para o governo português, o termo adotado foi inconfidência, que significa traição à própria Coroa portuguesa.

↑ Eduardo de Sá (1866-1940). *A leitura da sentença de Tiradentes*, s.d. Óleo sobre tela.

O processo dos conjurados, denominado Autos da Devassa, só foi proclamado em 1791, e, durante esse período, a maioria de seus participantes ficou presa no Rio de Janeiro. A sentença previa pena de morte na forca para 11 dos réus e pena de **desterro** a outros sete. Mas, no ano seguinte, a pena de morte foi transformada em desterro, exceto a do alferes Joaquim José da Silva Xavier.

⚠ CURIOSO É...

A bandeira de Minas Gerais

O projeto dos conjurados mineiros incluía também a proclamação da república, cuja capital seria São João del Rey, a criação de uma universidade em Vila Rica e planos de industrialização e de liberdade econômica. Foi criada, inclusive, uma bandeira para a nova nação, na qual se podia ler o lema do movimento, em latim: *Libertas quae sera tamen*, que significa "Liberdade ainda que tardia". Posteriormente, a bandeira da conspiração foi adotada como bandeira oficial do atual estado de Minas Gerais.

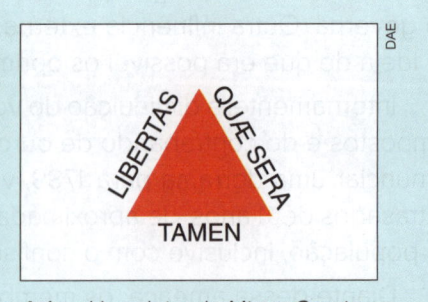

↑ Atual bandeira de Minas Gerais.

A Conjuração Baiana

Com a retomada da produção de açúcar na região, os senhores de engenho não seguiram as determinações da Coroa portuguesa de produzir gêneros alimentícios, a fim de evitar a escassez de comida.

Nessa mesma época, a produção de tabaco na Bahia ganhou forças e, principalmente, reconhecimento no comércio ultramarino. Era usado como moeda no tráfico de escravos na África e na Europa e comercializado em toda a região costeira do país.

No final da década de 1790, a situação se agravou com a elevação da renda dos senhores de engenho e a alta dos preços dos alimentos, levando grande parte da população de Salvador a viver na miséria.

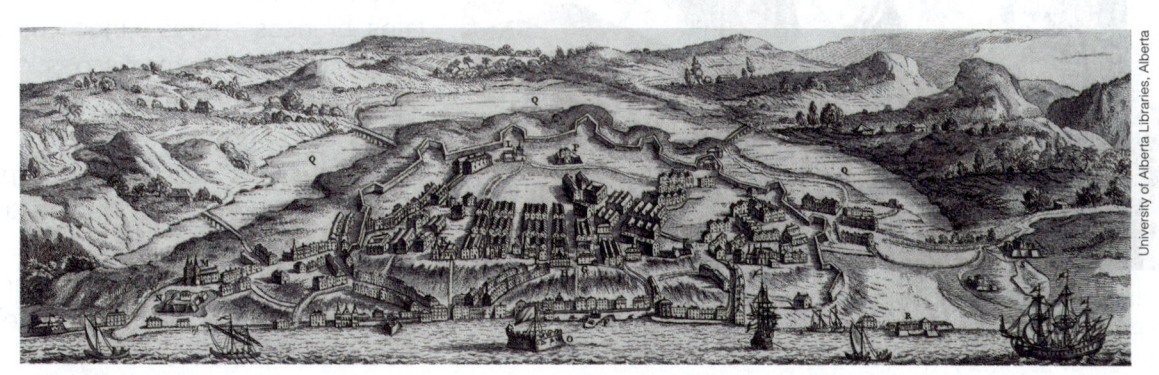

↑ Emanuel Bowen. A cidade de Salvador e seu Porto. Gravura publicada na obra *Navigantium atque Itinerantium Bibliotheca*, v. II, p. 183, de John Harris, em 1744.

Foi nesse contexto que teve início a conjuração baiana. A exemplo do movimento mineiro, acontecimentos externos influenciaram os revoltosos, como a independência dos Estados Unidos, a fase popular da Revolução Francesa, a difusão das ideias iluministas e os escravos da região da Ilha de São Domingos e atual Haiti que começavam a se libertar do domínio francês, o que desestabilizou a economia açucareira das Antilhas.

As ideias iluministas começaram a ser divulgadas por intelectuais baianos na associação literária Academia dos Renascidos, derivada da loja maçônica Cavaleiros da Luz. Participavam das reuniões, além de intelectuais, como o médico Cipriano Barata, muitos líderes populares, incluindo escravos.

A liderança do movimento foi assumida por um grupo de alfaiates e militares sem patente, destacando-se os mulatos João de Deus e Manuel Faustino (alfaiates), Luís Gonzaga das Virgens e Lucas Dantas de Amorim (soldados). Por causa da participação dos alfaiates, o movimento também ficou conhecido como Revolta dos Alfaiates.

A conjuração baiana não obteve sucesso porque foi delatada por membros das elites que temiam a revolta dos escravos nos moldes que estava acontecendo na região do Haiti.

> Diferentemente da Conjuração Mineira, o movimento baiano caracterizou-se por intensa participação popular, constando em seu projeto, além da proclamação da república, o fim da escravidão, que não era consenso entre todos os participantes, uma vez que membros das elites baianas se envolveram na organização.

← Domingos António de Sequeira. *Retrato de Cipriano José Barata de Almeida*, 1821-1822. Desenho, carvão e giz branco sobre papel, 30,9 cm × 24 cm. Além de ter feito parte da Conjuração Baiana, Cipriano Barata participou da Revolução Pernambucana, em 1817, que veremos mais adiante.

Rodval Matias

↑Ilustração de Rodval Matias publicada em *A Conjuração Baiana*, 1998. Representação artística do enforcamento dos conjurados Lucas Dantas, Manuel Faustino, João de Deus e Luís Gonzaga, no Largo da Piedade, em novembro de 1799, na cidade de Salvador (BA).

O levante

Em 12 de agosto de 1798, Salvador amanheceu cheia de cartazes que convocavam o povo à revolução. A delação do movimento, no entanto, impediu que ele ganhasse força.

As forças repressivas investigaram 669 pessoas envolvidas na conjuração. Dessas, 49 foram presas: a maioria escravos, negros livres, mulatos, brancos pobres e mestiços que exerciam diferentes profissões, como alfaiates, sapateiros, pedreiros, soldados, pequenos comerciantes, entre outras pessoas marginalizadas pelo sistema e com poucas perspectivas de ascensão social. Além de serem maioria nos eventos revolucionários, eles eram a parte insatisfeita que se rebelava contra a ordem vigente.

Os quatro principais líderes foram enforcados e esquartejados. Os participantes que pertenciam às elites tiveram a fuga facilitada ou não sofreram condenações. Os poucos condenados foram exilados na África, e os escravos participantes, açoitados em praça pública como forma de inibir novos movimentos.

Entre os revolucionários que receberam pena de prisão, havia cinco mulheres: Luiza Francisca de Araújo, Lucrecia Maria Gercent, Vicência e, com atuação de destaque, Domingas Maria do Nascimento e Ana Romana Lopes, todas negras alforriadas. Elas demonstraram o quanto estavam revoltadas com as condições de vida que regiam aquela sociedade e, mais do que isso, mostraram que a história não é feita somente por homens.

Sérgio Pedreira/Folhapress

←
Busto de João de Deus Nascimento, mártir da Conjuração Baiana, na Praça da Piedade, em Salvador (BA).

FORMAÇÃO CIDADÃ

Os cartazes criados pelos conjurados e distribuídos pela cidade de Salvador continham reivindicações da população contra o que estava ocorrendo na Bahia e convocavam o povo a participar do movimento. Veja a seguir um dos dizeres desses cartazes.

Animai-vos, povo bahiense, que está para chegar o tempo feliz de vossa liberdade; o tempo em que todos seremos irmãos; o tempo em que todos seremos iguais. [...]

Disponível em: <www.historia.uff.br/impressoesrebeldes/?documento=avisos-i>. Acesso em: mar. 2019.

Atualmente, temos diversas formas de divulgar nossas reivindicações de soluções para os problemas que o país enfrenta. Escolha um desses problemas e elabore uma mensagem com sua reivindicação para apresentar aos colegas da turma. Pode ser um cartaz, um *jingle*, um meme, o que desejar.

ATIVIDADES

SISTEMATIZAR

1. Quais foram as influências ideológicas externas que instigaram a Conjuração Mineira e a Conjuração Baiana?

2. O que levou ao surgimento do movimento emancipacionista da Conjuração Mineira?

3. Explique as diferenças entre a Conjuração Mineira e a Conjuração Baiana.

4. Leia o trecho a seguir e responda às perguntas.

> Podemos mesmo dizer que foram movimentos de revolta regional e não revoluções nacionais. Esse foi o traço comum de episódios diversos [...] as conspirações e revoluções ocorridas nos últimos decênios do século XVIII e nos primeiros do século XIX são frequentemente apontadas como exemplos afirmativos da consciência nacional. Se é possível dizer que eles indicam essa direção, devemos lembrar que até a independência, e mesmo depois, a consciência nacional passa pela regional. Os rebeldes do período se afirmam como mineiros, baianos, [...] e, em alguns casos como pobres, tanto ou mais do que brasileiros.

> Boris Fausto. *História do Brasil.*
> São Paulo: Edusp, 2008. p. 113-114.

a) A quais movimentos ocorridos no Brasil o trecho faz menção?

b) Segundo Boris Fausto, esses movimentos emancipatórios tiveram caráter nacional? Justifique.

5. Devido à grande participação popular na Conjuração Baiana, membros da elite denunciaram o movimento por temor de que ocorresse algo semelhante ao que estava ocorrendo na região do atual Haiti. Por que a elite temia que isso acontecesse?

6. Qual foi o papel das mulheres e de outras pessoas marginalizadas nos eventos que desencadearam a Conjuração Baiana?

REFLETIR

1. Assim como Tiradentes, alguns líderes populares da Conjuração Baiana tiveram o mesmo fim – enforcamento e esquartejamento. Por que apenas os líderes populares e Tiradentes foram condenados dessa maneira?

2. A obra a seguir, do pintor Aurélio de Figueiredo, retrata o martírio de Tiradentes. Observando essa pintura, podemos notar uma semelhança de Tiradentes com Jesus Cristo. Em 1889, a recém-formada república brasileira precisava criar um herói e viu na figura de Tiradentes a melhor opção. Sabendo disso, elabore hipóteses que expliquem:

a) por que os republicanos identificaram em Tiradentes a figura de um herói nacional;

b) por que a imagem de Tiradentes foi assemelhada com a de Jesus Cristo.

Museu Histórico Nacional, Rio de Janeiro

↑ Francisco Aurélio de Figueiredo e Melo. *Martírio de Tiradentes*, 1893. Óleo sobre tela, 57 cm × 45 cm.

DESAFIO

1. No calendário nacional, em 21 de abril, comemora-se o Dia de Tiradentes, que é feriado em todo o Brasil. Faça uma pesquisa para descobrir a origem desse feriado e a importância de relembrarmos esse fato nos dias atuais.

De colônia a sede do reino

No capítulo anterior você estudou alguns dos movimentos contrários à Coroa e à sua maneira de administrar a colônia. Neste capítulo você vai ver que a transferência da Corte de Lisboa para o Rio de Janeiro ocasionou importantes mudanças para o Brasil.

Portugal e o Bloqueio Continental

No início do século XIX, Napoleão Bonaparte expandia sua dominação por toda a Europa, mas era atacado pela Grã-Bretanha. Consciente da impossibilidade de vencer os ingleses militarmente, Napoleão resolveu prejudicá-los no âmbito econômico. Em 1806, decretou o Bloqueio Continental, que proibia os Estados europeus de comercializar produtos com a Grã-Bretanha, sob ameaça de serem invadidos pelo exército francês.

O Bloqueio Continental constituiu um problema para Portugal, porque o país não podia aderir a ele, já que dependia economicamente da Inglaterra. Assim, sofreria uma invasão francesa.

Diante do impasse, o governo britânico propôs uma solução: transferir a Corte portuguesa para o Brasil, sob escolta inglesa. Caso Napoleão dominasse o território português, a mudança da Corte para a colônia americana garantiria a preservação do Estado português.

Pressionado de um lado pela Inglaterra e, de outro, por Napoleão Bonaparte, Dom João – que regia Portugal desde o afastamento de sua mãe do trono, Maria I, em razão de insanidade mental – aceitou a proposta de mudança da sede do império.

A mudança seria vantajosa para a Inglaterra: em troca da transferência em segurança, Dom João permitiria a comercialização de produtos ingleses por meio dos portos brasileiros.

Assim, em novembro de 1807, a família real e sua Corte partiram de Lisboa rumo ao Brasil.

Museu Nacional dos Coches, Lisboa

← Nicolas-Louis-Albert Delerive. *Embarque para o Brasil do príncipe regente D. João VI*, século XIX. Óleo sobre tela, 62,5 cm × 87,8 cm.

Os acordos com os ingleses

No dia 22 de janeiro de 1808, a Corte portuguesa chegou a Salvador. Respeitando o acordo com a Inglaterra, a primeira medida de Dom João no Brasil foi decretar a abertura dos portos brasileiros às nações amigas. Por meio dessa medida, o comércio do Brasil estava liberado para as nações aliadas de Portugal.

↑ Autor desconhecido. *Embarque de Dom João VI para o Brasil no dia 27 de novembro de 1807*, s.d. Óleo sobre tela.

Na prática, a **franquia** dos portos representou o fim do Pacto Colonial, que garantia a exclusividade do comércio com a metrópole. Por essa razão, costuma-se afirmar que dessa ação do governo português iniciou-se o processo de independência política do Brasil.

Para incrementar a economia, Dom João assinou, ainda em 1808, um decreto que permitia o estabelecimento de manufaturas no Brasil, visando à instalação de indústrias de bens de consumo no Brasil. Apesar disso, a medida não promoveu um surto industrial no país, já que os produtos ingleses eram comercializados a preços atrativos.

Em 1810 foram assinados com a Inglaterra dois tratados: o de Aliança e Amizade e o de Comércio e Navegação. Por esses acordos, as tarifas alfandegárias de produtos ingleses eram menores que as de qualquer outro país (15% para a Inglaterra, 16% para Portugal, 24% para os demais países). Essa medida eliminava qualquer iniciativa de desenvolvimento da indústria nacional e tornava o Brasil dependente das manufaturas inglesas. Outro ponto dos acordos determinava a extinção gradual do tráfico de escravos no Brasil, além de garantir privilégios para os cidadãos ingleses no país.

São Salvador, a antiga sede administrativa

A cidade de São Salvador, na Bahia, foi sede da administração colonial do Brasil até 1763, quando a cidade do Rio de Janeiro passou a ocupar esse posto por questões econômicas, administrativas e políticas.

Coleção particular

↑ Vista da Baía de Todos-os-Santos (1714), de Amédée François Frézier.

Os motivos da transferência da sede foram diversos:

- o surgimento de uma nova classe burguesa, que pressionava a ordem senhorial no país;
- o fortalecimento do porto da cidade – por onde era escoado o ouro vindo das Minas Gerais – em decorrência das ações do Marquês de Pombal e do papel articulador do Rio de Janeiro na região centro-sul;
- a pressão de traficantes de escravos na região, pois ocorria nessa época um processo de estruturação de mercado que trazia escravos do Nordeste para a região aurífera em Minas Gerais e para o Rio de Janeiro;
- a proximidade do Sudeste com as regiões de fronteira com as colônias espanholas do continente, pois as ameaças à integridade do território português eram constantes.

Um dos motivos mais significativos da transferência foi a elite senhorial de Salvador. Os acúmulos de capital gerados pela cana-de-açúcar e pelo tráfico negreiro deram origem a uma elite local que poderia ameaçar a Coroa, além de influenciar outras regiões para uma ruptura política com Portugal. A cidade de São Salvador era um centro urbano desenvolvido, acompanhando os acontecimentos no mundo e a circulação de ideias e práticas novas. A solução encontrada foi a Corte fazer aliança com a crescente elite esclarecida do Rio de Janeiro e transferir a burocracia colonial. Em consequência, o papel de destaque de Salvador na participação econômica e política foi reduzido.

A transferência da sede administrativa para o Rio de Janeiro gerou grande insatisfação nos baianos, de modo que Dom João, quando veio para o Brasil em 1808, fez uma breve escala em Salvador.

Museu Nacional de Belas Artes, Rio de Janeiro

← Leandro Joaquim. *Vista da lagoa do Boqueirão e do aqueduto de Santa Teresa*, c. 1790. Óleo sobre tela, 86 cm × 105 cm.

1. Quais motivos levaram à transferência da sede administrativa de Salvador para o Rio de Janeiro?

2. De que modo a elite senhorial de Salvador poderia ameaçar a centralidade do poder da Coroa portuguesa?

A família real no Brasil

↑ James Storer. *Arcos da Carioca com a Rua Matacavalos/Riachuelo*, Rio de Janeiro, 1820. Água forte colorida, 21 cm × 27 cm.

Museus Castro Maya, Rio de Janeiro

Em março de 1808, a família real instalou-se no Rio de Janeiro, que, de sede administrativa da colônia, transformou-se em sede da administração do Império Português, permanecendo assim até 1821, data do regresso da Corte para a Europa.

A chegada da Corte causou muitos transtornos para a população local. A cidade do Rio de Janeiro, pequena e suja, não tinha condições de acomodar todos os portugueses que se mudaram para o Brasil. As melhores residências foram confiscadas e seus moradores despejados para acomodar os membros da Corte. Essas casas eram marcadas com "p. r.", indicando que haviam sido solicitadas pelo príncipe regente D. João. A medida virou motivo de indignação e chacota entre os moradores da cidade, que ironizavam a inscrição dizendo que ela significava "ponha-se na rua" ou "pode roubar".

👍 FORMAÇÃO CIDADÃ

A moradia é um direito social garantido pela Constituição de 1988. Entretanto, nem todos os brasileiros possuem residência adequada para viver. Faça uma pesquisa em seu município sobre os movimentos sociais pela moradia. Organize os dados encontrados e, em seguida, redija uma redação.

❗ CURIOSO É...

Os "tigres" na cidade do Rio de Janeiro

↑ Tigreiros, escravos encarregados de recolher e despejar os dejetos domésticos no mar. Ilustração de *A Semana Illustrada*, Rio de Janeiro, 1861.

Fundação Biblioteca Nacional, Rio de Janeiro

O Rio de Janeiro no século XIX não tinha infraestrutura adequada para a população, faltando inclusive rede de esgoto.

Por ter um **lençol freático** muito raso, fossas não podiam ser cavadas, o que levava os moradores a despejarem detritos domésticos diretamente na rua. Por isso, todos os dias, escravos recolhiam os dejetos em barris e os lançavam ao mar. À **tina** era dado o nome de "tigre", e aos negros que desempenhavam tal função era dado o nome de "tigreiro", em virtude das listras brancas que se formavam em suas costas por causa de queimaduras provocadas pela amônia e ureia dos dejetos, que eventualmente escorriam sobre eles.

Essa função foi desempenhada pelos escravos na cidade até 1860, quando a rede de esgoto, iniciada por D. João VI, foi concluída.

GLOSSÁRIO

Lençol freático: corpo de água subterrâneo que pode estar ou não confinado pela estrutura geológica.
Tina: vasilha grande que lembra um barril cortado ao meio; é usada para carregar água.

Estruturação político-administrativa

A presença da Corte também trouxe uma série de mudanças culturais e urbanísticas ao Rio de Janeiro.

A beleza natural da cidade, à primeira vista, encantava os que chegavam. Entretanto, após o desembarque, os visitantes deparavam-se com ruas estreitas, casebres mal construídos, lixo por todos os lados, o que causava mau cheiro.

Para resolver parte desses problemas, desenvolveram-se obras que viabilizaram o transporte público, a rede de esgotos e o abastecimento de água; novos bairros foram criados e ruas foram alargadas e pavimentadas. Foram fundados, ainda, a Imprensa Régia (1808), o Banco do Brasil (1808), a Real Biblioteca (1810), o Museu Nacional de Belas Artes (1816), o horto municipal, hoje Jardim Botânico (1819), e instituições de ensino, como a Escola Superior de Matemática, Física e Engenharia, a Escola Médico-Cirúrgica e a Escola de Comércio e Administração.

As melhorias na estrutura urbana do Rio de Janeiro, o incentivo à cultura e a criação de novos setores mercantis beneficiaram somente uma pequena parcela da população. A maior parte da população do Brasil sentiu apenas o impacto da abertura do comércio e da criação de novos impostos para sustentar toda essa nova estrutura e os membros da Corte.

O Reino Unido de Portugal, Brasil e Algarves

Politicamente, além de instalar aqui um aparato administrativo, uma das medidas mais relevantes tomada por D. João foi a elevação do Brasil de colônia à posição de reino, como parte do reino Unido de Portugal, Brasil e Algarves (região sul do atual Portugal).

Em 1815, com a queda de Napoleão Bonaparte, houve mudanças políticas importantes na Europa. Representantes de países europeus reuniram-se no Congresso de Viena visando à volta do absolutismo monárquico, ou seja, discutiram o retorno da Europa à situação anterior à Revolução Francesa de 1789. Uma das decisões do Congresso foi o compromisso de que as monarquias europeias reassumiriam seus tronos.

Assim, D. João deveria regressar a Portugal, pois instalado na colônia não poderia continuar a governar a metrópole. Para resolver o impasse, criou o Reino Unido de Portugal, Brasil e Algarves. Dessa maneira, o Brasil se igualava nominalmente a Portugal, mas, na prática, suas condições políticas e econômicas pouco haviam mudado.

Em 1816, com a morte de D. Maria I, o príncipe regente assumiu o trono definitivamente com o título de D. João VI, rei de Portugal, Brasil e Algarves.

→ Jean-Baptiste Debret.
Aclamação de D. João VI como rei de Portugal, Brasil e Algarves, 1834. Gravura.

Fundação Biblioteca Nacional, Rio de Janeiro

A Revolução Pernambucana

Durante a colonização, Pernambuco havia sido um importante centro econômico da colônia portuguesa na América por causa da grande produção açucareira. No entanto, o posterior declínio da produção açucareira motivou uma série de crises locais.

No final do século XVIII e início do XIX, a produção de açúcar ganhou novo fôlego, aliada às exportações de algodão. A concorrência estrangeira, porém, levou a uma nova crise econômica e, consequentemente, social na província.

Nesse contexto, houve aumento na cobrança de impostos para garantir o sustento da Corte no Rio de Janeiro. Essas medidas geraram indignação e questionamentos, por exemplo, pelo fato de que os pernambucanos não tinham cidades iluminadas, mas pagavam impostos para a conservação da iluminação pública do Rio de Janeiro.

Além disso, os privilégios dos comerciantes portugueses, que controlavam as exportações na região, e o fato de apenas portugueses ocuparem altos cargos políticos, religiosos e militares aumentaram o descontentamento.

Diante dessa situação, intelectuais pernambucanos (padres, militares, juízes, grandes proprietários de terras, comerciantes), inspirados pelas ideias iluministas, organizaram um movimento em busca de independência.

Em março de 1817, os revoltosos tomaram a cidade do Recife e estabeleceram um governo republicano provisório, que previa a elaboração imediata de uma constituição. O novo governo aboliu alguns impostos, declarou a liberdade religiosa e de imprensa, a igualdade entre brasileiros e portugueses (abolição dos privilégios) e criou uma nova bandeira, porém manteve a escravidão e o regime de propriedade.

↑ Criada na Revolução Pernambucana, a bandeira de Pernambuco foi oficializada no início do século XX e é até hoje um dos símbolos oficiais do estado.

Em seguida, Paraíba, Rio Grande do Norte e Alagoas também aderiram à revolução, formando uma república.

Enquanto isso, o governo de D. João organizou suas tropas e, após vários confrontos, os rebeldes foram dominados. Em maio de 1817, os líderes da revolta foram presos e alguns condenados à morte. Outros participantes presos obtiveram perdão em 1821 e voltaram a proclamar suas ideias de liberdade.

Por causa da quantidade de padres nessa insurreição, entre eles Frei Caneca (Joaquim do Amor Divino Caneca), esse movimento ficou conhecido também como Revolução dos Padres.

A Revolução ou Insurreição Pernambucana de 1817 pode ser considerada o maior movimento de contestação ao governo português no Brasil durante o Período Joanino (1808-1821).

→

Antonio Parreiras. *Bênção das bandeiras da Revolução de 1817*, s.d. Óleo sobre tela. Simboliza a criação da bandeira pelo governo republicano provisório. A nova nação independente buscava símbolos forjados na luta dos revoltosos.

ATIVIDADES

SISTEMATIZAR

1. O que o Bloqueio Continental representou para Portugal?

2. Quais foram os tratados assinados com a Inglaterra em 1810 e o que eles representaram para o Brasil?

3. Explique a que acontecimento histórico se refere a charge abaixo.

PRÍNCIPE REGENTE?

PONHA-SE NA RUA!

Hélio Senatore

4. O que mudou na cidade do Rio de Janeiro com a presença da Corte?

5. Qual decisão do Congresso de Viena afetou o Brasil e como D. João resolveu esse impasse?

6. Todos os brasileiros estavam satisfeitos com o governo de D. João? Explique.

7. A Revolução Pernambucana é vista como o maior movimento contestatório durante o Período Joanino. Mesmo com apenas 75 dias de experiência revolucionária, o movimento fez uma série de mudanças. Indique que mudanças foram essas.

8. Leia o texto e responda às questões.

> A Revolução de 1817 não representara apenas uma ameaça à ordem política da monarquia absoluta, mas também propiciara a libertação de forças sociais, com um definido contorno étnico. E, para tais forças, o fim do poder monárquico abria a oportunidade de igualmente liquidar uma ordem social de privilégios e exclusões que repousavam também sobre bases étnicas. Por isso, todos os testemunhos, sobretudo o dos restauradores monárquicos, enfatizavam a significativa participação da chamada gente de cor. Por isso, ainda, foi sobre ela que a repressão se abateu de maneira seletiva. Ou seja, entre os réus que foram processados e que tiveram pena de prisão estavam, sobretudo, a gente de mor qualidade, por serem considerados cabeça da revolução. [...]
>
> Denis Antônio de Mendonça Bernardes. *O patriotismo constitucional*. São Paulo: Hucitec, Fapesp; Recife: UFPE, 2006. p. 239.

a) Segundo o texto, que característica relevante pode ser destacada na Revolução Pernambucana?

b) Por que as pessoas com mais *status* dentro da organização social foram as mais punidas no conflito?

REFLETIR

1. Retome o mapa da página 56 e, em seguida, faça o que se pede.

a) Quais foram os principais objetivos do Império Napoleônico com o Bloqueio Continental?

b) Relacione as informações contidas no mapa com a transferência da família real para o Brasil.

2. Leia o trecho a seguir e responda à questão.

Durante a viagem que trouxe a Corte portuguesa para o Brasil, ocorreram vários contratempos. Houve muita confusão já no próprio embarque, com todos querendo entrar ao mesmo tempo. Com os navios abarrotados, houve falta de água e comida a bordo. Para improvisar a troca de roupas, a marinha inglesa providenciou lençóis e cobertores. E mais, as mulheres foram obrigadas a raspar os cabelos devido aos ataques de piolhos.

Boris Fausto. História do Brasil. São Paulo: Edusp, 1997. p. 121.

- Quando chegaram ao Brasil, as mulheres da Corte portuguesa desceram dos navios com turbantes protegendo a cabeça porque tinham raspado os cabelos. As mulheres brancas do Rio de Janeiro ficaram maravilhadas, acharam que era a última moda na Europa e passaram a adotar cabelos curtos e turbantes. Entretanto, o uso de lenços e turbantes na cabeça já era habitual na sociedade, por muitas mulheres negras que utilizavam esses adereços. Por que apenas com a chegada de europeias as mulheres brancas do Rio de Janeiro passaram a usar esses acessórios?

3. Leia o trecho a seguir e faça o que se pede.

Em 10 de junho de 1808, logo após chegar ao Brasil, D. João declarou guerra à França. Em janeiro de 1809, conseguiu conquistar Caiena, capital da Guiana Francesa, com uma pequena frota de navios saídos de Belém. Não sabemos o valor do possível saque da cidade, mas a coleta de espécies vegetais, como a cana caiena (plantada depois no Jardim Botânico), foi muito importante quando plantada na região açucareira em substituição às variedades tradicionais, que eram menos doces. A permanência portuguesa em Caiena foi breve, pois o principal objetivo da invasão era usar a cidade em negociações com os franceses como moeda de troca por Olivença.

Laima Mesgravis. História do Brasil Colônia. São Paulo: Contexto, 2015. p. 158-159.

a) A política externa do Brasil passou por modificações após a chegada da família real. Em relação à França, quais foram as principais mudanças?

b) Qual era o objetivo da ocupação portuguesa na capital da Guiana Francesa?

c) Relacione a ocupação da capital Caiena com a produção açucareira no Brasil.

4. Leia o trecho a seguir e responda às questões.

A Revolução de 1817, quaisquer que tenham sido as suas causas intrínsecas ou extrínsecas, encaradas sob qualquer ângulo, foi pela primeira vez, tratando-se do Brasil com relação a Portugal, o grito de rebeldia social de uma parte da América, que "aprendera por fim a se levantar mais alto que a Europa e das leis àqueles de quem tinha por hábito recebê-la".

Flavio Guerra. História de Pernambuco. Recife: Fundaj; Massangana; Governo do Estado de Pernambuco, Secretaria de Educação, Turismo, Cultura e Esportes, 1992. p. 80.

a) O que a Revolução de 1817 representou para Pernambuco diante de Portugal?

b) Quais foram as primeiras medidas tomadas pelos revoltosos pernambucanos na Revolução de 1817?

DESAFIO

1. O governo imperial, em 1816, convidou uma série de artistas estrangeiros para fundar uma academia de artes. Um dos artistas convidados foi o francês Jean-Baptiste Debret. Em grupo, faça uma pesquisa para descobrir quem foi Debret e como ele colaborou para conhecermos melhor o Brasil da primeira metade do século XIX.

3 Emancipação política

No capítulo anterior você viu a mudança de condição do Brasil, de colônia para sede de um reino unido com Portugal, e as consequências dessa mudança. Neste capítulo você verá como se efetivou a independência política brasileira.

As mudanças decorrentes da presença da família real portuguesa no Brasil são consideradas, pelos pesquisadores, marcos do início do processo de independência da colônia. Medidas como a abertura dos portos e, posteriormente, a elevação a Reino Unido a Portugal e Algarves criaram condições internas para separar o Brasil da metrópole.

Embora continuasse, na prática, subordinado a Portugal, o Brasil sediava o governo português, e as mudanças econômicas possibilitaram a instalação de manufaturas e o livre-comércio externo. Isso ocorreu porque, após a derrota de Napoleão Bonaparte, o conceito de "nações amigas" da abertura dos portos passou a englobar diversos os países do mundo.

Enquanto isso, Portugal, depois da expulsão das tropas francesas pelos ingleses e durante a permanência da Corte no Brasil, passou a ser administrado pelo marechal inglês William Beresford. Até mesmo os principais cargos do exército lusitano eram ocupados por ingleses. Além da presença de tropas e administradores estrangeiros, Portugal vivia uma grave crise econômica, acentuada pelos gastos nas guerras contra Napoleão.

A transformação do Brasil em Reino Unido agravou ainda mais o descontentamento dos portugueses, que passaram a exigir o retorno imediato da família real para a Europa, visando centralizar o poder novamente em Portugal e controlar o comércio entre o Brasil e as nações amigas. Essas exigências pareceram, para alguns brasileiros, uma tentativa de recolonização do Brasil pelos portugueses.

Biblioteca Britânica, Londres. Fotografia: Bridgeman Images/Easypix Brasil

A Aliança entre Inglaterra e Portugal é a mais antiga aliança diplomática do mundo ainda em vigor. Ela foi instituída pelo Tratado Anglo--Português de 1373 e, embora não seja mais invocada, permanece ativa. No século XIX, por meio dessa aliança, Inglaterra auxiliou na retomada de Portugal e permaneceu provisoriamente no poder do reino.

↑ Casamento do rei João I de Portugal com Filipa Lancaster em 1387. Gravura publicada em *Chronique d'Angleterre (Volume III)*, de Jean de Wavrin, século XV.

A Revolução Liberal do Porto

No dia 24 de agosto de 1820 começou, na cidade do Porto, um movimento liberal que logo se espalhou por outras cidades, consolidando-se com a adesão de Lisboa. Esse levante, composto de pessoas simpáticas aos preceitos ideológicos liberais, membros da burguesia, clérigos católicos e militares, assumiu o controle de Portugal e instituiu um governo provisório. Esse movimento ficou conhecido como Revolução Liberal do Porto.

Os revolucionários estabeleceram um governo provisório e exigiram, entre outras reivindicações, o retorno de D. João VI para reassumir o trono e a instalação de uma assembleia constituinte, por meio da convocação das Cortes Portuguesas. Essa assembleia deveria ter representantes de todas as regiões do império.

↑ Constantino de Fontes, com base em António Maria de Fonseca. *Alegoria sobre o juramento de obediência à Constituição*, c. 1820. Gravura, 25,2 cm × 37,6 cm.

A Constituição a ser escrita deveria seguir os princípios do liberalismo e, portanto, limitaria o poder real, terminando definitivamente com o absolutismo em Portugal.

As Cortes Portuguesas

As Cortes Portuguesas iniciaram os trabalhos em Lisboa em janeiro de 1821. O Brasil enviou 50 representantes, mas, em razão dos interesses regionais, os próprios deputados brasileiros defendiam posições diferentes para as mudanças administrativas do império, não sendo possível falar de "propostas do Brasil".

Já entre os deputados portugueses reunidos nas Cortes de Lisboa circulavam propostas para centralizar a administração na Europa. Isso levaria ao aumento do poder de Portugal, reduzindo a autonomia de todas as colônias. No caso do Brasil, implicava vincular o governo de todas as províncias diretamente às Cortes, retirando a administração do Rio de Janeiro.

Algumas medidas tomadas pelas Cortes, antes mesmo da chegada dos representantes brasileiros, provocaram grande descontentamento na colônia. Além da redução da autonomia, havia um projeto de revogação dos tratados comerciais com a Inglaterra, que beneficiavam tanto os britânicos como as elites brasileiras. A isso ainda se somou a proposta de transferência para Portugal de todas as repartições aqui instaladas por D. João VI e a determinação do retorno imediato de D. Pedro à Europa, que teve o título de regente anulado.

←

Oscar Pereira da Silva. *Sessão das Cortes de Lisboa*, 1922. Óleo sobre tela, 2,77 m × 3,33 m.

113

O retorno de Dom João VI a Portugal

Ao retornar a Portugal, D. João VI deixou no Brasil seu filho D. Pedro na condição de príncipe regente. O objetivo era que D. Pedro herdasse o trono de Portugal e mantivesse a união dos dois reinos depois da morte de D. João VI. No entanto, as tentativas do governo constitucional de Lisboa em fazer o território brasileiro voltar à condição de colônia aceleraram o processo de independência.

De volta a Portugal, D. João VI foi obrigado a assinar uma Constituição que limitava seus poderes. Mas pouco tempo depois, em 1823, voltou a reinar com poderes absolutos. Até sua morte enfrentou revoltas e golpes políticos de outro filho, D. Miguel, em um movimento conhecido como "miguelismo", apoiado pela mãe, Carlota Joaquina, esposa de D. João VI.

↑ Jean-Baptiste Debret. Partida da rainha para Portugal. Gravura publicada em *Viagem pitoresca e histórica ao Brasil*, c. 1834-1839.

Museus Castro Maya, Rio de Janeiro

A reação brasileira

No Brasil, a notícia das decisões portuguesas motivou divergências entre as elites locais e a formação de dois grupos políticos opositores: o Partido Português, integrado por militares e comerciantes de origem lusitana que desejavam a efetivação do projeto das Cortes para o Brasil; e o Partido Brasileiro, composto de comerciantes, grandes proprietários de terras e profissionais liberais que haviam se beneficiado com as mudanças ocorridas no período joanino e não aceitavam o regresso à condição anterior.

O Partido Português e o Partido Brasileiro não constituíam partidos políticos semelhantes aos que temos hoje, oficializados. Eles eram agrupamentos de pessoas que partilhavam uma opinião política semelhante e foram importantes no processo da independência.

Por não concordarem com as propostas de mudança, que acarretariam prejuízos econômicos e redução do poder regional, os deputados brasileiros passaram a acusar os deputados portugueses de "recolonizadores", visto que o Brasil não era mais colônia portuguesa.

Brasil rompe com Portugal

Nos últimos meses de 1821, o príncipe regente D. Pedro estava pressionado, de um lado, pelas Cortes Portuguesas, que haviam enviado uma carta exigindo seu retorno, e, de outro, pelos brasileiros que pediam sua permanência.

Depois de receber um abaixo-assinado com pedido para ficar, D. Pedro manifestou sua decisão de ficar em 9 de janeiro de 1822, data que ficou conhecida como Dia do Fico.

A declaração de permanência de D. Pedro veio acompanhada, nos meses seguintes, de outras decisões fundamentais ao processo de independência. Em maio, por meio do "Cumpra-se", ele decretou que nenhuma ordem vinda das Cortes Portuguesas seria acatada sem sua autorização. Em junho, convocou uma Assembleia Constituinte e legislativa; em agosto, proibiu a entrada de tropas portuguesas no Brasil sem sua autorização.

Essas ações o tornaram bastante popular no Brasil, mas não agradaram às Cortes Portuguesas, que continuavam exigindo o retorno imediato de D. Pedro e declaravam nulas as decisões tomadas por ele no Brasil.

Em agosto de 1822, D. Pedro viajou a São Paulo para resolver divergências políticas locais. No decurso da viagem, a princesa Dona Leopoldina, sua esposa, recebeu no Rio de Janeiro decretos vindos de Lisboa que ordenavam o retorno imediato do príncipe e desautorizavam a Assembleia Constituinte. Com as relações diplomáticas cada vez mais acaloradas, a princesa e alguns ministros enviaram para o príncipe em São Paulo os decretos acompanhados por uma carta na qual o aconselhavam a romper com Portugal.

D. Pedro recebeu a correspondência quando retornava ao Rio de Janeiro. Diante dessa situação, declarou o rompimento com Portugal e proclamou a Independência do Brasil; era o dia 7 de setembro de 1822.

D. Pedro foi aclamado em 12 de outubro como imperador do Brasil, mas a cerimônia oficial só ocorreu em 1º de dezembro de 1822. Dessa forma, o Brasil tornou-se livre da dominação colonial de Portugal.

Museu Paulista da Universidade de São Paulo, São Paulo

↑ Pedro Américo. *Independência ou morte*, 1888. Óleo sobre tela, 7,6 m × 4,15 m.

Reações à independência

A concretização do processo de independência não causou mudanças significativas na estrutura política, econômica e social do país. O Brasil continuou escravista e a economia permaneceu baseada na agricultura de exportação, controlada por grandes latifundiários. Politicamente, adotou-se a monarquia hereditária e constitucional, legitimando o poder do monarca, que recebeu o título de imperador.

Alguns grupos se posicionaram contrários à concretização da independência, em especial comerciantes e militares portugueses, antigos funcionários da Coroa e políticos locais fiéis a Portugal, que desejavam a continuidade do modelo colonial para manter seus privilégios.

Várias províncias iniciaram movimentos de reação à independência. Bahia, Grão-Pará, Maranhão, Piauí e Mato Grosso presenciaram violentos combates entre as tropas portuguesas e a população antilusitana, que contou com o apoio de mercenários estrangeiros na vitória e consequente concretização interna da independência.

A Independência da Bahia

Mesmo antes da declaração de independência do Brasil, a Bahia já havia iniciado uma luta pela emancipação em relação a Portugal, em 1821. Após o 7 de Setembro, as lutas no estado continuaram até 2 de julho de 1823, quando as tropas portuguesas se renderam após uma série de violentas batalhas. Feriado estadual, a data é comemorada pela população como o Dia da Independência da Bahia.

Palácio do Rio Branco, Salvador

← Antônio Parreiras. *Os primeiros passos para a Independência da Bahia*, 1931. Óleo sobre tela.

Reconhecimento externo da nação

O primeiro país a reconhecer o Brasil como uma nação independente foi os Estados Unidos, em 1824, tomando por base os princípios expressos na chamada Doutrina Monroe, cujo lema era "a América para os americanos".

Em 1825, após receber uma indenização de 2 milhões de libras esterlinas do Brasil, Portugal reconheceu nossa independência. Como não tinha o dinheiro necessário para o pagamento da indenização, o Brasil fez um empréstimo com a Inglaterra.

Em 1826, diante da renovação dos tratados de 1810 e do compromisso brasileiro de eliminar o comércio de escravos num prazo de cinco anos, a Inglaterra reconheceu a independência. Depois do reconhecimento inglês, outras nações europeias também reconheceram o Brasil como um novo Estado independente.

A fragmentação territorial da América

Basicamente, a América Latina foi colonizada por duas potências dos séculos XIV e XV: Portugal e Espanha; assim, a região estava dividida entre elas. Entretanto, os processos de emancipação política da América Portuguesa e o da América Espanhola resultaram da ação de grupos pequenos, embora fortes e poderosos, que se organizaram e estruturaram os novos países de acordo com seus interesses.

As colônias espanholas lutaram pela independência em processos variados e distintos, mas com alguns elementos comuns, como o pensamento liberal iluminista. Além disso, quando Napoleão Bonaparte dominou a Península Ibérica, as colônias espanholas organizaram Juntas Governativas, que cuidavam da administração, até que a situação na Europa se definisse. A ausência de poder político centralizado na América Espanhola abriu espaço para manifestações de autonomia dos latifundiários. Os caudilhos, líderes locais que atuavam como porta-vozes dos diferentes polos econômicos, valeram-se dessa falta de unidades juridicamente organizadas.

Em Portugal, a estratégia foi enviar o rei para o Brasil, garantindo um governo centralizado. Assim, na América Portuguesa os conflitos locais foram reprimidos pelo governo central, que tinha mais possibilidade de mobilizar efetivos militares para conter os revoltosos.

As particularidades no encaminhamento dos processos emancipatórios da América Portuguesa e da América Espanhola foram fundamentais para a formação dos novos Estados e delimitação de seus limites territoriais.

Independências na América Latina – século XIX

Fontes: Cláudio Vicentino. *Atlas histórico: geral e Brasil*. São Paulo: Editora Scipione, 2011. p. 127; Georges Duby. *Atlas histórico mundial*. Barcelona: Larousse Editorial, 2011. p. 249.

1. Por que as colônias portuguesas mantiveram certa unidade territorial e as colônias espanholas fragmentaram-se?

ATIVIDADES

SISTEMATIZAR

1. Qual era a situação de Portugal após o fim do domínio napoleônico?

2. Descreva a Revolução Liberal do Porto.

3. Por que foi exigido que D. João VI retornasse a Portugal?

4. De volta a Portugal, qual era a intenção de D. João VI e dos portugueses em relação ao Brasil?

5. Explique de que forma a popularidade de D. Pedro aumentou no ano da Independência do Brasil.

6. Explique por que o movimento de independência do Brasil difere dos outros movimentos da América.

REFLETIR

1. Leia o trecho a seguir e responda às questões.

> Na verdade, o Sete de Setembro concretizou os ideais da aristocracia agrária, especialmente dos grandes proprietários ligados à produção açucareira. Esse setor era liderado por uma elite ilustrada, herdeira das influências europeias, formada por intelectuais, magistrados e membros da burocracia e do clero. Foi graças a essa camada de intelectuais que o príncipe regente passou a apoiar os objetivos da aristocracia rural, transformando-se num instrumento de suas reivindicações.
>
> A elite agrária desejava que a independência provocasse o rompimento dos laços coloniais, mas não afetasse a estrutura social e econômica. Além da unidade territorial, era preciso manter a escravidão e a grande propriedade, excluindo do processo político não só os escravos, mas também a grande massa dos trabalhadores livres. Para compor esse quadro, era necessário que o príncipe regente assumisse as rédeas dos acontecimentos, impedindo radicalizações e mobilizações populares.

Saga, a grande História do Brasil. São Paulo: Abril Cultural, 1981. v. 3. p. 92-93.

a) Quais eram os ideais defendidos pela aristocracia rural no processo de independência do Brasil?

b) Por que para esse grupo era importante manter a mesma estrutura social e econômica?

2. Leia o trecho a seguir e depois faça o que se pede.

> A ausência de uma classe propriamente revolucionária, as distâncias e os antagonismos que separavam o povo dos chefes revolucionários, a liderança do movimento da independência pelas categorias dominantes, ligadas à terra, aos negócios e altos cargos, garantiram a sobrevivência da estrutura colonial.

Emília Viotti da Costa. Introdução ao estudo da emancipação política do Brasil. In: Carlos Guilherme Mota (Org.). *Brasil em perspectiva.* São Paulo: Difel, 1977. p. 122.

a) Explique, com suas palavras, qual é a relação entre o trecho "garantiram a sobrevivência da estrutura colonial" e o fato de a independência do Brasil não ter provocado mudanças na sociedade brasileira.

b) Levante hipóteses sobre o que poderia acontecer caso houvesse grande participação das camadas populares no processo de independência.

3. É fato que não houve participação popular no processo de independência de nosso país. Nos dias atuais, há participação popular em contextos de reivindicações para mudanças?

4. Observe a obra a seguir, do pintor Jean-Baptiste Debret, que representa o momento da coroação de D. Pedro I como imperador do Brasil, e depois faça o que se pede.

↑ Jean-Baptiste Debret. *Coroação de D. Pedro I pelo bispo do Rio de Janeiro, na capela do Paço Imperial*, 1828. Óleo sobre tela, 3,4 m × 6,4 m.

a) Descreva a imagem.

b) Identifique os grupos sociais representados na cena.

c) Cite os grupos sociais ausentes e elabore hipóteses para explicar o motivo de eles não estarem representados.

d) Na pintura, D. Pedro I está sendo coroado por membros da Igreja Católica. Por que a atuação da Igreja Católica era importante naquele momento?

5. Portugal só reconheceu a independência do Brasil em 1825, mediante o pagamento de uma indenização de 2 milhões de libras esterlinas. Escreva um texto posicionando-se sobre a indenização que o Brasil teve de pagar para ser reconhecido como nação independente e justifique suas ideias.

DESAFIO

1. Atualmente, para que seja formado um novo Estado é necessário que ele tenha três elementos: população (comunidade de indivíduos), território (mesmo que ainda não tenha fronteiras plenamente estabelecidas) e governo (que deve ser efetivo e estável). Além disso, um novo Estado precisa ser reconhecido por órgãos internacionais, o que, na verdade, é uma parte bem complexa. Em grupo, faça uma pesquisa para descobrir quais povos no mundo atualmente lutam por independência política e quais já declararam sua independência embora o território em que habitam ainda não seja reconhecido como novo Estado.

FIQUE POR DENTRO

A Biblioteca Nacional

Maior biblioteca da América Latina e uma das dez maiores bibliotecas nacionais do mundo, atualmente a Biblioteca Nacional tem um acervo de mais de 9 milhões de itens, entre livros, periódicos, manuscritos, mapas, fotografias, discos etc.

Seu núcleo original foi a antiga livraria de D. José I, organizada para substituir a Livraria Real, consumida por um incêndio que se seguiu ao terremoto de Lisboa de 1º de novembro de 1755.

Com a invasão de Portugal pelas tropas napoleônicas e a consequente transferência da família real e da Corte portuguesa para a colônia na América, grande parte do acervo da Real Biblioteca foi transferida para o Rio de Janeiro, em várias viagens de navio.

Inicialmente, os livros foram acomodados em uma das salas do hospital do Convento da Ordem Terceira do Carmo. Em 29 de outubro de 1810, o príncipe regente assinou um decreto determinando que fosse construída no local a estrutura necessária para acomodar a Real Biblioteca. Essa data é oficialmente considerada o dia da fundação da Real Biblioteca, ainda que ela só tenha sido aberta ao público em 1814.

↓ Fachada da Biblioteca Nacional, Rio de Janeiro (RJ). A edificação foi construída entre 1905 e 1910.

Em 1821, com o regresso da família real a Portugal, D. João VI levou consigo apenas alguns manuscritos da Coroa, documentos indispensáveis para o governo português, deixando no Brasil o rico acervo acumulado ao longo de séculos na Europa. Após a Proclamação da Independência, o Brasil adquiriu oficialmente a Biblioteca Real, o que foi regulamentado na convenção adicional ao Tratado de Paz e Amizade, celebrado entre Brasil e Portugal, em 29 de agosto de 1825.

Em decorrência da grande quantidade de obras do acervo adquiridas por doações, compras e pela obrigatoriedade de depósito de qualquer obra impressa no Império, surgiu a necessidade de construir uma nova sede, que comportaria a grande quantidade de materiais. Assim, em 1859, a biblioteca foi transferida para outro prédio, local onde hoje funciona a Escola de Música da Universidade Federal do Rio de Janeiro. Somente em 1910, com o contínuo aumento do acervo, a Biblioteca Nacional passou a ocupar o prédio da Avenida Rio Branco, onde se mantém até hoje.

Atualmente, a Biblioteca Nacional atende cerca de 15 mil visitantes ao mês e tem um acervo em constante crescimento. Isso porque, de acordo com a legislação brasileira, todas as obras impressas e musicais publicadas no país têm pelo menos um exemplar destinado à biblioteca para arquivamento.

Para ampliar o acesso a seu acervo, desde 2006 as obras da Biblioteca têm sido digitalizadas e podem ser consultadas pelo *site* <www.bn.gov.br>.

↑ Interior da Biblioteca Nacional, Rio de Janeiro (RJ).

Rogerio Reis/Tyba

→
Página de pesquisa do acervo digital no *site* da Biblioteca Nacional (www.bn.gov.br), acesso em: fev. 2019.

Disponível em: <http://bndigital.bn.gov.br/acervodigital/>. Acesso em: 01/11/2018.

1. Qual contexto possibilitou a formação do acervo da Biblioteca Nacional?

2. Quais foram os mecanismos criados para a ampliação contínua do acervo da Biblioteca Nacional? Se for o caso, pesquise.

Dom João no Brasil – Episódio 4: "Vem cá, meu rei!"

Spacca

De forma divertida, a animação apresenta a esperada chegada da família real portuguesa ao Brasil, especificamente a São Salvador, em 1808, e os preparativos apressados para receber pessoas tão ilustres.

A animação explica o Decreto de Abertura dos Portos às Nações Amigas por D. João e a criação de instituições na vila baiana, antes de o príncipe regente partir para São Sebastião do Rio de Janeiro.

← Cena da chegada da família real ao Brasil. Episódio 4 da série *Dom João no Brasil*, produzida em 2008, com base na história em quadrinhos *D. João carioca*, de Lilia Schwarcz e Spacca.

Spacca

← Cena do episódio 4 da série *Dom João no Brasil*, produzido em 2008.

- **Título:** *Dom João no Brasil* – Episódio 4: "Vem cá, meu rei!"
- **Direção:** André Loureiro e Cristiana Bittencourt
- **País de origem:** Brasil
- **Duração:** 5 min
- **Ano:** 2008

Contextualizando a animação

Em 2008, relembrando os 200 anos da chegada da família real portuguesa ao Brasil, um canal brasileiro de televisão apresentou uma série de 12 animações inspiradas no livro em quadrinhos *D. João carioca: a Corte portuguesa chega ao Brasil (1808-1821)*, elaborado com um amplo trabalho historiográfico e de imagens da época feito pela historiadora Lilia Schwarcz e pelo ilustrador Spacca.

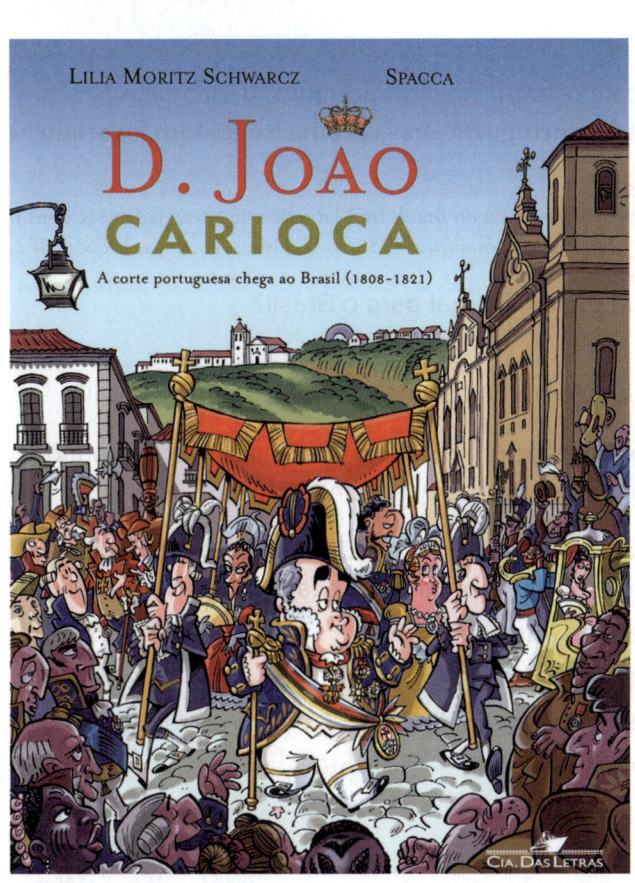

Utilizando recursos de animação, André Loureiro e Cristiana Bittencourt criaram desenhos animados com as imagens dos quadrinhos, inserindo narração, fala dos personagens, sonorizações diversas, trilha sonora e técnicas de filmagem.

Todas as animações são sobre o período que D. João esteve no Brasil, desde a chegada da família real, e se estende até a volta do príncipe regente a Portugal.

Sabe-se que D. João, sua família e toda a Corte vieram para o Brasil fugindo das tropas de Napoleão Bonaparte, que ameaçava invadir o reino português. Ajudados pelos ingleses, que pretendiam lucrar com o apoio dado a Portugal, viajaram por meses até chegar à colônia na América. Inicialmente, desembarcaram em São Salvador, hoje cidade de Salvador, na Bahia, que foi sede administrativa da colônia até 1763. Ali, D. João tomou algumas importantes decisões, como decretar a Abertura dos Portos às Nações Amigas e criar instituições na então vila, como a primeira Escola de Medicina da colônia.

Especula-se que, por causa do excesso de calor e dos pratos tipicamente apimentados dos baianos, D. João decidiu partir para a sede administrativa da colônia, São Sebastião do Rio de

↑ Capa da história em quadrinhos *D. João carioca*, de Lilia Moritz Schwarcz e Spacca, publicada pela Companhia das Letras em 2007.

Janeiro, atualmente cidade do Rio de Janeiro. Permaneceu ali até 1821, deixando o Brasil a cargo de seu filho D. Pedro, que proclamou a Independência do Brasil em 1822.

Refletindo sobre a animação

1. Na animação alguns personagens podem ser facilmente reconhecidos. Identifique-os, descreva as características principais de cada um e justifique sua resposta.

2. Forme dupla com um colega e, com base na animação e nos conhecimentos históricos de vocês, expliquem, com suas próprias palavras, o Decreto de Abertura dos Portos às Nações Amigas e suas consequências mais imediatas.

1. No início do século XIX, a dependência econômica de Portugal em relação à Inglaterra era grande; logo, o Bloqueio Continental imposto pela França dificultaria a relação econômica entre os Estados inglês e português. Entretanto, não acatar a imposição francesa resultaria em uma invasão das tropas napoleônicas. Qual foi a decisão tomada por Portugal e como ela se deu?

2. Segundo o brasilianista Kenneth Maxwell, a transferência da Corte portuguesa para o Brasil foi planejada. Leia o texto a seguir.

> A decisão de transferir a corte portuguesa para o Brasil não foi, portanto, ditada pelo pânico – como tantas vezes tem sido descrita. [...] A esquadra portuguesa estava pronta e o tesouro, os arquivos e o aparelho burocrático estavam a bordo.
>
> Kenneth Maxwell. Condicionalismos da independência do Brasil. In: Maria Beatriz Nizza da Silva (Coord.). *O Império Luso-brasileiro: 1750-1822*. Lisboa: Estampa, 1986. p. 382.

a) Quando começou o projeto de transferência da família real para o Brasil?

b) A que pânico o autor se refere no texto?

c) Quais elementos do texto demonstram o planejamento da transferência da família real?

3. A primeira medida de D. João ao pisar em solo brasileiro foi abrir os portos às nações amigas. Por que essa ação representou o início do processo de independência do Brasil?

4. A obra a seguir foi pintada para representar a vitória de Napoleão Bonaparte sobre os russos. Observe-a, compare com o quadro de Pedro Américo da página 115 e faça o que se pede.

a) Indique as semelhanças das pinturas em termos artísticos.

b) Indique as semelhanças das pinturas quanto ao significado político.

c) Levante hipóteses para explicar qual teria sido a intenção de Pedro Américo ao retratar a cena da proclamação da Independência do Brasil daquela maneira.

↑ Ernest Meissonier. *1807, Friedland*, c. 1861-1875. Óleo sobre tela, 1,36 m × 2,43 m.

Metropolitan Museum of Art, Nova York

5. Coloque em ordem cronológica os acontecimentos listados abaixo.

- Brasil elevado a Reino Unido
- Chegada da família real ao Brasil
- Dia do Fico
- Proclamação da Independência
- Abertura dos Portos às Nações Amigas

6. Leia o texto a seguir e responda às questões.

Aviso ao povo bahiense – agosto de 1798

[...] Ó vós Homens cidadãos; ó vós Povos curvados, e abandonados pelo Rei, pelos seus despotismos, pelos seus Ministros.

Ó vós Povos que nascesteis para sereis livre e para gozares dos bons efeitos da Liberdade, ó vós Povos que viveis flagelados com o pleno poder do indigno coroado, esse mesmo rei que vós criastes; esse mesmo rei tirano é quem se firma no trono para vos humilhar, para vos roubar e para vos maltratar.

Homens, o tempo é chegado para a vossa ressurreição, sim para ressuscitareis do abismo da escravidão, para levantareis a sagrada Bandeira da Liberdade.

A liberdade consiste no estado feliz, no estado livre do abatimento; a liberdade é a doçura da vida, o descanso do homem com igual paralelo de uns para outros, finalmente a liberdade é o repouso e a bem-aventurança do mundo. [...]

Kátia M. Mattoso (Org.). *Textos e documentos para o estudo de História Contemporânea* (1789-1963). São Paulo: Hucitec; Edusp, 1977. p. 34.

a) Qual documento esse texto reproduz? Explique como chegou a essa conclusão.

b) Quais são as ideias iluministas apresentadas nesse manifesto?

7. Quais foram as ideias iluministas que influenciaram as revoltas no Brasil do século XVIII?

8. Sobre a Independência do Brasil responda:

a) Por que os Estados Unidos foram o primeiro país a reconhecê-la?

b) Qual foi a condição para que Portugal a reconhecesse?

c) Qual foi a condição para que a Inglaterra a reconhecesse?

d) Por que a Rússia e a Espanha demoraram tanto para reconhecê-la?

9. Qual foi o papel das mulheres e de outras pessoas marginalizadas nos eventos que desencadearam a Conjuração Baiana?

DICAS

📖 LEIA

A Inconfidência Mineira, de André Diniz (Escala Educacional).
O livro narra a sequência de eventos que resultou na revolta contra o governo português e no primeiro movimento independentista do país.

Balta 1798, de Luís Henrique Dias Tavares (Ática).
A obra relata os acontecimentos que deram início à Conjuração Baiana, em 1798, e discute os vários aspectos relacionados a ela, além de destacar os principais personagens envolvidos no movimento.

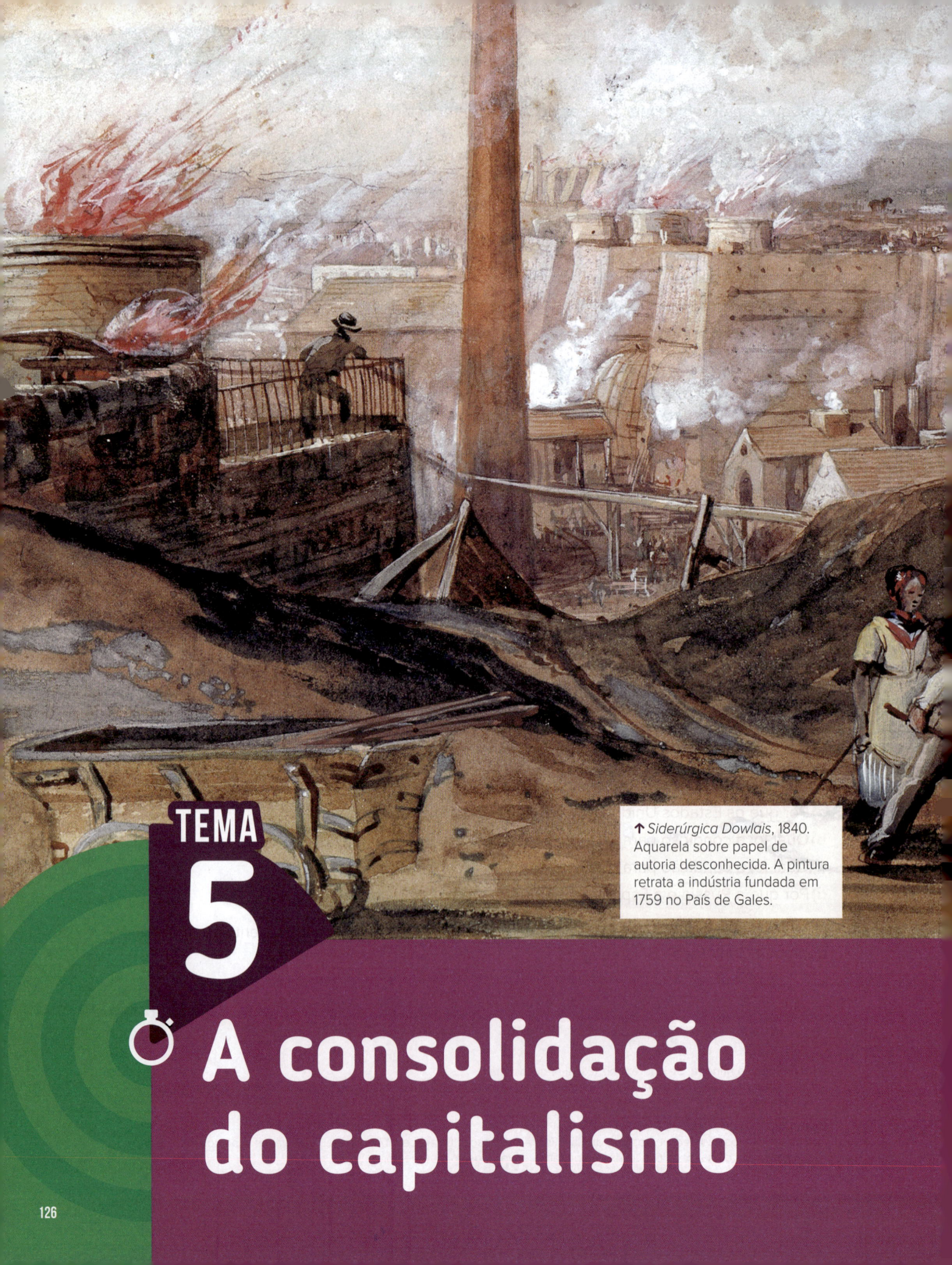

↑ *Siderúrgica Dowlais*, 1840. Aquarela sobre papel de autoria desconhecida. A pintura retrata a indústria fundada em 1759 no País de Gales.

A consolidação do capitalismo

Museu Nacional do País de Gales, Cardiff

NESTE TEMA
VOCÊ VAI ESTUDAR:

- a Revolução Industrial e as mudanças no modo de vida provocadas por ela;
- as ideias políticas no século XIX;
- os movimentos populares que questionaram a ordem social estabelecida;
- as transformações no continente americano no século XIX;
- as transformações políticas na Europa decorrentes de revoluções, guerras e unificações.

A Revolução Industrial está relacionada às transformações sociais, políticas e econômicas, que mudaram valores, conceitos, práticas e formas de viver e conviver.

Ao longo da história, o ser humano estabeleceu relações com o outro, com o tempo, com o trabalho, com o espaço. Entretanto, no passado, essas relações eram muito diferentes das atuais.

Você já se perguntou quando as máquinas passaram a fazer parte da vida dos seres humanos? Como surgiram os produtos industrializados que consumimos cotidianamente?

1 A Revolução Industrial

Neste capítulo, você vai estudar como a industrialização no século XIX foi resultado de um longo processo de transformações econômicas, políticas e sociais.

A Inglaterra sai na frente

As transformações sociais, políticas e econômicas ocorridas nos séculos XV, XVI e XVII resultaram no acúmulo de riquezas nas mãos de um número seleto de burgueses. Isso facilitou o aumento da produção, em especial na Inglaterra, onde as corporações de ofício se desenvolveram em maior escala.

Século XV	As corporações de ofício utilizavam o trabalho dos camponeses, que, em casa, fabricavam fios e tecidos em máquinas manuais. Os mercadores encomendavam e compravam esses produtos das corporações, depois os vendiam para o mercado nas cidades a preços bem altos.
Século XVI	Parte considerável da burguesia inglesa acumulava capital por meio do tráfico de escravos, comércio de lã e aumento das atividades agrícolas e manufatureiras.
Século XVII	A marinha inglesa desenvolveu-se a ponto de dominar o transporte das mercadorias das colônias, tanto as suas quanto as de outros países, destinando-as às metrópoles e gerando grande lucro para a Coroa. Essa atividade, incentivada pelo Ato de Navegação de 1651, foi responsável pelo desenvolvimento dos mercados interno e externo da Inglaterra.

Os conflitos pelos quais a Inglaterra passou no século XVII – a Guerra Civil, em 1642, e a Revolução Gloriosa, em 1688 – também serviram de impulso para a economia inglesa. As consequências, como os cercamentos de terra, o desenvolvimento da Marinha e os tratados feitos com Portugal e Espanha, ajudaram a desenvolvê-la. Por meio delas, a Inglaterra passou a ter matéria-prima em abundância e mercado consumidor estável, principalmente no setor têxtil. Surgiram, assim, as primeiras condições para a consolidação do capitalismo industrial.

Invenções dos séculos XVIII e XIX

Fabio Nienow

1735

John Kay
Inventou a lançadeira impulsionada, que possibilitou ao tecelão do tear manual duplicar a produção e, consequentemente, os lucros.

1767

James Hargreaves
Inventou a *spinning jenny*, um tipo de fiandeira manual que operava com vários fios ao mesmo tempo.

1775

Richard Arkwright
Criou uma máquina que torcia o fio, possibilitando seu uso em tramas e teias. Inventou também um método para desembaraçar os fios utilizando uma máquina movida a água e outra a vapor.

1779

Samuel Cromptom
Criou a mula, máquina em que o operário controlava os fios que, com a força da água, ficavam resistentes mais rapidamente.

1782

James Watt
Implementou uma série de inovações em uma máquina a vapor rudimentar que aumentou muito a produção.

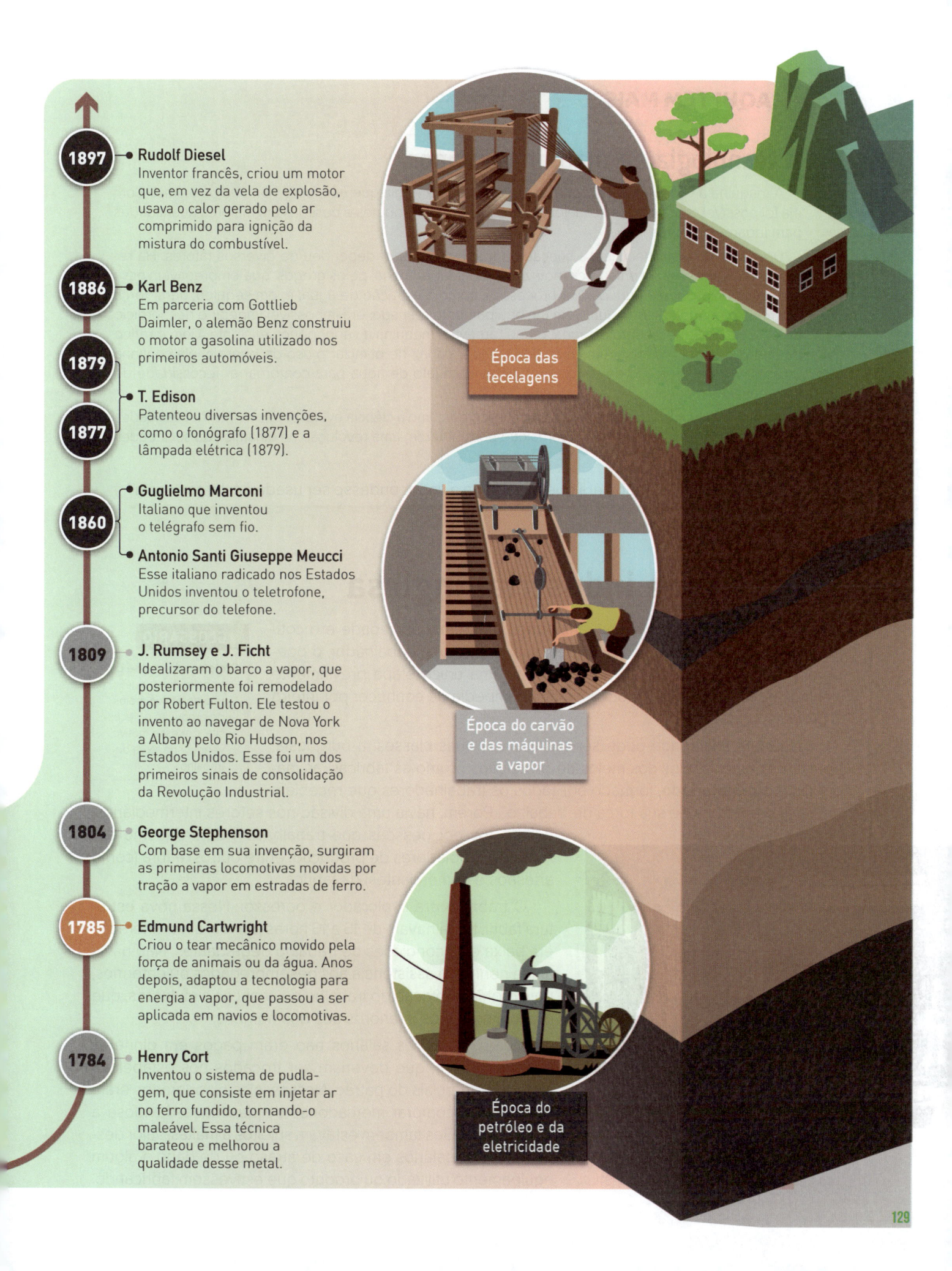

1897 • **Rudolf Diesel**
Inventor francês, criou um motor que, em vez da vela de explosão, usava o calor gerado pelo ar comprimido para ignição da mistura do combustível.

1886 • **Karl Benz**
Em parceria com Gottlieb Daimler, o alemão Benz construiu o motor a gasolina utilizado nos primeiros automóveis.

1879

1877 • **T. Edison**
Patenteou diversas invenções, como o fonógrafo (1877) e a lâmpada elétrica (1879).

Guglielmo Marconi
Italiano que inventou o telégrafo sem fio.

1860 • **Antonio Santi Giuseppe Meucci**
Esse italiano radicado nos Estados Unidos inventou o teletrofone, precursor do telefone.

1809 • **J. Rumsey e J. Ficht**
Idealizaram o barco a vapor, que posteriormente foi remodelado por Robert Fulton. Ele testou o invento ao navegar de Nova York a Albany pelo Rio Hudson, nos Estados Unidos. Esse foi um dos primeiros sinais de consolidação da Revolução Industrial.

1804 • **George Stephenson**
Com base em sua invenção, surgiram as primeiras locomotivas movidas por tração a vapor em estradas de ferro.

1785 • **Edmund Cartwright**
Criou o tear mecânico movido pela força de animais ou da água. Anos depois, adaptou a tecnologia para energia a vapor, que passou a ser aplicada em navios e locomotivas.

1784 • **Henry Cort**
Inventou o sistema de pudla-gem, que consiste em injetar ar no ferro fundido, tornando-o maleável. Essa técnica barateou e melhorou a qualidade desse metal.

Época das tecelagens

Época do carvão e das máquinas a vapor

Época do petróleo e da eletricidade

A tecnologia da máquina a vapor

A máquina a vapor foi viável por usar uma fonte de energia que não fosse humana ou animal. Com ela foi possível criar veículos de maior porte e transportar produtos e pessoas em maiores quantidades para lugares distantes.

Do ponto de vista científico, a criação da máquina a vapor dependeu de diversos fatores. Há registro do uso do vapor como força motriz desde a Idade Antiga, pelos gregos, que empregavam essa técnica principalmente para auxiliar processos, como a extração de água, e, em seguida, gerar força por meio da queda dessa água. Sem um equipamento refinado, era impossível impedir o desperdício de energia no aquecimento da água, o que tornava a máquina a vapor pouco eficiente. Com o refino da metalurgia, foi projetada uma máquina a vapor capaz de otimizar o uso de energia; ela continha uma válvula de liberação do vapor que utilizava um jato de água para contornar a necessidade de condensação manual.

A máquina a vapor é um exemplo característico de como a ciência evolui para servir às necessidades sociais, pois foi um dos principais fatores que possibilitaram uma revolução na dinâmica da sociedade.

1. O que foi necessário para que a máquina a vapor pudesse ser usada em larga escala?

A sociedade industrial inglesa

O surgimento das indústrias transformou também a sociedade e o cotidiano ingleses. Entre outras novidades, surgiu um novo trabalhador, o operário, que recebia um salário para executar uma única etapa previamente definida no meio de toda produção, o que o impedia de conhecer por inteiro o processo dela.

Essa nova sociedade pode ser dividida em duas classes: a burguesia, constituída pelos donos dos meios de produção – como as fábricas, as máquinas e o **proletariado**, formado por todos os trabalhadores que recebiam um salário em troca de sua força de trabalho. Porém, havia uma divisão nos setores intermediários, compostos por pessoas que trabalhavam dentro (como gerentes, controladores de produção, entre outros) e fora (como artesãos e comerciantes) da fábrica.

O trabalho era explorador e opressor. Nessa nova estrutura fabril, trabalhavam de 15 a 16 horas por dia, a remuneração era baixa e as condições de trabalho degradantes. Não havia ainda nenhuma assistência aos desempregados ou enfermos, nem regulamentação do trabalho de crianças e mulheres, que recebiam salários inferiores aos dos homens.

Muitas vezes, os salários não eram pagos em dinheiro, e sim em vales, que deveriam ser trocados nos estabelecimentos comerciais do patrão. Nessas lojas os operários eram obrigados a comprar mercadorias de qualidade duvidosa a preços altos. Eles também estavam sujeitos a multas, valor descontado dos salários em caso de atraso ou de dano a algum equipamento utilizado ou produto que estivessem fabricando.

In: The Microcosm of London, publicado por Ackermann, Londres, 1808-1811.

↑ Auguste Charles Pugin. *Operários trabalhando na fabricação de moedas em Londres.* Gravura criada entre 1808 e 1811.

A Segunda Revolução Industrial

Na segunda metade do século XIX, um segundo conjunto de inovações técnicas provocou transformações ainda maiores na indústria, entre as quais se destacam:

1831	Michael Faraday inventou o dínamo, uma máquina capaz de transformar energia mecânica em energia elétrica. Essa invenção possibilitou a substituição do vapor pela eletricidade como fonte de energia.
1856	Henry Bessemer desenvolveu um processo que consistia na transformação do ferro em aço, o que possibilitou a produção deste último em grande escala. Com isso, o aço passou a ser o material industrial básico.
1876	Nikolaus Otto inaugurou o motor de combustão interna, também com o intuito de ser utilizado como fonte de energia, que foi indispensável para a utilização de petróleo em larga escala, o que, por sua vez, criou condições para a invenção do automóvel e do avião.

O período de inovações tecnológicas que se estendeu de 1860 até a segunda década do século XX consagrou-se como Segunda Revolução Industrial. Essas invenções possibilitaram o desenvolvimento da produção em massa de artefatos de metal, que, posteriormente, daria origem às linhas de montagem dos automóveis, nas quais os produtos fabricados se movimentavam por meio de esteiras para sucessivos postos de trabalho.

→ William Holt Yates Titcomb. *A prosperidade da Inglaterra: o processo de criação do aço*, 1895. Óleo sobre tela, 1,15 m × 1,53 m.

Kelham Island Industrial Museum, Sheffield

! CURIOSO É...

O sal e o salário

Com o avanço da Revolução Industrial, milhares de pessoas passaram a trabalhar nas fábricas, onde recebiam pelos seus serviços uma compensação financeira: o salário.

O termo é uma variação da expressão em latim *salarium argentum* (pagamento em sal), a forma usada pelos administradores romanos para pagar os soldados que lutavam por Roma. Para se ter uma ideia, o sal era tão importante na Antiguidade que sua extração chegou a ser monopolizada pelos governantes, e em Roma foi usada parte do tesouro imperial para permitir que até plebeus tivessem acesso ao tempero.

Rubens Lima

Cotidiano urbano

No século XIX, a população dos grandes centros urbanos cresceu rapidamente. Em Londres, por exemplo, estima-se que havia mais de 1 milhão de habitantes, número expressivo para a época.

Algumas regiões se tornaram centros industriais, sobretudo aquelas em torno das áreas de extração de carvão. Nelas, a falta de habitações era grande e o valor dos aluguéis bastante elevado. Por isso, os operários moravam geralmente em habitações coletivas: casas de dois andares, onde se amontoavam muitas pessoas em pouquíssimo espaço. Não havia água potável nem sistema de esgoto. Os banheiros ficavam fora das casas e eram malcheirosos. A alimentação era pouca e de baixa qualidade nutricional.

Em consequência dessa situação de miséria, reapareceram epidemias, como a cólera e a tuberculose. Quando essas epidemias começaram a atingir os mais ricos, as autoridades reagiram ao problema com intervenções urbanísticas, como a construção de esgotos subterrâneos.

A reação dos trabalhadores

O grande impulso demográfico ocorrido na Europa no século XIX, além de forçar o crescimento das cidades, propiciou o aumento excessivo da mão de obra. Os trabalhadores, por sua vez, acabavam se submetendo a um regime desumano de trabalho dentro das fábricas, onde, além de realizar jornada exaustiva, recebiam salários baixíssimos, independentemente de serem homens, idosos, mulheres ou crianças.

O excesso de trabalhadores possibilitava aos patrões a manutenção dos baixos salários, da exploração e das péssimas condições de trabalho, pois, se um operário fosse demitido, havia bastante mão de obra para recompor o quadro de funcionários. Por isso, nas portas das fábricas sempre havia multidões dispostas a trabalhar, sem se importarem com as condições oferecidas.

Diante dessa situação opressora, muitos operários começaram a se rebelar, dando impulso a maiores mudanças, como a criação de movimentos como o ludismo e o cartismo.

↑ Samuel Luke Fildes. *Os candidatos para a admissão a enfermarias casuais*, 1874. Óleo sobre tela, 1,4 m × 2,4 m.

O ludismo

Entre 1811 e 1812, por causa dos baixos salários e do desemprego, trabalhadores ingleses, em grupos de 40 a 50 pessoas, atacaram as fábricas e destruíram as máquinas. Para eles, as máquinas eram os instrumentos utilizados para dominar e submeter o operário a uma disciplina dentro da fábrica.

Supõe-se que o termo **ludismo** procede do nome de um dos líderes, Ned Ludham, embora, ao que parece, o movimento não tivesse apenas um líder, uma vez que se espalhou por toda a Inglaterra e até mesmo para outras partes da Europa.

← Gravura inglesa de autoria desconhecida que representa o ataque de ludistas a um tear mecânico, c. 1812.

O cartismo

O cartismo foi um dos primeiros movimentos políticos da classe operária. O início do movimento cartista remonta à década de 1830, quando o britânico William Lovett fundou a associação dos trabalhadores com o objetivo de organizar a classe operária para a luta política e para a obtenção da melhoria de suas condições de vida e de trabalho.

Em 1838, no documento chamado Carta do Povo, a associação dos trabalhadores sintetizou suas principais reivindicações políticas: sufrágio universal e secreto, imunidade parlamentar, eleições anuais e igualdade dos distritos eleitorais.

O movimento cartista chegou ao auge entre os anos de 1840 e 1842, quando amplas mobilizações resultaram em greves e passeatas em prol da aprovação da Carta do Povo. Por duas vezes, o parlamento britânico se recusou a aprovar as reivindicações dos cartistas, que organizaram greves e manifestações, sendo duramente reprimidos.

↑ Alfred Pearse. Um motim cartista em Londres. Gravura de 1886 publicada em *Histórias verdadeiras do Reino da Rainha Vitória*, de Cornelius Brown.

Da repressão à conquista de direitos

Em 1824, as associações operárias deixaram a ilegalidade, e os trabalhadores passaram a ter mais visibilidade. A partir daí, em razão da pressão da classe trabalhadora, da ação dos Estados europeus, e até da iniciativa de patrões, a situação começou a melhorar. Com o tempo, o pagamento pelo trabalho passou a ser efetuado em dinheiro, e o emprego de crianças menores de 9 anos foi proibido na Inglaterra, Prússia e França. Posteriormente, a Rússia proibiu o emprego de crianças com menos de 12 anos e limitou a jornada de trabalho a 8 horas diárias.

As mudanças nas condições de trabalho, por meio das leis trabalhistas dos séculos XIX e XX, beneficiaram não só os trabalhadores ingleses mas também os de outros países, sendo fundamentais para a internacionalização das questões trabalhistas.

Diferença salarial entre homens e mulheres

LINK

A luta por melhores condições de trabalho é mundial. Em especial nos séculos XIX e XX, os movimentos internos ecoavam em quase todos os cantos dos países onde ocorriam. No entanto, a cultura de patriarcado gerou a necessidade de uma luta paralela a essa: a do movimento feminista.

Até meados do século XX, as mulheres eram contratadas quando se buscava alguém que pudesse receber menos remuneração que um homem em um serviço equivalente ou quando não havia homens disponíveis para o serviço, por exemplo, no caso de guerras. Isso gerou uma relação de inferioridade nas condições de trabalho e, consequentemente, na remuneração e em seu reconhecimento. Além disso, assim que a oferta de mão de obra masculina era reestabelecida, esperava-se que a mulher cedesse seu cargo e voltasse à posição de dona de casa.

Popartic/iStockphoto.com

Dessa forma, a luta das mulheres pela equiparação salarial ocorre desde o século XIX, quando foram extremamente ativas em greves, reivindicando, além da igualdade salarial, a diminuição da carga horária de trabalho de 15 horas diárias e o fim do trabalho infantil. Contudo, a busca pela equiparação salarial entre homens e mulheres ocorre até hoje.

No Brasil, a Constituição de 1988 determina a igualdade no parágrafo 5º do artigo 226: "os direitos e deveres referentes à sociedade conjugal são exercidos igualmente pelo homem e pela mulher".

Apesar de a legislação colocar a discriminação por gênero como crime, as mulheres – ainda que tão qualificadas quanto os homens –, muitas vezes, são preteridas no cargo ou, quando o conseguem, recebem remuneração inferior à de um homem na mesma função. Isso sem contar a dupla ou tripla jornada de trabalho que elas têm diariamente, trabalhando fora e dentro de casa.

Segundo dados do estudo de Estatísticas de Gênero, realizado pelo Instituto Brasileiro de Geografia e Estatística (IBGE), em 2016, as mulheres trabalharam semanalmente em média 3 horas a mais que os homens e receberam 76,5% do salário dos homens no Brasil. Embora a situação esteja evoluindo para a igualdade no mundo, ainda há diferenças sensíveis. Considerando que existe praticamente o mesmo número de homens e mulheres no planeta, o caminho natural é que a proporção seja a mesma no mercado de trabalho e na representação política.

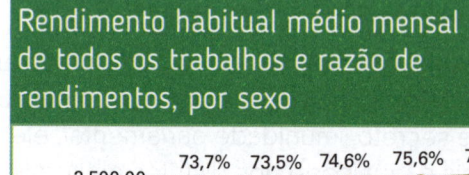

Rendimento habitual médio mensal de todos os trabalhos e razão de rendimentos, por sexo

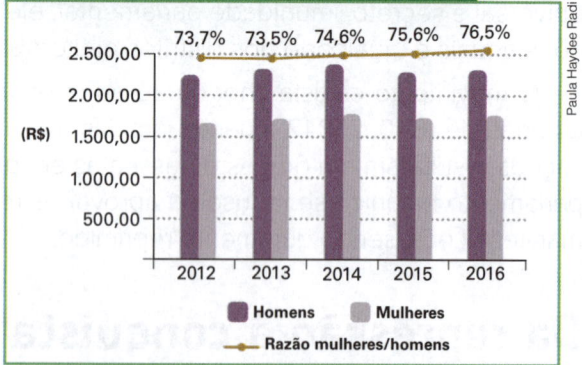

Paula Haydee Radi

Fonte: IBGE. Pesquisa Nacional por Amostra de Domicílios Contínua 2012-2016. Disponível em: <https://agenciadenoticias.ibge.gov.br/agencia-noticias/2012-agencia-de-noticias/noticias/20234-mulher-estuda-mais-trabalha-mais-e-ganha-menos-do-que-o-homem>. Acesso em: nov. 2018.

1. Em termos legais, o que tornou a relação conjugal mais igualitária?

2. É possível dizer que existe igualdade de gênero no mercado de trabalho? Por quê?

ATIVIDADES

NO CADERNO

1. Relacione as transformações do século XV com o surgimento da industrialização.

2. Explique como o trabalho passou a ser realizado a partir da Revolução Industrial.

3. Explique a divisão das classes da sociedade industrial.

4. Classifique as afirmações a seguir em verdadeiras ou falsas. Depois, reescreva as falsas corrigindo-as.

a) O salário consiste em uma remuneração paga ao trabalhador pela venda de sua força de trabalho.

b) A produção em larga escala provocou um êxodo urbano, pois o transporte de mercadorias era mais barato se as indústrias fossem instaladas no campo.

5. Como eram as habitações dos operários ingleses no século XIX?

REFLETIR

1. Leia o diálogo a seguir e, depois, responda às perguntas.

> Povo: Que trabalho você executa na sociedade?
>
> Classe Privilegiada: Nenhum: não fomos feitos para trabalhar.
>
> Povo: Como então vocês adquiriram sua riqueza?
>
> Classe Privilegiada: Assumindo a tarefa de governar vocês.
>
> Povo: Governar a nós! Nós nos esgotamos e vocês se divertem; nós produzimos e vocês dissipam; a riqueza flui de nós e vocês a absorvem. Homens privilegiados, classe distinta do povo, formem uma nação à parte e governem-se a si mesmos.

Edward Palmer Thompson.
A formação da classe operária inglesa.
Rio de Janeiro: Paz e Terra, 2011. p. 129-130.

a) O diálogo apresenta uma contradição. Que contradição é essa?

b) A situação descrita no diálogo ainda acontece atualmente?

2. Observe a imagem a seguir e indique que elementos dela demonstram se tratar da Inglaterra na época da Revolução Industrial.

Coleção particular

↑ *Trem que cruza viaduto Stockport em Londres*, c. 1845. Litografia colorida de autoria desconhecida.

3. As inovações tecnológicas criaram a ideia de que o ser humano seria libertado do trabalho e a manipulação das máquinas traria melhores condições para os trabalhadores. Pesquise os pontos positivos e negativos dos avanços tecnológicos na sociedade atual.

DESAFIO

1. Durante a Revolução Industrial, a vida dos trabalhadores era exaustiva, as jornadas de trabalho eram longas, eles recebiam baixos salários, sem descanso semanal nem férias, além de não haver nenhuma assistência trabalhista em caso de demissão.

a) Converse com seus pais sobre essas informações e pergunte-lhes quais são as condições de trabalho deles e os atuais direitos dos trabalhadores.

b) Traga as informações para a sala de aula e debata com os colegas as mudanças ocorridas nas condições de trabalho.

Socialismo e anarquismo no século XIX

> No capítulo anterior, você viu como a Inglaterra prosperou com a industrialização no século XIX. Neste capítulo, você vai estudar como surgiram, nesse contexto, ideias e movimentos que repensavam a sociedade e o futuro dela.

No século XIX, consolidou-se parte das teorias políticas e sociais concebidas ao longo dos séculos XVI e XVIII pelos pensadores iluministas e seus seguidores. A característica de justificar tudo por meio da razão tornou-se muito mais forte, e foram desenvolvidas várias teorias políticas, como o socialismo e o anarquismo, e novas ciências ou práticas científicas, como Biologia, Psicologia e Sociologia.

O pensamento socialista

O sistema de trabalho consolidado na Revolução Industrial transformou rapidamente a vida das pessoas. Se, a princípio, favorecia a iniciativa dos indivíduos, para a maioria da população urbana trouxe condições de vida precárias e o fim dos laços tradicionais de solidariedade.

Diante do aumento das tensões sociais, alguns pensadores buscaram alternativas para essa condição. Surgiram novas correntes teóricas que questionavam os efeitos dessa nova vida e o impacto dela no mundo durante o tempo. Assim, durante o século XIX, várias correntes de pensamento socialista surgiram com o objetivo de criar alternativas para superar ou transformar o capitalismo.

Socialismo utópico

Socialismo utópico foi uma definição dada posteriormente pelo pensador Karl Marx (1818-1883) às formulações dos filósofos Saint-Simon (1760-1825), Charles Fourier (1772-1837) e Robert Owen (1771--1858). Eles se preocupavam principalmente com a idealização do projeto, ou seja, imaginavam um modelo de sociedade sem dar a devida importância aos meios para efetivar as mudanças.

Saint-Simon defendia que a ciência deveria ser positiva e a política mais favorável a todos os gêneros de produção. Para ele, a classe fundamental era a industrial, pois alimentava toda a sociedade. Considerava, ainda, a desigualdade benéfica, mas defendia a necessidade de melhorar as condições da camada mais pobre. Para isso, era preciso uma mudança na propriedade, reorganizando-a sob o controle do Estado.

As ideias de Fourier (1772-1837) baseavam-se na criação de falanstérios, grandes edifícios administrativos guiados por normas cooperativistas. Neles, cada indivíduo escolheria com quem trabalhar e em qual setor produtivo. Os falanstérios seriam livres associações de capitalistas, operários e administradores, sem divisão de classes.

O industrial Robert Owen (1771-1858) criou uma sociedade-modelo em torno de sua fábrica. Ele construiu creches para os filhos das operárias, reduziu as tarefas pesadas de mulheres e crianças e diminuiu a jornada de trabalho dos operários para 10 horas diárias. Procurou também melhorar suas moradias e abriu armazéns onde os operários podiam comprar, a preços baixos, produtos de boa qualidade. Tentou, ainda, expandir esse modelo para outras comunidades, mas não obteve sucesso.

Socialismo científico

Os alemães Karl Marx (1818-1883) e Friedrich Engels (1820-1895) formularam o socialismo científico com base no caráter analítico das obras elaboradas pelos dois pensadores. O uso do termo revela mais a supervalorização da ideia de ciência do século XIX e sua associação com a noção de verdade histórica do que o caráter em si do ideário marxista. Em 1848, eles publicaram o livro *O manifesto comunista* para a propagação de suas ideias.

Para os pensadores, o proletariado deveria iniciar uma luta contra a burguesia, que o explorava, e conquistar o poder político.

↑ Charles-François Daubigny. *Vista de um falanstério francês*, século XIX. Litogravura, 45,7 cm × 43,1 cm.

Para Marx e Engels, com o passar do tempo, a situação da classe operária se tornaria tão difícil que proliferariam revoluções proletárias em todos os países industrializados da Europa. De acordo com essa teoria, a história da humanidade tem sido a história da luta de classes, ou seja, a luta entre patrícios e plebeus na sociedade romana; entre senhores feudais e servos da gleba na sociedade medieval; e entre burgueses e proletários na sociedade. Caberia à classe operária o papel histórico de transformar revolucionariamente essa sociedade por meio do estabelecimento da **ditadura do proletariado** e da supressão da propriedade privada.

A ditadura do proletariado marcaria o advento do socialismo, que seria a fase de transição de uma sociedade capitalista – baseada na propriedade privada e na existência de classes – para uma sociedade comunista – caracterizada pela inexistência de classes e pela propriedade social dos meios de produção. A produção econômica e a organização social que dela resulta constituem a base da história política e intelectual da época, ou seja, o materialismo histórico.

Como Marx foi o principal teórico socialista, suas ideias se propagaram, formando uma teoria social denominada marxismo.

Pelizza da Volpedo. *O quarto estado*, 1901. Óleo sobre tela, 2,93 m × 5,45 m.
O pintor italiano Pelizza da Volpedo denominou esse quadro de *O quarto estado*, em alusão às transformações ocorridas na Revolução Francesa, quando a burguesia – terceiro estado – derrubou o poder comandado pela nobreza e pelo clero – primeiro e segundo estados. Para o pintor, as transformações que ocorriam na virada do século XIX para o século XX gerariam uma revolução social na qual uma nova classe sairia vitoriosa, o proletariado – o quarto estado.

O anarquismo

Além do socialismo, o século XIX viu surgir outra teoria social importante: o anarquismo. O termo vem da palavra de origem grega *anarquia*, que significa "sem governo". Embora essa palavra seja usada, no senso comum, para designar períodos de caos social por conta de uma ruptura na ordem política, o que os anarquistas tinham em mente era justamente uma sociedade capaz de se manter sem necessidade do Estado.

Os princípios norteadores desse movimento estavam alicerçados na livre ação do indivíduo e na rejeição de toda e qualquer autoridade, a qual, acreditava-se, corrompia a natureza humana. Assim, os anarquistas idealizavam uma sociedade ácrata (sem Estado), que deveria ser organizada de acordo com as decisões de pessoas livres, em um movimento dinâmico, social e destinado a distribuir riquezas de acordo com a necessidade de cada um em uma livre iniciativa.

O pensamento anarquista começou com William Godwin (1776-1836), que almejava a mais completa liberdade para o indivíduo. Para Pierre-Joseph Proudhon (1809-1865), cuja obra tinha profundo caráter coletivista, a propriedade era considerada um roubo. Ele defendia que cada pessoa deveria ter seu meio de produção, pois se apropriar do trabalho de outro seria injusto. Mikhail Bakunin (1814-1876), Piotr Kropotkin (1842-1921) e Errico Malatesta (1853-1932) foram os principais ideólogos anarquistas.

Os trabalhadores se organizam: as Internacionais

O movimento operário europeu, imbuído das ideias políticas desenvolvidas no século XIX e buscando mais força para reivindicar melhores condições de trabalho, organizou as internacionais operárias, associações que pretendiam unir trabalhadores de todo o mundo na luta contra a exploração capitalista.

★ ★ ★ ★ ★ AS INTERNACIONAIS ★ ★ ★ ★ ★

Cristiane Viana

1ª ASSOCIAÇÃO INTERNACIONAL DOS TRABALHADORES (AIT)

Londres, 1864-1876

O objetivo da 1ª Internacional era unir e estruturar todos os movimentos operários de dentro e fora da Europa, no intuito de lutar pelos direitos em comum. Seu principal líder foi Karl Marx, que propôs o fim da exploração dessa classe de trabalhadores. Alguns fatores externos, a forte repressão e as divergências entre grupos deram fim à primeira associação.

2ª INTERNACIONAL OPERÁRIA E SOCIALISTA

Paris, 1889-1914

Na 2ª Internacional algumas ideias foram revistas, mas grupos internos acreditavam que, em vez da luta armada, seria possível conquistar os direitos aos poucos, por meio de eleições e maioria no Parlamento - eram os chamados *revisionistas*. A Primeira Guerra Mundial causou grandes discordâncias entre os grupos e por esse motivo a Internacional se dissolveu.

3ª COMINTERN (KOMINTERN)

Moscou, 1919-1943

A 3ª Internacional, ou Internacional Comunista, foi o gatilho e o combustível de um movimento revolucionário do operariado. Lênin foi o maior idealizador e organizador, e reproduziu as ideias marxistas da 1ª Internacional. Enquanto durou, esteve ligada à política soviética, endossando as ações de Josef Stalin, que, por sua vez, extinguiu a 3ª Internacional como forma de conciliação com os países aliados na Segunda Guerra Mundial.

4ª Paris, 1938

Fundada por Trotski, o objetivo era reunir os trotskistas para fazer oposição ao stalinismo. Mesmo com o assassinato de seu líder dois anos depois (1940), a 4ª Internacional não teve um fim oficial, uma vez que continuou influenciando as décadas seguintes por meio de grupos, como a Liga Comunista Revolucionária, a Voz Operária e o Partido Comunista Internacional.

SISTEMATIZAR

1. Apresente pelo menos uma proposta de cada um dos pensadores a seguir.

   a) Robert Owen

   b) Saint-Simon

   c) Charles Fourier

2. Qual era o principal objetivo da teoria de Marx e Engels?

3. Como a questão da propriedade privada é tratada por Marx e Engels?

4. Qual foi a importância das internacionais operárias para os trabalhadores europeus?

REFLETIR

1. Leia o texto a seguir e faça o que se pede.

Desde Marx e Proudhon a noção de trabalho tornou-se um valor social Universal, um conceito filosófico. Tanto que o desprezo pelo trabalho, as declarações de desdém não disfarçado pelos que trabalham com as próprias mãos, a exaltação do ócio como condição necessária para uma vida de homem "liberal" digno do nome de homem, tudo isso nos choca. [...] Sim, o trabalho nos parece respeitável e não ousaríamos nos gabar de ser ociosos; isso não impede que sejamos muito sensíveis às distinções de classe e, sem confessar, vejamos os operários e artesãos como gentinha; [...].

> Paul Veyne. O Império Romano. In: Paul Veyne. (Org.). *História da vida privada*. São Paulo: Companhia das Letras, 2009. p. 133, v. 1.

a) Do século XIX aos dias atuais, a noção de trabalho passou por transformações. Cite pelo menos uma delas.

b) Paul Veyne destaca que atualmente há uma forma diferente de discriminar trabalhadores: pela profissão. Em sua opinião, por que isso acontece? Sugira formas de combater essa prática.

2. Leia o trecho a seguir e responda à questão.

Para nós, a autoridade não é necessária à organização social; ao contrário, acreditamos que ela é sua parasita, que impede sua evolução e utiliza seu poder em proveito próprio de uma certa classe que explora e oprime as outras. Enquanto houver harmonia de interesses em uma coletividade, enquanto ninguém quiser ou puder explorar os outros, não haverá marcas de autoridade; mas, quando surgirem lutas internas e a coletividade se dividir em vencedores e vencidos, então a autoridade aparecerá, autoridade que, naturalmente, estará a serviço dos interesses dos mais fortes e servirá para confirmar, perpetuar e reforçar sua vitória.

> Errico Malatesta. *Textos escolhidos*. Porto Alegre: L&PM, 1984. p. 25.

- Para Errico Malatesta, a autoridade é um parasita à organização social. Como você interpreta as ideias defendidas por ele?

3. Observe a imagem abaixo e explique por que podemos dizer que ela representa uma crítica anarquista.

Biblioteca da Universidade de Toronto

← Charge de John Tenniel publicada na revista *Punch*, em 7 de maio de 1892, em Londres. Na charge se lê: JULGANDO SEM O ANFITRIÃO. Primeiro anarquista: "Enfim, meu amigo! Não será incomodado nesta Inglaterra livre!". Bull A1 (em voz baixa): "Não tenha tanta certeza, francês! Não existem circunstâncias atenuantes aqui!".

4. Pesquise as atividades realizadas pela Primeira Internacional.

DESAFIO

1. As relações de trabalho foram profundamente modificadas na Revolução Industrial. Elabore um texto que explique a importância do trabalho atualmente para nossa sociedade.

CAPÍTULO

3 Transformações na Europa

No capítulo anterior, você estudou o surgimento de teorias sociais e políticas no século XIX. Neste capítulo, você vai conhecer os confrontos políticos entre conservadores e liberais que aconteceram nesse período na Europa.

Após a derrota de Napoleão Bonaparte, em 1814, os representantes dos países mais conservadores da Europa reuniram-se na cidade de Viena, na Áustria, para reorganizar a política do continente.

O Congresso de Viena redefiniu as linhas de fronteira da Europa. Na França, os limites voltaram a ser os anteriores à Revolução Francesa. A Prússia anexou parte da região próxima ao Rio Reno; a Rússia recebeu parte da Polônia; e a Áustria ficou com parte do território da atual Itália. Formou-se a Confederação Germânica, que reunia principados alemães, cuja influência era disputada entre a Prússia e a Áustria.

Nesse Congresso também foi criada a Santa Aliança, um tratado que dava à Áustria, à Rússia e à Prússia poderes para interferir em países que adotassem políticas liberais e em movimentos separatistas.

Fonte: Cláudio Vicentino. *Atlas histórico: geral e Brasil*. São Paulo: Scipione, 2011. p. 125.

Novas revoluções na França

Da queda de Napoleão até o começo de 1820, os bourbons – representados por Luís XVIII – governaram a França. Nesse período foi restabelecida a censura, os suspeitos por crimes políticos passaram a ser detidos por três meses sem julgamento, e os eleitores mais ricos adquiriram direito ao voto duplo nas eleições parlamentares.

Com a morte de Luís XVIII, em 1824, seu irmão subiu ao trono com o título de Carlos X. O novo monarca, ainda mais adepto dos ideais absolutistas, decretou leis que reprimiam aqueles que atacassem o clero católico e pagou altas indenizações aos aristocratas que tinham perdido suas propriedades na Revolução Francesa. Em 1830, por meio das Ordenações de Julho, Carlos X dissolveu o parlamento, modificou os critérios para a fixação de censo eleitoral, favorecendo uma minoria, e instituiu censura total à imprensa. A perspectiva de reviver o absolutismo, o favorecimento à nobreza e as Ordenações de Julho foram o estopim para o início de uma nova revolução.

↑ Jean-Baptiste Paulin Guérin. *Retrato de Carlos X em traje de coroação*, 1827. Óleo sobre tela, 2,5 m × 2 m. Nessa pintura, observam-se as vestimentas e os acessórios característicos do absolutismo, que Carlos X buscava restaurar.

A Revolução de 1830

Nos dias 27, 28 e 29 de julho de 1830, conhecidos como "Os três dias gloriosos", os trabalhadores franceses saíram às ruas e depuseram Carlos X, que deixou o país no começo de agosto. Subiu ao trono Luís Filipe de Orléans, que fez uma revisão da Carta Constitucional.

A Revolução de 1830 foi uma vitória da monarquia constitucional devido à intervenção da alta burguesia, temerosa de uma nova radicalização. Essa revolução assinalou a queda da Dinastia Bourbon e o advento de uma monarquia aliada à alta burguesia na França.

O período que vai da ascensão da Monarquia de Julho, em 1830, até as vésperas de sua queda, em 1848, foi marcado por um grande desenvolvimento econômico-financeiro, com o aprofundamento da Revolução Industrial na França. A expansão capitalista e o consequente fortalecimento da burguesia industrial possibilitaram à burguesia exigir mais poder.

Os acontecimentos na França repercutiram em outros países e os influenciaram. A Bélgica se libertou da Holanda. No Brasil, D. Pedro I foi obrigado a abdicar. Em contrapartida, os liberais poloneses, italianos e alemães não tiveram sucesso contra seus opressores, e as revoluções liberais foram reprimidas.

← Eugène Delacroix. *A liberdade guiando o povo*, 1830. Óleo sobre tela, 3,25 m × 2,6 m. A alegoria da liberdade de Delacroix, contemporâneo da revolução, destaca a participação popular na revolução em que a vitória foi da monarquia constitucional.

A Revolução de 1848

As péssimas colheitas de 1845 e 1846 desencadearam em todo o continente europeu uma crise agrícola, gerando uma alta vertiginosa do custo de vida, empobrecendo grande parte da população rural e reduzindo sua capacidade de consumir produtos manufaturados.

Na França, essa crise econômica atingiu a indústria e as finanças e gerou uma comoção social e política, culminando em uma nova revolução em 1848, que levou à queda de Luís Filipe.

Deutsches Historisches Museum, Berlim

← Horace Vernet. *Nas barricadas da Rua Soufflot, Paris, 25 de junho de 1848*, 1848--1849. Óleo sobre tela, 36 cm × 46 cm.

A Segunda República (1848–1852)

A burguesia francesa, apoiada pelos batalhões da Guarda Nacional, assumiu o poder em 1848, formando o Governo Provisório. Desse governo, participaram republicanos moderados e socialistas.

Por pressão dos operários e de socialistas, foram criadas as Oficinas Nacionais (*Ateliers* Nationaux), destinadas a combater o desemprego, e a comissão de Luxemburgo, cujo objetivo era preparar projetos de lei voltados para as questões sociais e arbitrar conflitos relacionados ao setor trabalhista.

A Assembleia Nacional Constituinte, eleita em abril de 1848, era composta por republicanos moderados, uma parcela de monarquistas e uma minoria socialista. Ela promulgou em dezembro do mesmo ano uma nova Constituição, que estabelecia o regime presidencialista, embasado no sufrágio universal, com eleições no mesmo mês. Assim, em 1848, Luís Napoleão, sobrinho de Napoleão Bonaparte, foi eleito presidente da República com o apoio da pequena burguesia e do proletariado, que acreditavam que ele governaria em favor deles.

No entanto, de 1849 a 1851, consolidou-se uma reação conservadora, encaminhada pela assembleia legislativa, que chegou a interditar o direito de greve e a privar quase 3 milhões de eleitores de voto. As divergências entre Luís Napoleão e a assembleia legislativa aumentaram tanto que, em 2 de dezembro de 1851, o presidente baixou um decreto que proclamava a dissolução da assembleia legislativa e restabelecia o sufrágio universal. Nesse contexto, Luís Napoleão, com o apoio das Forças Armadas, aplicou um golpe de Estado que, posteriormente, foi legitimado por um plebiscito, concedendo a ele plenos poderes por dez anos. Assim, em 1852, Luís Napoleão transformou-se em imperador da França, com o título de Napoleão III.

O Segundo Império (1852-1870)

O Segundo Império na França foi marcado pelo autoritarismo político, pelo desenvolvimento econômico da burguesia, por grandes obras públicas e pelo controle e censura da imprensa.

No âmbito externo, o governo de Napoleão III enfrentou conflitos na Península Itálica, Áustria, Argélia e México. O governo francês apoiou o movimento de unificação italiano (que estudaremos a seguir), entrando diretamente em conflito com a Áustria, que dominava parte dele.

Além disso, a intenção prussiana de unificar a Alemanha (estudaremos a seguir) feria as pretensões hegemônicas da França, o que acabou gerando graves tensões políticas, que culminaram na Guerra Franco-prussiana. Nessa guerra, Napoleão III foi derrotado na Batalha de Sedan, em 1870, e acabou prisioneiro dos prussianos. Em decorrência disso, foi proclamada em Paris a Terceira República francesa.

AQUI TEM MAIS

Reforma Urbana de Paris

O evento conhecido como Reforma Urbana de Paris, ocorrido entre 1852 e 1870, foi uma série de renovações na cidade feitas por Georges-Eugène Haussmann, prefeito do departamento do Sena (1853-1870), com a permissão de Napoleão III.

A reforma visava reorganizar toda a cidade: na época, as ruas do centro de Paris eram pequenas, sem iluminação adequada, com esgoto a céu aberto, e as casas careciam de luz solar, o que causava uma sensação de mal-estar nos moradores.

O trabalho de Haussmann consistiu em implantar saneamento básico em toda a cidade. Além disso, a reforma empreendeu uma grande reconstrução da cidade, substituindo ruas estreitas e casarões antigos por largas avenidas. Essa mudança acabou com a possibilidade de manifestantes barricarem ruas, uma prática então comum na cidade. A iniciativa teve proporções inéditas: foram destruídas cerca de 120 mil habitações para dar lugar a 320 mil prédios de até seis andares e 300 quilômetros de novas vias. Além disso, a reforma abriu espaços para parques públicos e transporte coletivo.

Biblioteca Histórica da Cidade de Paris, Paris. Fotografia: Bridgeman images/Easypix Brasil

↑ Mapa de Paris que representa os monumentos famosos da cidade após os trabalhos de Haussmann, 1882.

Art Institute of Chicago

↑ Gustave Caillebotte. *Rua de Paris, tempo chuvoso*, 1877. Óleo sobre tela, 2,12 m × 2,76 m.

1. Quais foram as principais mudanças no centro de Paris com a reforma de Haussmann?

As manifestações populares

Durante todo esse processo de constante reorganização política na França, a tensão nas cidades provocava na população reações tanto organizadas quanto espontâneas.

A insatisfação era tamanha que levantes locais eclodiam sem um motivo específico, controle ou liderança consensual, e, constituídos por todo tipo de gente, tornaram-se rotineiros. Mas também ocorreram levantes organizados pelos movimentos operários. Destes, um dos mais importantes foi a Comuna de Paris.

Comuna de Paris

Com a queda de Napoleão III e o início da terceira república, a França passou a combater conflitos internos gerados pelo descontentamento tanto da população como da Guarda Nacional francesa, fatos que contribuíram para a formação da Comuna de Paris.

A Comuna teve início com uma rebelião de trabalhadores contra a refundação da República com base na Assembleia Legislativa daquele momento, que tinha caráter conservador. Uma ordem para conter a rebelião foi emitida, mas, em 18 de março de 1871, após ser derrotado em combate, o presidente Adolphe Thiers, com o exército prussiano que o apoiava, bateu em retirada para Versalhes e o poder em Paris passou às mãos de um comitê formado por membros da classe dos trabalhadores, comerciantes e da Guarda Nacional, que também havia se rebelado. O comitê convocou, em seguida, eleições para a constituição do conselho da Comuna de Paris. Eleito por sufrágio universal, era formado por socialistas de variadas tendências, anarquistas e republicanos radicais.

Biblioteca Nacional da França, Paris

Entre as medidas tomadas pelos rebelados, estavam a redução da jornada de trabalho, a igualdade entre os sexos, a legalização dos sindicatos, os projetos de autogestão das fábricas, a abolição da pena de morte, a separação entre Igreja e Estado e a educação gratuita, laica e compulsória.

Thiers, acompanhado de tropas compostas por franceses e prussianos, bombardeou Paris. O evento ficou conhecido como Semana Sangrenta (22 a 28 de maio de 1871). Os comunardos (como eram conhecidos os membros da Comuna), por problemas na organização de suas defesas, não resistiram. Foram mais de 20 mil mortos, entre batalhas e execuções, e milhares presos ou exilados em possessões coloniais distantes.

← Auguste Raffet. *Trajes militares da Comuna.* Ilustração publicada no *Floréal: l'hebdomadaire illustré du monde du travail*, Paris, em 17 de abril de 1920, que mostra uniformes improvisados pelos participantes da Comuna de Paris. Na imagem, há um indicativo da importância da participação das mulheres.

As unificações da Itália e da Alemanha

Os processos de unificação da Itália e da Alemanha resultaram do ambiente revolucionário do século XIX, fundamentados no liberalismo político e na ideologia de constituição de nação.

No nacionalismo há uma conscientização de um grupo de pessoas ligadas a determinado território, que tem uma história em comum, acompanhada por um profundo sentimento de lealdade, orgulho e respeito às tradições. Essa conscientização é uma das razões que levaram aos processos de unificação da Itália e da Alemanha.

> Nação significa uma comunidade humana, étnica, histórica, linguística, religiosa e econômica. Um Estado Nacional seria uma nação politicamente organizada.

A unificação da Itália

O Congresso de Viena restabeleceu as divisões nas áreas da Península Itálica que haviam sofrido invasões francesas durante o período napoleônico, mas parte do norte permaneceu sob ocupação austríaca.

Em reação a essa presença estrangeira, o movimento liberal-nacionalista passou a questionar a fragmentação do território em pequenos reinos, principados e ducados. Nesse movimento, havia três correntes que se destacavam: a Jovem Itália, que desejava efetivar uma unidade política republicana; os moderados, que pretendiam formar uma confederação sob a liderança do papa; e a terceira corrente, liderada por Camilo Benso, que defendia a unidade política em torno do reino sardo-piemontês sob regime monarquista constitucional.

Nesse contexto, fortaleceram-se ideais nacionalistas na região, principalmente após a Revolução de 1848 e após o rei sardo-piemontês, Vítor Emanuel II, aliar-se a Napoleão III para derrotar os austríacos.

Em 1859, começou a guerra. Tropas austríacas invadiram os territórios da Península Itálica e foram derrotadas pelos franceses; então, as tropas abandonaram a Lombardia, que foi entregue ao reino sardo-piemontês. Nesse momento, Camilo Benso, então primeiro-ministro desse reino, uniu-se a Giuseppe Garibaldi, que participara das revoluções liberais de 1830 e 1848, e seguiu em direção ao sul da península. Aproveitando a situação após a retirada dos austríacos, vários ducados – como Módena, Parma, Toscana e Romagna – incorporaram-se à monarquia sardo-piemontesa.

Em 1861, um Parlamento Nacional, reunido em Turim, proclamou Vítor Emanuel rei da Itália. Aproveitando a guerra entre Áustria e Prússia, Vítor Emanuel adquiriu a Venécia.

A unificação italiana foi completada em 1870, com a ocupação de Roma e o fim dos Estados Pontifícios. A invasão dos Estados Pontifícios provocou a insatisfação do Papa, que não reconheceu Vítor Emanuel como líder do Estado italiano.

Esse desentendimento foi solucionado somente em 1929, quando a Igreja Católica e o ditador Benito Mussolini assinaram o Tratado de Latrão, que criou o Estado do Vaticano e reconheceu o papa como seu chefe de Estado.

Processo de unificação da Itália (1859–1919)

Reino da Sardenha-Piemonte (1859)

Anexações decorrentes da Guerra contra a Áustria (1859-1860)

Territórios cedidos à França (1860)

Territórios incorporados em razão das campanhas de Garibaldi e de tropas piemontesas (1861)

Anexação em 1866

Anexação em 1870

Territórios pretendidos pela Itália e anexados em 1919

Campanha de Garibaldi

Campanha de tropas do Piemonte

Fonte: José Jobson de A. Arruda. *Atlas histórico básico*. 17. ed. São Paulo: Ática, 2011. p. 26.

A unificação da Alemanha

Até as Guerras Napoleônicas, a região da atual Alemanha era dividida em pequenos reinos e principados, ligados entre si de modo mais simbólico do que prático sob o nome do Sacro-Império Romano-Germânico, que desapareceu com a invasão francesa.

Após o Congresso de Viena, foram reconhecidos 38 Estados independentes, que formavam a Confederação Germânica. A política internacional era coordenada por uma **dieta** que se reunia em Frankfurt, sob a presidência da Áustria.

Prússia e Áustria eram os Estados mais importantes da confederação, disputando o controle dela. Por inspiração da Prússia, que tinha um projeto de unificação com o objetivo de ampliar o desenvolvimento da região, foi criado o *zollverein*, uma liga aduaneira que aboliu os impostos alfandegários entre vários Estados germânicos do norte, com exceção da Áustria.

Em 1861, a Prússia passou a ser governada por Guilherme I, que reformou as Forças Armadas e fortaleceu seu Exército, tornando-o o mais poderoso da Europa na época. No ano seguinte, Guilherme I nomeou o político Otto von Bismark como primeiro-ministro. Bismarck pertencia a uma classe de aristocratas que tinha vínculos com altas patentes do Exército, o que o auxiliou em sua trajetória de guerras de conquista para consolidação de um Estado germânico.

Em 1864, Bismark declarou guerra contra a Dinamarca e conquistou territórios que haviam sido perdidos durante o Congresso de Viena, em 1866, contra a Áustria, o que resultou na criação da Confederação Alemã do Norte, isolando-a ainda mais; e, em 1870, contra a França, fazendo-a ceder os territórios da Alsácia e da Lorena, importantes produtores de minério.

Em 1871, Guilherme I foi proclamado imperador da Alemanha unificada. De forma semelhante ao que aconteceu na Itália, a unificação da Alemanha foi importante para que a nova nação impusesse seu poderio na região, o que possibilitou que no século seguinte se tornasse uma potência local.

Processo de unificação da Alemanha (1815-1866)

Fontes: Jeremy Black (Ed.). *World history atlas*. Londres: Dorling Kindersley, 2008. p. 203; José Jobson de A. Arruda. *Atlas histórico básico*. 17. ed. São Paulo: Ática, 2011. p. 26.

GLOSSÁRIO

Dieta: assembleia política ou legislativa em certos países da Europa.

ATIVIDADES

NO CADERNO

SISTEMATIZAR

1. Quais fatores fizeram eclodir a Revolução de 1830 na França?

2. Como a Revolução de 1830 repercutiu em outros países?

3. Como se caracterizou interna e externamente o governo de Luís Napoleão?

4. O texto a seguir apresenta alguns acontecimentos relacionados à Comuna de Paris. Reescreva-o no caderno preenchendo as lacunas para completá-lo.
Em 18 de março de 1871, o exército ▨▨▨ foi derrotado pelos revolucionários da Comuna de Paris, que colocaram no poder um comitê formado por membros da ▨▨▨. Esse comitê era eleito por ▨▨▨, o que possibilitou que fosse formado por pessoas de diferentes tendências políticas. O novo governo procurou formar um Estado democrático e popular. Para isso, tomou medidas revolucionárias para a época, como ▨▨▨ da jornada de trabalho, igualdade entre ▨▨▨, legalização dos sindicatos, instauração de projetos de autogestão nas fábricas, abolição da ▨▨▨, separação do poder entre ▨▨▨ e Estado e instauração de uma educação ▨▨▨, obrigatória e gratuita.

5. A unificação da Itália teve início na segunda metade do século XIX. Quais foram os grupos sociais que idealizaram esse processo e deram início a ele?

6. Quais foram as características da monarquia instaurada pela Revolução de 1830?

REFLETIR

1. Após a unificação tanto da Itália quanto da Alemanha, foi preciso consolidar os povos desses países para que houvesse um sentimento de nacionalidade. Por que após estabelecer os limites territoriais foi necessário formar um povo?

2. Leia o texto a seguir e responda às questões.

Depois de reunir um pequeno exército, num total de mil voluntários (esses voluntários vestiam camisas vermelhas, daí o nome Mil Camisas Vermelhas), Garibaldi, com o maior sigilo, partiu com sua expedição de Gênova, em dois navios. Desembarcando em 11 de maio de 1860 no ponto ocidental mais extremo da Sicília, no porto de Marsala, Garibaldi foi recebido pelas massas populares como seu libertador [...]. Em dois dias, uniram-se ao destacamento de Garibaldi mais de 4 000 camponeses locais. Garibaldi, com seu destacamento, avançou pelas montanhas do norte, na direção da cidade de Calatafimi. Aí se encontrou com as tropas do rei napolitano, Francisco II, que subiria ao trono em 1859, depois da morte de seu pai, Fernando II.

[...] Em todas as partes organizaram-se destacamentos armados que se uniam aos Mil de Garibaldi. Em agosto, Garibaldi já estava à frente de 25 000 insurretos, derrotando com esse exército as tropas dos Bourbon napolitanos de 150 000 homens. O nome de Garibaldi gozava popularidade tal entre as massas do sul da Itália, que regimentos inteiros das tropas reais, ao encontrar-se com os Mil, gritavam: "Viva Garibaldi!", e aderiam à revolução popular.

N. EFÍMOV. *História Moderna: da Santa Aliança até as vésperas da Revolução de 1870*. São Paulo: Novos Rumos, 1986. p. 208.

a) Por que a campanha de Garibaldi foi nomeada de revolução popular?

b) Qual é sua opinião sobre a participação das camadas populares em movimentos reivindicatórios nos dias atuais?

DESAFIO

1. *Zollverein* era o nome da aliança aduaneira criada com o objetivo de fornecer liberdade alfandegária aos 39 Estados germânicos. Atualmente, a união aduaneira é uma prática econômica comum entre diversos países. Faça uma pesquisa para descobrir quais são as principais uniões aduaneiras da atualidade e de qual o Brasil faz parte.

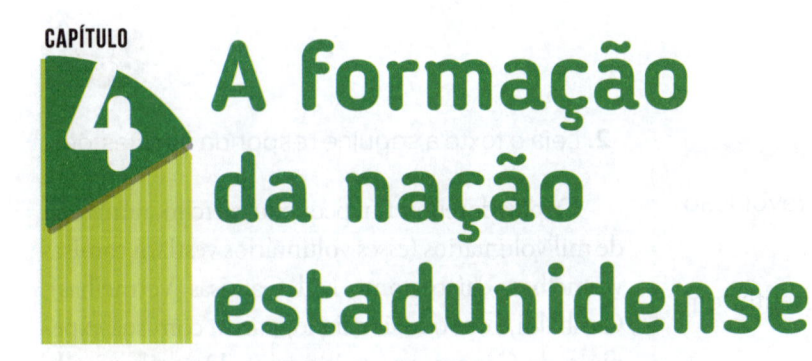

CAPÍTULO 4
A formação da nação estadunidense

No capítulo anterior, você estudou uma série de transformações na Europa. Neste capítulo, você vai ver como as ideias nacionalistas contribuíram para a expansão e consolidação dos Estados Unidos.

Após a independência, em 1776, os Estados Unidos tiveram forte impulso de desenvolvimento econômico. No Sul desenvolveram-se atividades econômicas voltadas à exportação, como o plantio de algodão para a indústria inglesa e a produção de chá – direcionada aos mercados do Norte – e tabaco. No Norte predominavam atividades voltadas à produção de manufaturados, principalmente direcionados ao consumo interno, como o setor têxtil. Em razão da riqueza de recursos minerais (em especial, ferro e carvão), sobretudo na área entre Boston, Washington, Detroit e Chicago, diversas indústrias instalaram-se e prosperaram na região. Além disso, existia a produção de alimentos orientada ao abastecimento interno.

↑Vista de Washington, DC, EUA, c. 1800 a 1860.

Durante o Império Napoleônico, os estadunidenses nortistas desenvolveram uma sólida relação comercial com a França. Havia intensas trocas entre os dois países, como a exportação de algodão e recursos minerais e a importação de manufaturados.

Entretanto, com o Decreto de Berlim (Bloqueio Continental), em 1806, a Inglaterra começou uma campanha para impedir a continuidade das relações comerciais franco-americanas a fim de garantir seus mercados e sua zona de influência. Os Estados Unidos reagiram violentamente contra as pressões inglesas. Somado a isso, existiam as pretensões estadunidenses de expansão territorial, sobretudo visando à região que hoje é o Canadá, na época uma colônia inglesa.

Desse modo, desencadeou-se em 1812 a Segunda Guerra de Independência, que recebeu essa titulação pela crença dos norte-americanos no interesse da Inglaterra em recolonizá-los, haja vista a interferência direta que os ingleses queriam exercer na política e na economia estadunidense. Em 1814 foi assinada a Paz de Gand, que determinou a fronteira americana entre os Estados Unidos e o Canadá.

A Doutrina Monroe e o Destino Manifesto

Em 1823, durante as guerras de independência das colônias americanas contra Portugal e Espanha, o presidente estadunidense James Monroe anunciou a política externa dos Estados Unidos, cujo lema era "a América para os americanos". De acordo com a Doutrina Monroe, como essa política ficou conhecida, os países da Europa não deveriam intervir na América.

Por meio dela os Estados Unidos assumiram o papel de "defensor" do continente contra as tentativas de recolonização, tornando esse processo irreversível, pois qualquer iniciativa de

Coleção particular. Fotografia: Bettmann/Getty Images

↑ "Isso é um fio vivo, senhores." Tio Sam avisa John Bull e Kaiser Wilhelm para não ultrapassarem a divisa do território americano. Século XIX.

retomada territorial justificaria uma guerra entre europeus e americanos. Essa doutrina, promulgada em 2 de dezembro, foi um importante marco diplomático para os Estados Unidos em relação às nações do continente americano.

Outra ideologia vigente nos Estados Unidos durante o século XIX foi o Destino Manifesto, pensamento que expressava a crença de que o povo estadunidense fora escolhido por Deus para civilizar regiões que não tinham alcançado os mesmos valores superiores.

A ideologia do Destino Manifesto consolidou-se como discurso oficial e como parte do imaginário dos estadunidenses ao longo do século XIX, servindo assim para justificar a expansão dos Estados Unidos rumo ao Oeste.

A Marcha para o Oeste

A Marcha para o Oeste foi a incorporação de territórios interioranos por desbravadores e colonos pioneiros motivada por uma série de fatores:

- a escassez de terras na faixa atlântica;
- o grande afluxo de imigrantes europeus, levando à conquista de áreas de pastagens para criação de rebanhos;
- a maior necessidade de matérias-primas e de alimentos para o desenvolvimento econômico industrial;
- a descoberta de jazidas auríferas, que resultou na ocupação das poucas áreas inexploradas;
- a construção de ferrovias.

Durante toda a expansão para o oeste, ao resistirem a ela, milhões de indígenas foram exterminados. Os sucessivos governos e os colonos desrespeitaram as culturas dos diversos povos indígenas, ocupando seus territórios após massacrarem a população nativa.

O território dos Estados Unidos também foi significativamente ampliado com a compra de grandes áreas, como a Louisiana (da França, em 1803), a Flórida (da Espanha, em 1819), Oregon (da Inglaterra, em 1846) e o Alasca (da Rússia, em 1867).

A guerra com o México, entre 1846 e 1848, consolidou o processo de expansão. A causa da guerra foi a revolta de colonos instalados no Texas, que proclamaram a República Independente do Texas. Os mexicanos reagiram, mas os Estados Unidos apoiavam os texanos e o México foi derrotado. A paz foi reafirmada no Tratado de Guadalupe-Hidalgo, que fez os mexicanos reconhecerem a perda do Texas, além de cederem o território equivalente aos atuais estados norte-americanos do Novo México, Califórnia, Nevada, Utah e Arizona.

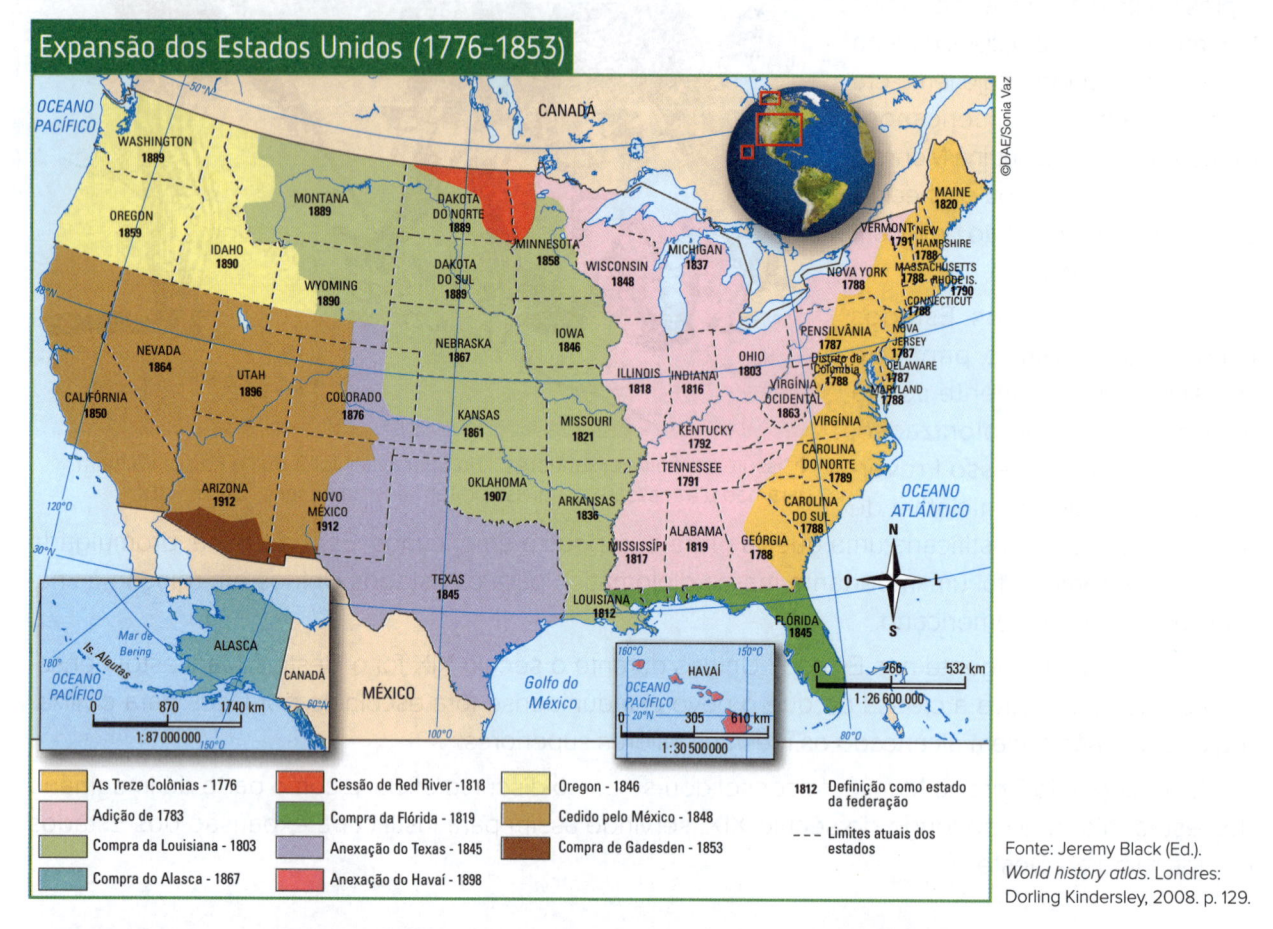

Expansão dos Estados Unidos (1776-1853)

Legenda:
- As Treze Colônias - 1776
- Adição de 1783
- Compra da Louisiana - 1803
- Compra do Alasca - 1867
- Cessão de Red River - 1818
- Compra da Flórida - 1819
- Anexação do Texas - 1845
- Anexação do Havaí - 1898
- Oregon - 1846
- Cedido pelo México - 1848
- Compra de Gadesden - 1853
- 1812 Definição como estado da federação
- - - - Limites atuais dos estados

Fonte: Jeremy Black (Ed.). *World history atlas*. Londres: Dorling Kindersley, 2008. p. 129.

A Guerra de Secessão (1861–1865)

Ao longo do século XIX, as divergências entre os estados industrializados do Norte dos Estados Unidos e os estados agrícolas e escravistas do Sul eram enormes, remontando ao processo de independência. A abolição da escravatura era uma das questões que dividiam nortistas e sulistas.

A eleição de Abraham Lincoln em 1860, que como candidato se mostrava favorável à libertação dos escravos, levou os estados escravistas do Sul a decidirem se separar da União e formar uma confederação. Assim, em 20 de dezembro de 1860, a Carolina do Sul afastou-se da União. Mississipi, Flórida, Alabama, Geórgia, Louisiana e Texas seguiram o exemplo. Estavam formados os Estados Confederados da América, com capital em Richmond, na Virgínia.

O conflito teve início em 1861 e durou cinco anos, resultando na morte de aproximadamente 600 mil pessoas. Nesse período, o presidente Lincoln adotou medidas radicais para conseguir apoio à União, como a promulgação do *Homestead Act*, de 1862, que concedia gratuitamente terras no Oeste a quem permanecesse nelas por cinco anos sem utilizar mão de obra escrava, e a Lei de Proclamação de Emancipação, de 1863, que abolia a escravidão nos estados fiéis à União que ainda a praticavam. Nos Estados Confederados, a medida tinha o intuito de levar os ex-escravos a não colaborarem com o exército do Sul.

A guerra terminou em 9 de abril de 1865, com a rendição dos confederados.

ATIVIDADES

SISTEMATIZAR

1. O que foi a Doutrina Monroe?

2. Quais fatores contribuíram para a expansão territorial estadunidense promovida pela Marcha para o Oeste?

3. Além da divergência entre Norte e Sul em relação à abolição da escravidão, explique qual outro evento foi preponderante para que os sulistas se separassem da União.

REFLETIR

1. Os filmes de faroeste, popularmente conhecidos como filmes de bangue-bangue, são bastante apreciados nos Estados Unidos. Em geral, neles, os povos indígenas são os vilões da trama. Qual é a intenção nesses filmes ao retratar os indígenas como vilões?

2. A imagem a seguir retrata um ataque das tropas da União ao Fort Wagner, na Carolina do Sul, durante a Guerra de Secessão. Analise a obra e faça o que se pede.

Biblioteca do Congresso, Washington

← Kurz & Allison. *Ataque ao Forte Wagner* [na ilha Morris, Carolina do Sul, pelo exército da União, em julho de 1863], c. 1890. Cromolitografia, 51,1 cm × 71,5 cm.

a) Levante hipóteses para explicar por que há duas bandeiras diferentes representadas na pintura.

b) Qual é a grande diferença entre os membros do exército da Confederação e da União? Explique.

3. A bandeira dos confederados foi motivo de polêmica recente nos Estados Unidos. Em 2015, seu uso foi proibido nos estados do sul. Faça uma pesquisa e elabore um texto sobre a relação dessa bandeira com a escravidão e a importância do banimento dela para os direitos dos afro-americanos.

DESAFIO

1. Devido ao Bloqueio Continental, a Inglaterra desejava que os Estados Unidos rompessem as relações com a França, mas eles se recusaram. Na atualidade, quais são os países com os quais os Estados Unidos não mantêm relações diplomáticas? Pesquise para responder.

A VILA OPERÁRIA

No final do século XVIII, o processo de industrialização originou migrações das áreas rurais para as áreas urbanas, onde se localizavam as fábricas que geravam empregos. Muitas habitações de baixo custo destinadas aos novos setores operários foram construídas rapidamente. Assim, surgiram vilas de casas organizadas em fileiras, com pouca comodidade, superlotação e localizadas em áreas insalubres.

CONSCIÊNCIA DE CLASSE

As vilas operárias eram barulhentas e superlotadas. Pessoas de todas as idades compartilhavam tanto sua rotina como seus infortúnios. Supõe-se que o convívio nessas condições de aglomeração foi um dos fatores determinantes para o surgimento de fortes laços de solidariedade entre os moradores.

1 BANHEIROS COMPARTILHADOS
Eram cômodos pequenos, localizados no lado externo das casas, de uso compartilhado. De modo geral, um conjunto de quarenta casas poderia contar com apenas seis banheiros.

2 ANDAR TÉRREO
Costumava ser um único ambiente que funcionava como cozinha, sala de estar e de jantar. Esse espaço era ocupado por móveis simples, utilizados para guardar os poucos pertences dos moradores.

3 HORA DE DORMIR
Os casais e seus filhos costumavam compartilhar o mesmo quarto na parte superior. As famílias operárias tinham muitos filhos – a prole –, fato que deu origem ao termo **proletário**.

Sótão
Era pequeno e nem todas as casas tinham um. Às vezes, era alugado para trabalhadores solteiros.

1. Como eram as habitações dos operários no início do processo de industrialização, com a migração de muitas pessoas do ambiente rural para as cidades?

PAREDES E TELHADOS
As paredes eram finas e de tijolos vermelhos. Os ruídos dos vizinhos eram facilmente escutados. Os telhados eram de ardósia preta ou azul.

UMA AO LADO DA OUTRA
As casas eram enfileiradas para aproveitar o espaço ao máximo. Por vezes, havia até três fileiras de casas juntas. A primeira, com pequenos quintais, costumava ser a mais confortável.

4 LÁ EMBAIXO
Os porões eram espaços de aluguel barato e, em geral, muito úmidos e escuros. Às vezes, eram ocupados por mais de uma família.

5 LAVANDO ROUPA
Bacias de metal ou de madeira com água eram usadas para lavar roupa. Geralmente, as roupas eram lavadas nas calçadas e penduradas em cordas nas janelas.

6 ÁGUA POTÁVEL
Normalmente, a água encanada não chegava até as casas dos bairros operários. A água era obtida de fontes públicas.

CASA RURAL

Durante a Era Industrial, as habitações dos setores rurais também eram humildes, embora, ao contrário das casas urbanas, não sofressem superlotação. Em algumas havia estábulos, áreas de trabalho manual e agrícola. As famílias também eram numerosas e compartilhavam todas as tarefas diárias.

Uma sociedade utópica

Você estudou neste tema como o capitalismo foi se consolidando no mundo ocidental, sobretudo após a Revolução Industrial, no século XVIII. Todavia, ao colocar o lucro como prioritário e explorar o trabalho, o capitalismo foi duramente questionado por teóricos no século XIX, que constataram as violências e as desigualdades dessa forma de organização econômica e social.

Diante disso, diferentes visões de organizações sociais foram criadas e até mesmo fundamentadas teoricamente, a exemplo das ideias socialistas, comunistas e anarquistas. Todas elas, de forma geral, refletiam sobre as injustiças do mundo capitalista e propunham organizações da vida em sociedades mais igualitárias, não violentas e, em algumas circunstâncias, com os explorados (no caso, os trabalhadores) no poder, e não mais a burguesia. Cidades inteiras e perfeitas chegaram a ser pensadas e detalhadamente descritas por alguns autores, como os socialistas.

Galleria Nazionale delle Marche, Urbino

↑ Luciano Laurana. *Cidade ideal*, 1480-1490. Têmpera sobre tela, 67,5 cm × 239,5 cm.

Entretanto, pensar o mundo de forma diferente de como ele se apresenta para nós não foi um privilégio do século XIX. Em todo o decorrer da história, refletimos sobre nossas diversas formas de organização social e como elas poderiam ser melhoradas, mesmo que utopicamente – de modo fictício, no plano dos desejos, longe da realidade concreta.

E você? Já parou para refletir sobre o mundo contemporâneo? Já pensou em como ele poderia ser melhorado? Já ponderou e fez críticas às organizações e formas de viver que poderiam beneficiar a todos?

Ao longo da história, muitas pessoas expressaram outras visões de mundo utilizando para isso diversas formas: pela música, pelas artes plásticas ou pela literatura. Três obras foram muito marcantes para a literatura ocidental:

- *A utopia*, de Thomas Morus;
- *Admirável mundo novo*, de Aldous Huxley;
- *1984*, de George Orwell.

Com base nessas obras literárias, vamos conhecer outras visões de mundo para que, assim, você possa pensar criticamente na seguinte questão, procurando argumentos para justificá-la: Como seria minha sociedade utópica?

Passo a passo

1. Em sala de aula, o professor apresentará a você e aos colegas pequenos trechos dos livros:

- *A utopia*, de Thomas Morus;
- *Admirável mundo novo*, de Aldous Huxley;
- *1984*, de George Orwell.

2. Leia-os com os colegas ou individualmente. Após a leitura e a compreensão do teor dos textos, com a ajuda do professor, interprete o que foi lido e discuta as principais ideias apresentadas. Como roteiro de interpretação do texto, procure responder às questões a seguir e a outras, propostas pelo professor.

- Quando o texto foi escrito?
- Qual é o principal assunto tratado nele?
- Por que o autor teria pensado na sociedade dessa forma?
- Quais aspectos você considera negativos e positivos no mundo criado pelo autor?

3. Em seguida, embasado no que foi lido e discutido em sala, escreva no caderno um texto narrativo com o seguinte título: "O mundo perfeito para mim seria...". Entregue-o ao professor para que seja corrigido.

Finalização

1. Depois de sintetizar os tópicos de seu mundo perfeito no caderno, transponha-os, com imagens, para uma cartolina.

2. Na sua vez, determinada pelo professor, apresente a toda a turma as características de seu mundo perfeito e explique os motivos de suas escolhas.

3. Terminadas as apresentações, converse com os colegas e o professor sobre todas as ideias expostas.

4. Após a discussão, revise seu cartaz, excluindo dele as ideias que foram repensadas (com um traço sobre elas) e incluindo outras, caso as considere importantes.

5. Os cartazes devem ficar expostos em sala de aula. Eles representarão, no cotidiano da turma, a reflexão sobre o mundo e a sociedade e o que você e os colegas gostariam que fosse diferente.

Bom trabalho!

1. Explique o início do capitalismo industrial.

2. Qual foi a tecnologia que contribuiu para o aumento da produtividade industrial no século XVIII?

3. Leia a seguir um trecho do *Manifesto do Partido Comunista* e responda às questões.

O proletariado utilizará seu poder político para arrancar pouco a pouco todo o capital da burguesia, para centralizar todos os instrumentos de produção nas mãos do Estado, isto é, do proletariado organizado como classe dominante, e para aumentar, o mais rapidamente possível, o contingente das forças de produção.

Naturalmente isso só pode acontecer, de início, mediante intervenções despóticas no direito de propriedade e nas relações de produção burguesas, isto é, através de medidas que parecem economicamente insuficientes e insustentáveis, mas que se superam a si próprias no desenrolar do movimento e são indispensáveis para revolucionar todo o modo de produção.

Certamente essas medidas terão variações nos diferentes países.

Entretanto, no que toca aos países mais desenvolvidos, de um modo geral podem-se aplicar as seguintes medidas:

1. Expropriação da propriedade fundiária e utilização da renda resultante para as despesas do Estado;

2. Imposto acentuadamente progressivo;

3. Supressão do direito de herança;

4. Confisco de propriedade de todos os emigrantes e rebeldes;

5. Centralização do crédito nas mãos do Estado, por meio de um banco nacional com capital estatal e monopólio exclusivo;

6. Centralização de todos os meios de transporte nas mãos do Estado;

7. Multiplicação das indústrias nacionais, dos instrumentos de produção, desbravamento e melhora das terras, de acordo com um plano coletivo;

8. Obrigatoriedade do trabalho para todos, organização de exércitos industriais, em especial para a agricultura;

9. Combinação do trabalho agrícola e do trabalho industrial, medidas para eliminação gradual da oposição entre cidade e campo;

10. Educação pública e gratuita para todas as crianças. Supressão do trabalho infantil em fábricas, em sua forma atual. Combinação da educação com a produção material etc.

Friedrich Engels; Karl Marx. *Manifesto do Partido Comunista*. Porto Alegre: L&PM, 2001. p. 59-62.

a) Segundo o trecho, como seria uma nova sociedade idealizada por Marx e Engels?

b) Você considera que, com essas mudanças, seria possível existir uma sociedade mais igualitária?

c) Há mais medidas que poderiam ser tomadas para que houvesse uma sociedade mais justa? Exponha suas ideias.

4. Explique o pensamento anarquista em relação ao Estado e à religião.

5. O século XIX foi um período de grande efervescência intelectual devido às inúmeras ideias políticas da época. Escolha a ideia política que mais lhe agrada, por meio da qual a sociedade seria melhor, e desenvolva argumentos para justificar sua preferência.

6. Após a leitura atenta do texto a seguir, responda às questões no caderno.

No processo de unidade italiana – cujo início se dá em 1848 – fica claro que a burguesia evita qualquer aliança com a massa camponesa pobre e oprimida e prefere o compromisso com os latifundiários, ainda mergulhados em valores feudais. A unidade italiana – o processo de constituição de um Estado único para todo o país – conserva o sistema oligárquico, pelo qual os grandes proprietários da terra mantêm o domínio direto sobre os camponeses. Isso não impede a formação do Estado, mas retarda a eclosão do fenômeno nacional.

Por que isso ocorre? Os liberais moderados, líderes da unificação, temem que na Itália se repitam os 'escândalos' revolucionários do 1789 francês. E temem uma lição histórica ainda mais próxima: a de 1848, quando ocorreram levantamentos populares em parte da Europa, inclusive em Milão. Podemos, pois, concluir que, se a estratégia é a unidade política, a tática cuidadosamente escolhida exclui qualquer caminho revolucionário. [...]

Leon Pomer. *O surgimento das nações*. Campinas: Editora da Unicamp, 1985. p. 40-44.

a) Qual é a crítica do autor à Unificação da Itália?

b) Algumas repercussões eram temidas pelos líderes da unificação. Quais eram esses temores?

c) Por que a massa de trabalhadores rurais e urbanos foi excluída do movimento revolucionário?

7. A imagem ao lado é uma representação alegórica do Destino Manifesto. Observe-a e faça o que se pede.

a) A figura central feminina é uma representação de Colúmbia, um dos símbolos nacionais estadunidenses. Pesquise quem é ela.

b) Descreva o que Colúmbia está fazendo na imagem.

c) Descreva a atitude dos indígenas na pintura.

d) Elabore hipóteses para explicar por que essa pintura foi consolidada como uma representação do Destino Manifesto.

Coleção particular

↑ John Gast. *Progresso Americano*, 1872. Óleo sobre tela, 32,4 cm × 42,5 cm.

DICAS

▶ **ASSISTA**

Oliver Twist, Reino Unido, 2005. Direção: Roman Polanski, 130 min.
O filme narra as aventuras de um órfão que sobrevive nas ruas de Londres, na Inglaterra vitoriana, em busca de um lar. O enredo revela o profundo conflito social entre a burguesia industrial e a grande massa assalariada, mantida na mais absoluta miséria.

📖 **LEIA**

Os miseráveis, de Victor Hugo (FTD).
O livro narra a vida de Jean Valjean, entre o fim das Guerras Napoleônicas e as crises de 1832, em uma França marcada por conflitos internos entre monarquistas e republicanos. O contexto histórico da obra mostra a pobreza e a miséria das massas populares em contraste com a opulência da burguesia industrial emergente e a sempre presente nobreza ociosa, sustentada com o dinheiro do Estado.

O Deus dinheiro, de Karl Marx (Boitatá).
Com base em manuscritos de Karl Marx escritos em 1844, o artista espanhol Maguma criou um mundo surreal em que o dinheiro tem um poder hipnotizante. Dessa forma, o livro faz uma crítica à ganância e ao consumo desenfreado.

↑ Seguida pelos soldados colonialistas, Britânia dirige-se à África empunhando a bandeira da civilização. Charge de Udo J. Keppler publicada na revista humorística *Puck*, Nova York, 10 dez. 1902 (detalhe).

Os imperialismos

BARBARISM.

Biblioteca do Congresso/Getty Images

NESTE TEMA
VOCÊ VAI ESTUDAR:

- os conceitos de imperialismo e neocolonialismo;
- o processo por meio do qual os países europeus tornaram-se imperialistas;
- como ideias etnocêntricas foram utilizadas para justificar a dominação colonial;
- a dominação colonial na Ásia e a adesão do Japão ao imperialismo;
- a partilha da África;
- o imperialismo "protecionista" dos Estados Unidos na América Latina.

A Revolução Industrial trouxe diversas mudanças para a economia mundial.

No século XIX, em busca por fontes de energia e de matérias-primas de baixo custo, os europeus passaram a disputar o controle de regiões na Ásia e na África. Com isso, teve início o chamado imperialismo, ou neocolonialismo. Para justificar a dominação desses povos, eles formularam a ideia de superioridade da civilização europeia.

Você consegue enxergar o racismo por trás desse conceito, usado para legitimar a dominação de um povo sobre o outro?

Imperialismo e etnocentrismo

Neste capítulo, você vai estudar a competição entre os países industrializados por novos territórios e mercados no século XIX e as ideias utilizadas pelos europeus para justificar essa empreitada.

Na segunda metade do século XIX, novas tecnologias foram aplicadas na indústria, o que expandiu a produção industrial para além da Inglaterra. França, Alemanha e outros países passaram a fabricar em larga escala os próprios produtos industriais. O aumento da concorrência de produtos industrializados e a difusão de mercadorias reduziram a margem de lucro das empresas e o valor dessas mercadorias.

O constante aumento da produção e da concorrência resultou na queda dos preços e levou a uma grande crise econômica entre as décadas de 1870 e 1890. A conclusão dos governantes das nações industrializadas e da burguesia, formada pelos donos das fábricas, para resolver essa crise foi de que havia a busca de fontes energéticas e a necessidade de matérias-primas a baixo custo que seriam buscados na África, Ásia, Oceania e América.

Assim, países europeus como Inglaterra, França, Alemanha, Holanda, Bélgica e Itália, além de Estados Unidos e Japão, procuraram e desenvolveram formas de expandir mercados e aliviar tensões internas, ainda que, para isso, fosse necessário oprimir outros povos e grupos étnicos. Assim, o capitalismo do século XIX foi imposto abruptamente a diversas populações, algumas das quais nunca haviam tido qualquer contato com o mundo industrial. Esse processo resultou em miséria, extinção do modo de vida tradicional de diversos povos nativos e milhões de mortos em razão de conflitos, fome e doenças.

Popperfoto/Getty Images

← Cartão-postal britânico do início do século XX que mostra Índia, Austrália, África do Sul e Nova Zelândia, na época das possessões do Império Britânico, com os dizeres "sob uma bandeira". Na ilustração do centro está escrito, nos degraus, "verdade, força e justiça"; abaixo, o globo está envolto em uma flâmula com os dizeres "abraça o mundo inteiro".

Imperialismo é a forma de dominação econômica, política, social e cultural praticada pelos países da Europa, Estados Unidos e Japão ao longo dos séculos XIX e XX. Os historiadores em geral percebem o imperialismo, ou neocolonialismo, como parte do processo da Segunda Revolução Industrial e das transformações do capitalismo no período.

A expansão imperialista

No final do século XIX e início do XX, a Europa passava por um processo de aumento da produção agrícola e avanços na medicina; esses fatores contribuíram para o crescimento populacional, principalmente nos países europeus industrializados. As regiões dominadas na Ásia e na África abrigaram a população excedente europeia, o que gerou uma série de conflitos com os povos nativos dessas localidades.

O aumento na produção de manufaturados foi um dos fatores que contribuíram para a expansão do imperialismo no século XIX. Além de escoar a produção industrial, as regiões dominadas na Ásia e na África dispunham de matérias-primas adquiridas a preços baixos pelos europeus que ali viviam. Os preços tornavam-se mais competitivos, a produção barateava e, assim, o mercado consumidor era ampliado.

O capital gerado pela expansão econômica propiciou a proliferação de instituições financeiras, como bancos e bolsas de valores. Mediante empréstimos com elevadas taxas de juros, as instituições bancárias proporcionavam altos lucros aos investidores. O capital excedente era investido nas colônias, em atividades industriais, agropastoris e em serviços de infraestrutura para produção, como energia elétrica, fornecimento de gás, ferrovias etc.

O domínio europeu

Conforme as potências europeias avançavam sobre outros territórios, os povos nativos eram convencidos ou obrigados a assinar tratados que favoreciam economicamente os invasores. Outras vezes eram coagidos a ceder seus territórios a eles.

Album/Fotoarena

← Gravura do século XIX que representa oficiais franceses assinando tratado com o chefe do povo tamiso, na África.

Na maioria das vezes, o processo de invasão e apropriação ocorreu pelo uso de força militar. Havia grande disparidade tecnológica e de disponibilidade entre as armas produzidas pelos Estados europeus, que eram mais letais, e as dos povos da Ásia e da África. Esse poderio militar foi essencial para a dominação europeia em diversas localidades do globo.

Aspectos culturais também foram impostos aos povos da Ásia e da África. Missionários cristãos, tanto católicos quanto protestantes, estabeleceram-se nessas regiões para difundir valores ocidentais aos nativos, ao mesmo tempo que transmitiam informações sobre as riquezas das regiões que visitavam e detalhes dos conflitos entre os diversos povos.

Por vezes, os países imperialistas estabeleciam instituições **filantrópicas** em algumas regiões, como hospitais, creches e escolas. Com base na crença da superioridade do homem branco, europeus e estadunidenses acreditavam estar levando o "progresso" a regiões "atrasadas".

Teorias raciais e o imperialismo

A ação imperialista consiste, essencialmente, na dominação de uma nação sobre outra com a prevalência dos interesses políticos e econômicos da nação dominadora. No entanto, essa estratégia de controle, antes mesmo de começar a ser aplicada, foi rejeitada por alguns grupos sociais. Assim, com o objetivo de alcançar o apoio popular para prosseguir com as campanhas militares, as nações imperialistas passaram a fazer uso de diversas ideologias.

Etnocentrismo

A principal ideologia imperialista foi o **etnocentrismo**, que consiste em considerar a superioridade da própria cultura sobre as outras culturas.

O etnocentrismo não surgiu no século XIX. A escravização de estrangeiros e prisioneiros de guerra na Antiguidade está relacionada ao olhar etnocêntrico dos povos vencedores, assim como a discriminação praticada pelos romanos, que denominavam de bárbaros todos aqueles que não partilhavam da mesma cultura que eles. No entanto, foi na Era Moderna e na Idade Contemporânea que essa ideologia alcançou o seu auge.

> [...] o ápice do etnocentrismo talvez se situe entre os séculos XV e XIX, quando os europeus entraram em contato com vários povos na América, Ásia e África. Nesses processos de colonização, incompreensões de ambos os lados foram dando lugar a guerras, genocídios e etnocídios. Essa é a face crua do etnocentrismo, quando um povo diz ao outro: se despoje de sua cultura ou morra física e culturalmente. Ao extermínio físico se dá o nome de genocídio; ao extermínio da cultura, etnocídio. Espanhóis, portugueses, ingleses, entre outros, dizimaram populações nativas de territórios conquistados, impondo uma dominação cultural assentada em bases políticas e interesses econômicos. O outro, o indígena no caso da América, era visto pelo colonizador como um **antropófago** preguiçoso, sem fé, sem rei, sem lei, e exatamente por isso devia mudar seu comportamento e adotar o trabalho, a religiosidade e o sistema político vigentes na cultura do colonizador. Os europeus, durante esse processo de colonização, não compreendiam as culturas dos outros como visões de mundo a serem levadas em consideração, não conseguiam assimilar a diferença cultural e usavam essas diferenças como pretexto para a dominação efetiva. O etnocentrismo, nesse sentido, servia a interesses de ordem econômica.

Kalina Vanderlei Silva; Maciel Henrique Silva. *Dicionário de conceitos históricos.* 2. ed. São Paulo: Contexto, 2009. p. 128.

↑ C. Legrand. *Padre Antonio Vieira pregando entre os índios*, c. 1840. Óleo sobre tela, 21 cm x 26 cm.

Arquivo Histórico Ultramarino, Lisboa

A prática do etnocentrismo ocorre quando um grupo de pessoas, que partilha dos mesmos hábitos e cultura, discrimina outros grupos julgando-se melhor e superior, seja por sua condição social, seja pela diferença cultural ou por uma maneira diferente de se vestir ou agir. As pessoas que partilham dos ideais etnocentristas geralmente são intolerantes e não aceitam as diferenças, pois, ao considerarem seus costumes superiores, acreditam que seu modo de pensar e agir deve prevalecer sobre os demais. Essa ideologia foi muito frequente no século XIX, e ainda é encontrada nos dias atuais.

Evolucionismo social

A segunda metade do século XIX foi marcada por expressivo avanço no campo das ciências. Grande parte dos estudiosos desse período apoiava-se na observação detalhada, visando à precisão científica. Apesar de toda essa preocupação em alcançar uma realidade objetiva, alguns estudos foram aplicados de forma equivocada tanto no campo biológico como no campo social.

Na obra *A origem das espécies* (1859), o naturalista inglês Charles Darwin (1809-1882) defendeu a existência de um processo de evolução biológica dos seres vivos em que uma espécie, ao estar mais adaptada ao meio em que vive, permaneceria viva, enquanto outras, menos adaptadas, com o tempo seriam extintas. Essa obra teve grande impacto entre os estudiosos europeus do século XIX, incluindo filósofos, naturalistas e sociólogos.

O filósofo e sociólogo inglês Herbert Spencer (1820-1903) buscou aplicar a teoria de Darwin à análise das sociedades humanas, com o objetivo de comprovar a existência de um evolucionismo social. Com base nessa apropriação teórica, essas sociedades teriam iniciado em um estágio considerado primitivo e, com o passar do tempo, tornado-se civilizadas. Como elas constantemente lutavam por sobrevivência, caberia às sociedades mais civilizadas a responsabilidade de elaborar políticas e projetos com o intuito de orientar aquelas menos organizadas que, segundo essa teoria, ainda eram incapazes de governar e sustentar a si mesmas.

Eugenia e racismo

A teoria do evolucionismo social criou as bases ideológicas para o conceito de **eugenia**, criado pelo cientista inglês Francis Galton (1822-1911). Segundo Galton, por meio de critérios preestabelecidos, seria possível fazer uma seleção artificial para o aprimoramento da população humana. Esses critérios seriam determinados por meio de bases genéticas, que indicariam quais grupos tinham maior propensão de melhorar a espécie humana.

Os estudos de Galton, publicados no livro *O gênio hereditário* (1869), concluíram que a inteligência era uma condição inata e hereditária e que determinadas famílias produziam herdeiros mais inteligentes do que outras. Essa análise resultou em uma série de casamentos seletivos e forneceu mais bases para o racismo. Muitos europeus passaram a considerar-se "superiores" a outros povos e a acreditar que, por essa razão, tinham o direito natural de dominá-los. Assim, teve origem a ideologia de que a "raça branca" europeia seria a mais favorecida na luta pela sobrevivência, portanto mais "forte" e "capaz" que outros povos considerados cultural e fisicamente "inferiores".

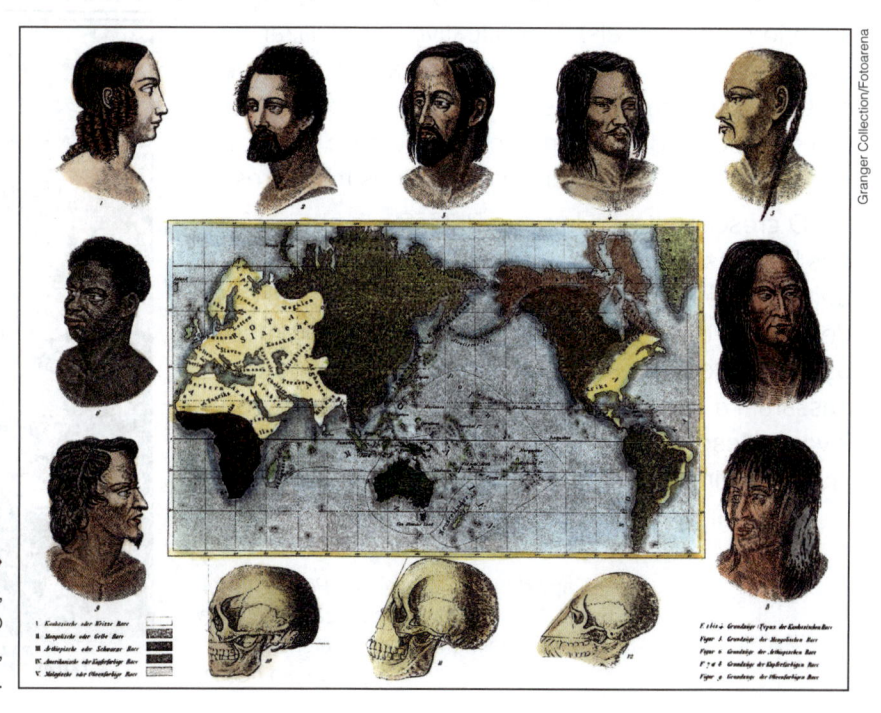

→ Estudo alemão de tipos raciais, baseado nas teorias do antropólogo Johann Friedrich Blumenbach, c. 1850. Gravura.

Granger Collection/Fotoarena

Determinismo

Outra ideologia revisitada no século XIX foi o determinismo, originado na Grécia Antiga. Segundo essa concepção, tudo o que acontece no Universo é consequência natural de um acontecimento do passado e, portanto, inevitável. Assim, a natureza, a história e a sociedade – tudo o que existe – obedeceriam a determinadas leis naturais e teriam causas preestabelecidas e necessárias.

No século XIX, essa ideologia ganhou notoriedade após ser aprofundada à luz das teorias etnocêntricas e aplicada à geografia mundial, desenvolvendo o determinismo geográfico e o determinismo biológico.

[...] a geografia foi utilizada como justificativa para a dominação dos povos colonizados. Assim, por exemplo, os povos das regiões quentes (regiões tropicais) eram considerados submissos e, se os europeus os escravizavam, isso se devia à valentia típica do hemisfério Norte (região temperada). Segundo essa explicação, o homem era determinado pelo meio, daí a denominação Determinismo que identificava essas ideias, aplicáveis aos vários ramos do conhecimento.

Ney Silva; Quinto Antunes. *Geografia no Brasil: pequena história, grandes conquistas.* 2. ed. São Paulo: NS Editor, 2011. p. 19-20.

Já segundo o determinismo biológico, as características físicas e psicológicas dos seres humanos seriam determinadas por sua raça. Assim, confirmava-se "cientificamente" que os europeus seriam superiores aos africanos e asiáticos. Por isso, caberia aos europeus manipular o meio para garantir a evolução das sociedades "inferiores" por meio da dominação.

A civilização como solução

A aplicação dessas teorias ao mundo social encobria o preconceito das teorias racistas, fomentava o nacionalismo e fortalecia o imperialismo.

A ideia da superioridade racial foi um dos elementos centrais do colonialismo na Ásia e na África. De acordo com essas teorias racistas do século XIX, os europeus e os norte-americanos seriam as raças superiores às demais. A justificativa era civilizar os povos dos continentes asiático e africano. Com esse objetivo, utilizaram vários métodos para comprovar sua superioridade, incluindo o massacre de comunidades inteiras e a destruição de culturas milenares.

O crescimento do Império Britânico, a expansão dos Estados Unidos no Pacífico e a extensão do poderio francês e alemão foram atribuídos às qualidades raciais desses povos. Com o passar do tempo, os colonizadores estabelecidos nesses continentes passaram a acumular mais direitos e riquezas, o que levou à desorganização do território e deixou populações inteiras à margem da sociedade.

Coleção particular. Fotografia: Bridgeman Images/Easypix Brasil

→ Capa do jornal francês *Le Petit Journal*, 15 out. 1911. "Graças à ocupação italiana, a Tripolitana finalmente abre-se à civilização." (Tradução nossa)

ATIVIDADES

SISTEMATIZAR

1. Explique como surgiu o neocolonialismo e cite alguns países que praticaram esse tipo de dominação.

2. Relacione a busca por matérias-primas com a exploração imperialista.

3. Como os países imperialistas tentaram resolver o aumento populacional europeu?

4. Explique como foi o processo de dominação dos europeus sobre os povos africanos e asiáticos no século XIX.

5. Defina o que é evolucionismo social.

REFLETIR

1. Uma vez que o imperialismo também pressupunha uma nova forma de colonização, de que maneira podemos diferenciar o imperialismo do século XIX e a Expansão Marítima europeia dos séculos XVI e XVII?

2. Com a corrida colonialista do século XIX, inúmeras produções artísticas europeias retrataram a África, muitas delas impregnadas de preconceito. Observe a imagem e faça o que se pede.

↑ Papai Noel na África, c. 1900. Cartum francês de autoria desconhecida. "Um morde um cavalo de madeira até não poder mais; E outro morde um cordeiro, cuja brancura o agrada." (Tradução nossa)

a) Comente a discriminação retratada na imagem.

b) Elabore hipóteses para explicar a criação de imagens como essa.

DESAFIO

1. O imperialismo e a industrialização fizeram parte do processo de expansão do capitalismo europeu durante a segunda metade do século XIX nos continentes africano e asiático. Faça uma pesquisa sobre o modo que a presença europeia impactou a língua de países nesses continentes.

2 O imperialismo na Ásia

No capítulo anterior, você conheceu o conceito de imperialismo e as ideologias que surgiram no século XIX. Neste capítulo, você vai estudar a infiltração colonial no continente asiático.

Os países europeus já tinham territórios na Ásia desde o século XVI. Essas colônias, como a dos portugueses em Goa e em Macau e a dos holandeses na Indonésia, eram basicamente entrepostos comerciais responsáveis pelo comércio de produtos orientais.

No século XIX, as potências europeias começaram a invadir a Ásia, submetendo os governantes locais e dividindo os territórios em zonas de influência. O objetivo era transformar o continente asiático em uma área preparada para receber o investimento de capital europeu, aplicado em atividades extrativistas, empreendimentos agrícolas e transportes.

França e Reino Unido foram as principais nações imperialistas do século XIX, mantinham uma relação de "partilha" negociada dos territórios coloniais e organizavam os governos e possessões nessas áreas de maneira diferente.

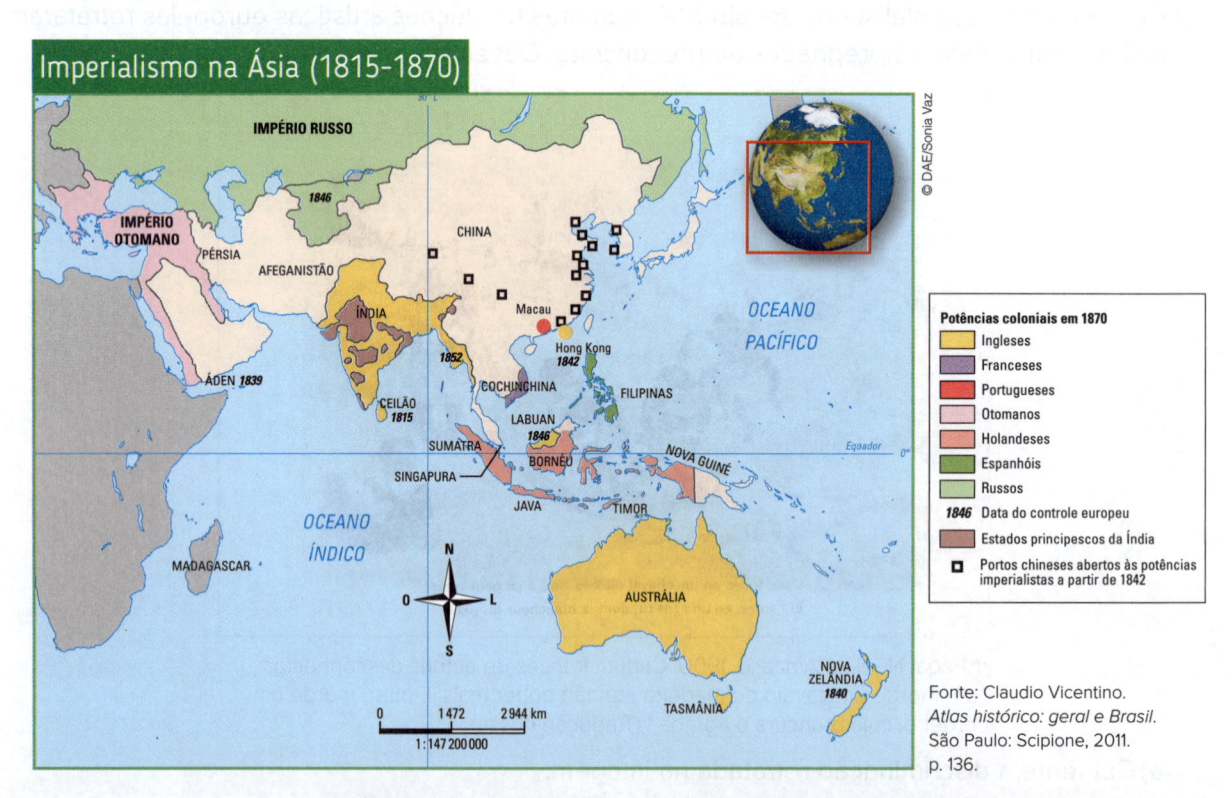

Fonte: Claudio Vicentino. *Atlas histórico: geral e Brasil*. São Paulo: Scipione, 2011. p. 136.

Enquanto os ingleses mantinham a dominação por meio de regime de mandatos, conservando-se distantes das formas culturais e jurídicas dos povos nativos, os franceses tentavam incorporar os cidadãos das áreas dominadas, incluindo os habitantes das colônias e os novos territórios em sua cultura. Acreditavam que dessa maneira disseminavam os ideais de civilização com base em seu passado.

Independentemente do modelo de dominação adotado pelas nações imperialistas, os europeus carregavam ideias etnocêntricas, hierarquizavam os povos e desconsideravam a cultura e os costumes locais das áreas dominadas.

As Filipinas

A expansão marítima do século XVI marcou a consolidação da presença espanhola em outros continentes. O primeiro assentamento espanhol nas Filipinas foi fundado em 1565, e a ocupação foi consolidada com navegantes e soldados provenientes principalmente da Nova Espanha (atual México). O domínio espanhol na região era estratégico: a principal finalidade era ligar o comércio oriental ao continente americano. A principal rota de tráfego era entre Manila, nas Filipinas, e Acapulco, no México.

O comércio com a China era o principal destino de produtos, que saíam do porto de Manila para a Espanha, e também de renda para os colonos espanhóis nas Filipinas. A rota era tão lucrativa que seu controle era feito na cidade de Sevilha e, a partir de 1593, apenas dois barcos podiam sair de cada porto por ano, sempre escoltados por uma armada para proteger a carga. Os produtos trazidos do Oriente eram principalmente especiarias, porcelana, marfim, seda, entre outros. Do continente americano era levada a prata proveniente da mineração, principalmente da região do atual México. A rota foi mantida até 1815, durante a guerra de independência do México.

A presença espanhola, no entanto, manteve-se mesmo com o fim da rota mais tradicional e as Filipinas continuaram sob tutela espanhola até o término do século XIX. Uma sociedade secreta chamada Katipunan foi formada na década de 1890, com o objetivo de tornar as Filipinas independentes da Espanha. Entre outras ações, incentivou e disseminou a cultura filipina por meio de publicações. Em 1896, a existência do grupo foi revelada, o que desencadeou a guerra de independência das Filipinas. O conflito iniciou com a convocação para uma revolução armada pelos líderes da Katipunan. Os rebeldes tomaram o controle da maior parte do território e, ao conquistarem a capital, Manila, declararam a independência do país.

No mesmo ano ocorreu a Guerra Hispano-Americana, um conflito entre Estados Unidos e Espanha causado pela interferência estadunidense na independência de Cuba, que era colônia espanhola. Ao fim da Guerra Hispano-Americana, a Espanha cedeu o controle de Cuba, Porto Rico e outros territórios aos Estados Unidos. O Acordo de Paris, que firmava a posse estadunidense sobre as Filipinas, foi assinado no início do ano seguinte, mediante pagamento de 20 milhões de dólares aos espanhóis.

Everett Collection/Easypix Brasil

← A colonização americana nas Filipinas. Ilustração do Tio Sam entre os soldados americanos que estão de partida das mulheres americanas que chegam para ocidentalizar os nativos das Filipinas, 1900.

O Império Britânico na Índia

A colonização do **subcontinente** indiano pelos britânicos começou no século XVIII por meio das atividades da Companhia das Índias Orientais. A Índia compreendida pelos britânicos tinha limites territoriais diferentes dos atuais.

Naquele período, a Índia estava dividida em muitos estados, com tradições e dialetos próprios, que foram paulatinamente conquistados pela companhia inglesa. Grande diversidade de povos e culturas convivia no país. Os britânicos souberam tirar proveito da heterogeneidade política e cultural da Índia, pois os conflitos religiosos e as rivalidades étnicas facilitaram a conquista.

Entre esses povos havia seguidores de filosofias religiosas milenares, como os hindus e os budistas, e muçulmanos adeptos do Islã. Em meados do século XIX, o domínio britânico expandiu-se também para outras áreas de maioria muçulmana localizadas no centro-norte e no oeste, em Punjabi. A região do Rajastão, área centralizada do subcontinente indiano de maioria hindu, foi palco de forte resistência às tentativas de domínio, com grandes rebeliões entre 1857 e 1858.

Os ingleses geralmente submetiam as elites locais por meio de ameaças e arranjos políticos ou, quando necessário, colocavam no poder um grupo leal a seus interesses. Também favoreciam minorias religiosas ou grupos que não poderiam ascender socialmente no sistema de castas hindu. Esses grupos passavam, então, a considerar o imperialismo britânico vantajoso e adotavam costumes e valores ingleses.

A Revolta dos Sipaios

O maior movimento de contestação à Companhia das Índias Orientais na Índia foi organizado por soldados indianos (conhecidos como sipaios) que serviam ao Exército Imperial Britânico, entre 1857 e 1858. As principais queixas dos nativos eram as humilhações de que eram vítimas e a crescente intromissão britânica na vida cotidiana dos indianos, com desrespeito a seus costumes e tradições.

O movimento ganhou um caráter nacionalista, mas apesar de algumas vitórias iniciais, os rebeldes foram vencidos. A revolta deixou claro à Coroa britânica que a Companhia das Índias Orientais não tinha condições de administrar o extenso e complexo território indiano.

A companhia foi extinta e o governo da colônia passou a ser exercido por um vice-rei nomeado pelo Parlamento britânico. Em 1876, a rainha Vitória foi proclamada imperatriz da Índia, ato que demonstrava o quanto a dominação da Índia era importante para o projeto colonial britânico.

Granger Collection/Fotoarena

> ## GLOSSÁRIO
>
> **Subcontinente:** pequena extensão de terra ligada a um continente que, devido a particularidades geográficas, parece ser uma região independente.

← O massacre de oficiais ingleses e suas esposas em Jhansi durante a Revolta dos Sipaios na Índia, em 1857. Gravura inglesa contemporânea ao acontecimento.

Imperialismo na China

Desde a Idade Moderna, os comerciantes europeus tinham interesse pelos produtos orientais. Seda, chá, porcelana, especiarias eram produtos muito apreciados e tinham alto valor na Europa.

A ocupação portuguesa

Em busca de produtos como esses, os portugueses foram os primeiros europeus a aportar na Índia após contornar todo o litoral africano até chegar a Calicute, em 1498. Entre os séculos XVI e XVII, os portugueses se estabeleceram gradualmente em outras áreas, entre as quais Macau, no litoral da China. O comércio com a Europa fez da região um grande entreposto comercial. Após séculos de dominação local, a China reconheceu a soberania portuguesa na região, em 1887, por meio do Tratado de Amizade e Comércio Sino-Português.

Museu Marítimo Nacional Dinamarquês, Helsingor. Fotografia: Bridgeman Images/Easypix Brasil

↑ *Cidade e porto de Macau*. Colônia portuguesa na Ásia, século XIX. Gravura.

O ópio e a interferência britânica

A Questão do Ópio foi o principal pretexto para uma guerra entre Inglaterra e China, de 1840 a 1842. Na época do domínio inglês na Índia, o cultivo da papoula, principal matéria-prima do **ópio**, era intenso. Os ingleses passaram a abastecer o crescente comércio do ópio em território chinês. Em 1838, o imperador chinês Daoguang declarou que o tráfico de ópio deveria ser extinto. As razões eram várias: a saúde pública, o aumento da criminalidade e a redução das reservas de prata, pois o ópio era pago com moeda desse metal. Os estoques dos comerciantes ingleses foram confiscados e destruídos.

Fazendo desse acontecimento um pretexto para uma intervenção, navios ingleses munidos de canhões bloquearam o porto de Cantão, na China, afundaram as embarcações chinesas e começaram a se deslocar em direção ao norte da região. Depois de um acordo fracassado, o conflito recomeçou em 1841 e resultou em vitória britânica.

Os chineses foram obrigados a assinar, em 29 de agosto de 1842, o Tratado de Nanquim, que, entre outras medidas, estabeleceu:

- a abertura de cinco cidades chinesas para a moradia de súditos britânicos e suas famílias;
- a entrega da Ilha de Hong Kong aos britânicos até 1999;
- o pagamento de indenização aos comerciantes que haviam sido prejudicados com o confisco do ópio;
- o pagamento de indenização ao governo britânico pelas despesas de guerra;
- a libertação imediata de quaisquer prisioneiros que fossem súditos britânicos, tanto europeus como indianos.

Fragilizada, a China assinou tratados comerciais desfavoráveis também com os Estados Unidos, a França e outras potências. Houve ainda mais tentativas chinesas de rebelião, como a Segunda Guerra do Ópio (1858-1860) e a Revolta dos Boxers (1899-1900), todas anuladas pelas potências ocidentais.

GLOSSÁRIO

Ópio: substância extraída de diversas espécies de papoula, planta da qual se obtém a morfina. No século XIX era amplamente utilizado para aliviar a dor de pessoas doentes. Atualmente é considerado um narcótico, seu uso é restrito e exclusivo à fabricação de medicamentos.

As disputas pelo território chinês

A derrota dos chineses na Guerra do Ópio (1839-1842) forçou a Dinastia Manchu a abrir os portos para o comércio com o Ocidente. Os conflitos com os estrangeiros dominaram o cenário político da China, que perdeu territórios para franceses, ingleses, estadunidenses e, posteriormente, japoneses. O governo chinês se desgastou ainda mais com as disputas pela Coreia na Guerra Sino-Japonesa (1894-1895).

↑ Guerra Sino-Japonesa, em que o Japão saiu vitorioso, na Coreia, contra a China, em 1894.

Após esse conflito em que os japoneses saíram vitoriosos e a China ficou bastante fragilizada, Grã-Bretanha, França, Rússia e Alemanha disputaram o território chinês. Os Estados Unidos também reivindicaram a posse das mesmas concessões adquiridas pelos europeus. Para eles, era interessante que o comércio fosse feito de forma aberta e que todas as potências europeias respeitassem a integridade territorial da China. Isso evitou que o território chinês fosse partilhado, como ocorreu com o continente africano após a Conferência de Berlim.

A Península da Indochina, hoje formada por Vietnã, Camboja e Laos, começou a ser dominada pelos franceses no início do século XIX, com uso de força militar. Em 1865, a região já estava completamente dominada. Assim, arroz, chá, carvão e outros produtos eram explorados na região. Para unificar a administração, os franceses criaram a União Indochinesa em 1887.

Guerra dos Boxers

Com o objetivo de expulsar os estrangeiros e punir os chineses que aceitassem a ocidentalização, os tradicionalistas chineses organizaram sociedades secretas. Patrocinada pela imperatriz Tzeu-Hi e apoiada pelas autoridades locais, a Sociedade dos Punhos Justos e Harmoniosos, chamada pelos europeus de **Boxers**, atacou os estrangeiros instalados ao norte da China em 1900.

Esses ataques eram, na maioria, atos de vandalismo contra estruturas construídas pelos invasores, como a destruição de rodovias, e perseguição a missionários cristãos. De modo geral, os *boxers* atacavam tudo o que poderia representar a dominação ocidental.

↑ Membros da Sociedade dos Punhos Justos e Harmoniosos, que liderou a revolta contra as missões estrangeiras na China entre 1894 e 1900.

Para reprimir os tradicionalistas chineses foi formado um exército internacional composto de europeus, japoneses e estadunidenses. Ao derrotar os *boxers*, esse grupo apoderou-se dos tesouros chineses, obrigou a China a pagar alta indenização e manter tropas estrangeiras em seu território.

Grande parte da população chinesa estava descontente com o governo imperial, assim a instabilidade prosseguiu na China. Em 1905, foi organizado o Partido Nacionalista Chinês e, em 1911, uma revolta liderada por esse partido derrubou o governo imperial e instituiu a república no país.

As Índias holandesas

A colonização holandesa da ilha de Java, que atualmente faz parte da Indonésia, começou no século XVII e era promovida por uma empresa, a Companhia Holandesa das Índias Orientais. Gradualmente, os holandeses passaram a ocupar diversas ilhas entre o Oceano Índico e o Oceano Pacífico, que ficaram conhecidas como as Índias holandesas. Em cada ilha tomada, exigiam dos camponeses impostos na forma de café, açúcar e tabaco.

↑ Hendrik van Schuylenburg. *Fábrica da Companhia Holandesa das Índias Orientais em Bengala*, 1665. Óleo sobre tela, 2,03 m × 3,16 m.

Com a extinção da Companhia das Índias Orientais, em 1799, e a reorganização do Reino dos Países Baixos depois do Congresso de Viena, o Estado holandês assumiu o domínio do arquipélago de Java em 1816.

A Guerra de Java

Os holandeses governavam o arquipélago de Java por meio de acordos feitos com a aristocracia local. No entanto, a população javanesa estava descontente com essa situação: a elite tinha dívida com os holandeses, os camponeses sofriam com a exploração de sua mão de obra e ambos estavam insatisfeitos com o fato de os holandeses não respeitarem os costumes locais e cobrarem cada vez mais tributos.

Foi nesse contexto que, em 1825, teve início o último movimento de resistência da aristocracia javanesa ao domínio holandês, que posteriormente foi chamado de Guerra de Java, e buscava restaurar a estrutura do arquipélago anterior à chegada dos holandeses. Começou quando o príncipe javanês Pangeran Diponegoro mobilizou tanto a elite como as massas camponesas a se opor à construção de uma rodovia que passaria por um local onde havia uma tumba sagrada.

A rebelião tornou-se uma exaustiva guerra entre a população nativa que se opunha ao imperialismo holandês e o exército colonial, resultando na morte de 8 mil pessoas do lado holandês e mais de 200 mil javaneses. A guerra chegou ao fim em 1830, quando Diponegoro foi preso e exilado.

O sistema de cultivo

O sistema de cultivo foi um padrão de exploração colonial concebido e implantado por Johannes van den Bosch, governador-geral de Java, em 1830, após o fim da guerra.

Segundo esse sistema, os camponeses javaneses deveriam pagar seus tributos em espécie. Para isso, eram obrigados a produzir artigos determinados pelo governo central e fornecê-los a preços fixos aos armazéns oficiais. A produção era feita em terras do Estado durante 60 dias por ano, supervisionada por funcionários holandeses. A estratégia possibilitou o crescimento exponencial da produção de café local, que se tornou a principal fonte de renda do Estado colonial e só foi abolida em 1870.

O Japão e o imperialismo

Os portugueses chegaram à Ilha de Tanegashima em 1543 e se estabeleceram no Japão, exercendo grande influência nos costumes dos habitantes da Ilha, principalmente pela propagação do cristianismo entre os japoneses. Com o passar dos anos, a crescente influência portuguesa começou a incomodar, porque em um período curto Portugal se tornou o único Estado a intermediar os negócios entre Japão e China.

No século XVII, quando o Japão passava por um processo de unificação, os japoneses expulsaram os europeus e fecharam seus portos, permanecendo isolados nos duzentos anos seguintes. Desse período até meados do século XIX, o Japão esteve sob domínio da família Tokugawa, cujo chefe, o **xógum**, governava o país em nome do imperador. Os japoneses mantinham-se isolados, estabeleciam apenas alguns contatos restritos com o Ocidente, fundamentalmente para o escoamento da produção de prata e a compra de armas de fogo de portugueses e holandeses.

Em 1853, os estadunidenses pressionaram o governo do Japão a abrir a economia para o comércio externo, ameaçando bombardear as cidades japonesas com navios de guerra. O ultimato surtiu efeito, e a abertura comercial do Japão levou o país a uma profunda transformação política e social.

↑ Chokaro Hoki. *Estrangeiros observam como soldados do Xogunato Tokugawa partem para um ataque malsucedido contra forças do daimyo de Chosu*, 1865. Impressão xilográfica.

Ao ser forçado a aceitar o contato com o Ocidente, o Japão passou por uma série de instabilidades internas. Os nobres guerreiros samurais atacavam os estrangeiros e os membros do próprio governo, porque o consideravam apoiador dessa configuração de abertura aos ocidentais.

Até então, os japoneses nunca haviam perdido uma guerra contra invasores, e a humilhação despertou neles o temor de o país ter o mesmo destino da China. Uma conspiração de nobres, em 1867, fez com que o governo fosse transferido para o jovem imperador Mutshuhito, dando início à Era Meiji (1867-1912).

O programa de modernização Meiji incluía a criação de um exército e uma marinha nos moldes ocidentais, a adoção de uma Constituição e o fim das classes de nobres e samurais. Especialistas estrangeiros foram contratados para modernizar diversas áreas e atuar como professores de uma nova classe média, instruída em conhecimentos técnicos.

GLOSSÁRIO

Xógum: originalmente era um comandante militar nomeado pelo imperador em caráter temporário. A partir do século XII, os xóguns passaram a ser governantes plenos do Japão, enquanto os imperadores mantiveram apenas poder simbólico. Esse período ficou conhecido como xogunato e tinha características similares às do feudalismo europeu.

O Japão passou por um rápido processo de industrialização. Para isso, investiu em infraestrutura com a criação de um sistema ferroviário nacional e de comunicações modernas com o objetivo de atender ao crescimento da demanda das indústrias. As empresas nacionais tornaram-se consumidoras da tecnologia ocidental e a aplicaram na produção de itens que seriam vendidos a preços baixos no mercado internacional. A criação de zonas industriais estimulou a migração maciça do campo para os centros de industrialização. Esse conjunto de fatores possibilitou o aumento maciço da produção.

Bridgeman Images/Easypix Brasil

← Trabalhadoras em uma fábrica de seda no Japão, no final do século XIX.

As reformas surtiram efeito e, em pouco tempo, o Japão tornou-se uma potência imperialista: invadiu a Coreia (1876), venceu uma guerra contra a Rússia (1905) e se apossou de parte da zona de influência do Império Alemão na China (1914).

AQUI TEM MAIS

O fim do xogunato no Japão

Originalmente um título temporário dado aos generais que comandavam os exércitos japoneses contra tribos estrangeiras, o xógum tornou-se um título consolidado em 1192. Ao recebê-lo, Minamoto no Yoritomo escolheu seus próprios governantes para o país, transformando o imperador em uma figura decorativa.

O último xógum foi Tokugawa Yoshinobu, que renunciou ao cargo em 1868. Com sua renúncia, o poder retornou para o imperador, dando início ao período do Japão imperial. O imperador promoveu uma série de mudanças na sociedade japonesa, como a modernização do país e a abertura dos portos às potências europeias. O final do xogunato marcou o declínio dos samurais, antigos guerreiros espadachins que haviam governado o Japão por quase oito séculos.

1. Quais foram as principais mudanças realizadas no Japão após o fim do xogunato?

Bridgeman/Fotoarena

→ Tokugawa Yoshinobu organiza as defesas do palácio imperial em 1864, com Matsudaira Katamori, durante a Rebelião Hamaguri. Eles faziam parte de um movimento que visava reformar o xogunato.

A Ilha de Hong Kong passou por uma série de transformações desde o domínio inglês, após a primeira Guerra do Ópio, até sua devolução à China, em 1997. Atualmente, Hong Kong é um dos principais centros econômicos da Ásia e culturalmente está muito mais próxima do Ocidente do que da China.

Além de ser uma das últimas possessões do Império Britânico, Hong Kong foi um dos maiores símbolos do capitalismo na Ásia entre países com sistemas econômicos predominantemente socialistas.

Torsten/Blackwood/AFP

↑ O presidente chinês Jiang Zemin discursa na cerimônia de devolução de Hong Kong à China, em Hong Kong, 1º de julho de 1997.

A China criou o método de gestão conhecido como "um país, dois sistemas", no qual Hong Kong e, mais tarde, Macau – devolvida à China por Portugal – passaram a ser consideradas Regiões Administrativas Especiais (Raes) e podem continuar a praticar o capitalismo por 50 anos, com autonomia, mesmo após a reunificação. Essas duas regiões são autônomas para administrar diversos assuntos internos, como o sistema Judiciário – Hong Kong continua a utilizar o sistema inglês, e o Direito em Macau tem forte influência portuguesa – tributos, imigração e moedas. As relações diplomáticas e o Exército são subordinados a Beijing.

A presença britânica na ilha criou também uma série de padrões usados no cotidiano. Um exemplo é que tradicionalmente todos os documentos oficiais de Hong Kong são escritos em caracteres tradicionais do mandarim e em inglês.

Outra diferença entre Hong Kong e o resto da China é o fator monetário: a moeda oficial da ilha é o dólar de Hong Kong, mas a China tem como moeda oficial o *renminbi* ("moeda do povo", em tradução livre). A maior diferença entre o modo de vida de um chinês que mora em Beijing e um que mora em Hong Kong são os direitos individuais. Atualmente, qualquer pessoa na China continental sofre com o controle da informação pelo Estado; não é possível, por exemplo, acessar todos os *sites*, apenas os aprovados pelo governo. Isso se deve a um projeto de segurança chinesa apelidado de Grande Cibermuralha. Já em Hong Kong, as pessoas podem acessar a internet sem censura prévia do governo.

Com demandas pró-democracia, em 2014 centenas de pessoas se manifestaram em frente à sede do governo, após o congresso do povo, comandado por Beijing, aprovar uma reforma eleitoral. A população reivindicava o direito de votar nos candidatos que preferisse, mas um comitê do partido dirigente insistia que só podiam concorrer ao governo local candidatos aprovados por ele. A força de repressão policial usou *spray* de pimenta e gás lacrimogêneo para dispersar os manifestantes, que passaram a se defender pacificamente abrindo guarda-chuvas, por isso a manifestação foi chamada Revolução dos Guarda-Chuvas.

1. Cite uma das diferenças entre a China continental e Hong Kong.

2. Explique o que foi a Revolução dos Guarda-Chuvas.

ATIVIDADES

SISTEMATIZAR

1. Qual foi a importância da colonização das Filipinas para a Espanha?

2. Explique os motivos que favoreceram a dominação da Índia pelos ingleses.

3. Como as elites indianas foram submetidas pelos ingleses?

4. Quais motivos levaram à Revolta dos Sipaios?

5. O que foi a Questão do Ópio e o que motivou esse conflito?

6. Explique o programa de modernização da Era Meiji e o resultado das mudanças para o Japão.

REFLETIR

1. A imagem a seguir retrata uma cena que simboliza o imperialismo britânico na Índia. Com base nela, explique o impacto causado pelos ingleses na vida dos indianos.

Photo 12/Alamy/Fotoarena

↑ Hindus famintos e colonizadores britânicos na Índia. Ilustração publicada no suplemento dominical de *Le Petit Journal*, Paris, 1897.

2. Leia o texto a seguir e responda às questões.

O novo governo encarou a ocidentalização como um elemento-chave na modernização do país. A ocidentalização tornaria o Japão mais forte, mais capaz de competir com as potências estrangeiras e, talvez, de se equiparar a elas ou de vencê-las. Um dos muitos lemas desta época era "oitsuke, oikose", ou seja, "alcança, ultrapassa". Um Japão ocidentalizado seria levado mais a sério pelo Ocidente, e o Japão desejava muito ser levado a sério. [...]

As instituições e as práticas dos ocidentais seriam introduzidas não apenas em áreas como a política, as forças armadas, a indústria e a economia, mas na sociedade em geral. A ocidentalização da sociedade era por vezes mais indiscriminada do que o governo gostaria, mas era um importante pano de fundo para as reformas políticas e econômicas.

Eram inúmeras e muitas vezes desconcertantes as mudanças na vida cotidiana inspiradas no Ocidente. Em 1º de janeiro de 1873, foi adotado o calendário solar (gregoriano) [...]. A partir do início da década de 1870, proliferaram os jornais modernos e, testemunho do alto grau de alfabetização do país, em 1875 estavam em circulação mais de cem. O vestuário ocidental tornou-se moda entre os progressistas e, em 1872, tornou-se obrigatório para as autoridades governamentais e funcionários públicos, como os carteiros. Os cortes de cabelos ocidentais também foram progressivamente adotados, tornando-se um símbolo de modernidade. Comer bifes também se tornou popular entre os progressistas, surgindo restaurantes especializados em fornecê-los a estes e a um número crescente de estrangeiros.

Kenneth Henshall. *História do Japão*. Lisboa: Edições 70, 2008. p. 114-115.

a) Segundo o texto, podemos afirmar que o governo japonês não se opôs à ocidentalização do país? Justifique sua resposta.

b) De acordo com o autor, como ocorreu a ocidentalização do Japão?

c) De que maneira a moda colaborou para a ocidentalização cultural japonesa?

DESAFIO

1. O uso de ópio na China fez com que boa parte da população chinesa passasse a ser dependente dessa substância. Faça uma pesquisa sobre o uso de drogas no Brasil e os problemas sociais decorrentes da dependência química na atualidade.

CAPÍTULO

3 A partilha da África

No capítulo anterior, você estudou a dinâmica imperialista na Ásia. Neste capítulo, você verá como o imperialismo se efetivou na África, com a divisão do continente para atender aos interesses das potências europeias, mas não sem encontrar protesto e resistência dos povos africanos.

A conquista de territórios africanos pelos reinos europeus começou no século XV com a ocupação portuguesa da costa africana. O objetivo principal das conquistas naquele período era estabelecer feitorias que possibilitassem o comércio de ouro, especiarias, marfim e escravos. A expansão do capitalismo no século XIX aumentou o interesse dos europeus pelo continente africano.

Uma divisão planejada

As disputas entre italianos, franceses, ingleses, alemães e portugueses pela costa ocidental da África levou o primeiro-ministro francês, Jules Ferry, e o chanceler alemão, Otto von Bismarck, a convocar uma conferência internacional em Berlim, em 1884, com o objetivo de estabelecer regras básicas para a partilha do continente africano.

Na Conferência de Berlim (1884-1885) ficou estabelecido que as potências europeias deveriam ocupar efetivamente um território para só então reivindicá-lo. Na prática, foram estabelecidas regras para a apropriação dos territórios que pertenciam às populações nativas da África e eram considerados "vagos" pelos europeus.

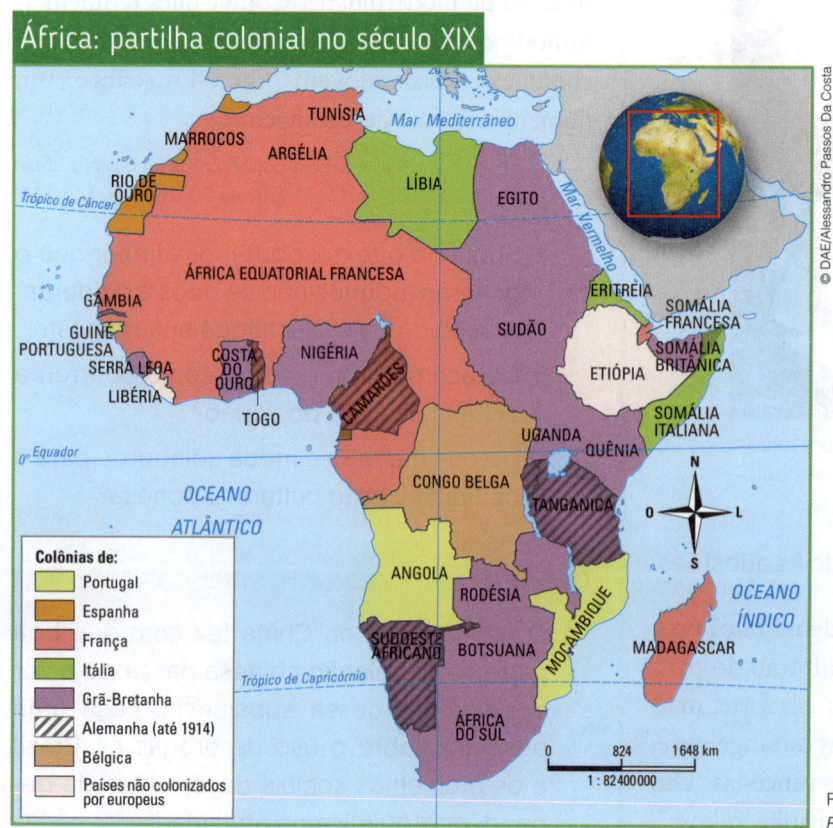

África: partilha colonial no século XIX

Colônias de:
- Portugal
- Espanha
- França
- Itália
- Grã-Bretanha
- Alemanha (até 1914)
- Bélgica
- Países não colonizados por europeus

© DAE/Alessandro Passos Da Costa

A partilha da África pelos europeus não respeitou fronteiras naturais ou culturais. Enquanto algumas etnias foram separadas por fronteiras criadas pelos colonizadores, rivalidades com outros povos foram estimuladas para evitar que os nativos se unissem contra eles. Dessa forma, povos rivais que ocupavam áreas com leis, regras, práticas sociais e religiões diversas passaram a fazer parte de um mesmo país, criado artificialmente para atender aos limites definidos pelos colonialistas. Muitas guerras civis ocorrem até hoje no continente africano por causa dessa partilha.

Fonte: Claudio Vicentino. *Atlas histórico: geral e Brasil*. São Paulo: Scipione, 2011. p. 137.

A violenta colonização belga

A grande quantidade de recursos naturais no continente africano despertou o interesse do rei da Bélgica, Leopoldo II. Ele desejava estabelecer uma colônia na África em busca de grandes oportunidades econômicas. Em 1879, iniciaram as investidas belgas na região da Bacia do Congo com o objetivo de estabelecer postos de comércio, assinar tratados com os chefes locais e reivindicar o território para si.

Em 1884, Leopoldo II recorreu ao explorador Henry Morton Stanley para criar o Estado Livre do Congo, um território dezenas de vezes maior do que a Bélgica, e fazer da região sua propriedade pessoal. Enquanto tinha poderes restritos pela monarquia constitucional em seu país, na colônia o monarca tinha liberdade para usar meios violentos na cobrança de impostos e forçava a população congolesa a trabalhos compulsórios.

Familiares dos trabalhadores eram sequestrados e mantidos reféns pelos belgas em troca de mão de obra dos homens da família na coleta do látex e na extração do marfim dos elefantes. Entre 1885 e 1908, estima-se que mais de 10 milhões de africanos foram assassinados e mutilados na região por terem resistido às imposições, ou simplesmente por estarem fisicamente esgotados para continuarem trabalhando em condições desumanas.

Bridgeman Images/Easypix Brasil

← Resultado da caça aos elefantes para a retirada de marfim no Congo durante a colonização belga, em 1900.

Agindo dessa maneira, Leopoldo II extraiu grandes fortunas do Congo. As atrocidades proporcionadas pelo rei da Bélgica no Congo despertaram não só a resistência dos povos africanos que sofriam os impactos da colonização mas também o temor das potências europeias que se viam ameaçadas diante de investidas desse tipo na região, principalmente os portugueses, estabelecidos em Angola desde o século XVI. A pressão internacional sobre a Bacia do Congo se concretizou após a França estabelecer protetorados ao norte do Congo.

A partir de 1908, o território passou a ser uma colônia belga com o nome de Congo Belga, atual República Democrática do Congo. Os belgas utilizaram os mesmos artifícios dos ingleses: incitaram as tribos locais umas contra as outras para enfraquecê-las e, então, consolidar seu domínio.

O imperialismo inglês

Durante parte do século XIX, o interesse da Grã-Bretanha no continente africano era bastante restrito. A mudança estratégica ocorreu com a inauguração do Canal de Suez, em 1869. Os ingleses consideravam vital o controle do canal para escoar mercadorias e alcançar suas possessões na Ásia, em particular a Índia. Para isso, precisavam manter o Egito sob sua influência.

Nessa época, o Egito passava por turbulências internas e não conseguia honrar as dívidas contraídas no exterior. Para conter as rebeliões egípcias, a Grã-Bretanha interveio no país em 1882 e estabeleceu um protetorado inglês. Após a Conferência de Berlim, a Inglaterra marchou para o sul e ocupou parte da costa ocidental, dando início a diversos conflitos com os povos locais.

Resistência à dominação britânica

A resistência dos povos e Estados africanos ocorreu em quase todas as tentativas de ocupação, mas os casos de vitória dos nativos, nesse contexto imperialista, foram raros. Na África Meridional, assim como outros povos, os zulus não estavam dispostos a ceder suas terras aos britânicos ou aos bôeres, denominação dada aos fazendeiros descendentes de holandeses que ocupavam as ricas regiões de Orange e Transvaal.

A Guerra Madista

A violência com que os ingleses avançavam sobre o Sudão levou os sudaneses praticantes da religião muçulmana a travar uma guerra santa contra os "inimigos do Islã". Em 1885, os sudaneses, liderados por Mádi (Muhammad Ahmad bin Abd Allah), considerado sucessor de Maomé, tomaram a cidade de Cartum e mataram o general Charles Gordon, que acabara de ser nomeado governador-geral do Sudão. Em 1898, os britânicos armados com metralhadoras dizimaram os muçulmanos em Omdurman.

↑ Autoria desconhecida. *Batalha de Omdurman, 1898*, c. 1900). Gravura. A imagem mostra o avanço dos muçulmanos sudaneses contra os britânicos na Batalha de Omdurman, em 2 de setembro de 1898.

A resistência zulu

Em 1877, os britânicos começaram a ocupar fazendas no território zulu e expulsar os moradores locais, alegando que tinham títulos de posse daquelas terras e criando impasses relacionados à localização das divisas territoriais.

Nos primeiros meses de 1878, os britânicos acusaram o governo zulu de ter violado as fronteiras e, por esse crime, deveria pagar uma multa, pedir desculpas formalmente e entregar alguns de seus súditos para serem julgados pelos britânicos. Na ocasião, o rei zulu Cetshwayo concordou em fazer o pedido de desculpas e a pagar a multa, mas se negou a entregar os acusados de transpassar a fronteira. Em resposta à recusa, o governo britânico deu um ultimato ao governo zulu, ordenando que ele desmantelasse seu exército, admitisse a entrada de missionários e entregasse o governo da nação aos britânicos. Como os zulus não cederam à pressão britânica, em janeiro de 1879 soldados britânicos invadiram o território zulu.

Foram mais de seis meses de embates até que os britânicos, que tinham tecnologias e armas de fogo superiores às dos zulus, vencessem a guerra. O conflito, no entanto, não deu aos britânicos o resultado esperado por eles. O reino zulu foi dividido em 13 partes, mas não foi anexado ao território britânico. O povo zulu constantemente elegia novas lideranças para se opor aos britânicos, e a resistência se manteve, resultando em uma guerra civil que durou anos.

↑ *Guerra Anglo-Zulu – o método zulu de avançar para o ataque*, 1879. Gravura inglesa.

A Rebelião Ashanti

Outro movimento de resistência bastante significativo nos territórios em que a Grã-Bretanha tentou se impor foi a Rebelião Ashanti, na região da Costa do Ouro (atual Gana), entre 1890 e 1900.

O descontentamento do povo ashanti contra as investidas britânicas em seu território tornou-se irreversível com a retirada de grande número de chefes tradicionais pela burocracia inglesa, o que violou o caráter sagrado da realeza e o que ela representava para a religiosidade e a cultura ashanti. Os novos chefes locais nomeados pelos ingleses careciam de legitimidade e os atritos com os britânicos se tornaram mais intensos quando o governo britânico exigiu que seu representante sentasse no Tamborete de Ouro, instrumento de consagração e de legitimidade dos chefes ashanti.

↑ Banco de Ashanti, retirado do Palácio do Rei Prempei, em Kumasi, durante a Terceira Guerra de Ashanti, c. 1896. Madeira esculpida.

Esse incidente levou os ashanti a se rebelarem contra os ingleses em inúmeras batalhas, que só cessaram com a prisão da rainha de Edweso, Nana Yaa Asantewaa, e de vários generais ashanti, em 1900.

➕ AQUI TEM MAIS

Nana Yaa Asantewaa

A rainha Nana Yaa Asantewaa liderou a Rebelião Ashanti contra o imperialismo inglês. Ela chegou ao posto de rainha-mãe de Edweso ao ser nomeada por seu irmão Nana, ajudando-o a administrar o reino.

Durante o governo do irmão, Yaa Asatewaa viu os ashanti passarem por uma série de eventos que colocavam em risco o futuro de seu povo. Para conter a imposição dos novos chefes britânicos, Yaa Asatewaa convocou os ashanti a lutar contra os britânicos. Com ela na liderança, os ashanti conseguiram impor muitas derrotas às forças inglesas, forçando-as a pedir reforços, que vieram na forma de cerca de 1500 soldados.

Os ashanti resistiram até o ano de 1900, quando Yaa Asatewaa e outros líderes foram capturados e enviados para o exílio. A rainha-mãe de Edweso é símbolo da resistência ao imperialismo pelos ganenses na atualidade.

↑ Estátua de Yaa Asantewaa, Ejisu, Ghana.

O imperialismo francês

Em 1830, a França colonizou a Argélia. Para consolidar seu domínio, criou a Legião Estrangeira, formada por imigrantes e refugiados das guerras europeias que viviam à margem da sociedade francesa. O governo francês prometia absolvição aos condenados, desde que migrassem para a Argélia.

Entre 1880 e 1900, a dominação francesa seguiu em direção à região costeira da África, conhecida como Magreb, área em que o Império Otomano já não conseguia exercer a mesma influência do passado. As investidas imperialistas da França na África se davam por meio de acordos e alianças de interesses econômicos entre os europeus e a elite local, e, principalmente, pela força militar.

A França expandiu seus domínios para o oeste ocupando a Tunísia e para o sul conquistando as regiões dos atuais Mali, Senegal, Gabão, Guiné, Benin, Mauritânia, Costa do Marfim e Burkina Faso, reunidos na África Ocidental Francesa, além da Ilha de Madagascar, no sudeste da África.

Detroit Photographic Company, Detroit

← Jovens argelinas aprendem a bordar no pátio da escola Luce Ben Aben, fundada com o objetivo de ensinar preceitos europeus às alunas. Argel, Argélia, c. 1899.

A resistência soninke

Em todas as regiões nas quais os franceses se estabeleceram na África, eles enfrentaram resistência dos povos locais. Algumas regiões tinham em comum a religião islâmica. Para as sociedades muçulmanas, a imposição do domínio europeu significava submissão ao infiel, situação considerada intolerável.

Na região que corresponde hoje ao Senegal, onde a conquista francesa teve início em 1854, a França criou extensa infraestrutura para aumentar o lucro.

Em 1880, os franceses desejavam construir uma estrada de ferro com o objetivo de impulsionar o comércio. Essa construção tornava precária a vida dos trabalhadores e as taxas de mortandade na região eram altas. Além desses motivos, os soninke eram contra a dominação estrangeira. Mamadou Lamine, apoiado na religião islâmica iniciou uma série de ataques contra os franceses.

Lamine contava com superioridade numérica frente ao poder bélico dos europeus. Os soninke utilizavam táticas de guerrilha, ocupando as vias de acesso. As tropas francesas se viram obrigadas a se retirar da região. Mas uma aliança feita entre franceses e o povo ahmadu contra os soninke, em 1887, colocou fim à revolta.

O imperialismo espanhol e o português

Os países ibéricos mantinham presença colonial na África desde o período expansionista do século XVI. A Espanha teve participação menor no contexto imperialista africano em relação às potências europeias, contudo não foi menos devastadora. Os espanhóis estavam instalados em Ceuta e Melila, mas não tinham contato com os marroquinos. A Espanha desencadeou uma guerra entre 1859 e 1860 para romper o bloqueio mantido pelos marroquinos e ampliar seu domínio na região do Magreb. Assim, a Espanha exercia controle sobre parte do Marrocos e a região do Rio do Ouro.

Os portugueses haviam se estabelecido em Angola no século XVI. Durante todo esse período, os povos que já habitavam na região resistiram à presença portuguesa, fazendo com que o exército colonial fosse mantido em estado de alerta constante. Portugal tinha sob seu domínio Angola, Moçambique e a Guiné Portuguesa.

As revoltas no Congo e em Angola

Em 1872, a região dos dembos (atualmente parte de Angola) foi palco de levantes que fizeram o poder imperial português retroceder e constituíram uma barreira para o avanço comercial e agrícola lusitano na região do Vale do Cuanza para o Congo. Diante dessa resistência, da falta de recursos para manterem-se em guerra e das seguidas derrotas para os dembos, os portugueses buscaram a diplomacia e assinaram um acordo de paz em 24 de setembro de 1872. A Revolta dos Dembos saiu vitoriosa e essa foi uma das colônias europeias mais antigas a tornar-se independente.

Outra revolta de grande proporção tomou Angola, a Revolta dos Bailungos, entre 1902 e 1904. O chefe Mutu-Ya-Kavela considerava a presença portuguesa um risco para a cultura de seu povo. Ele contou com o apoio de vários reinos ovambos e invocou os laços ancestrais comuns para obter amplo apoio contra os valores ocidentais impostos pela presença estrangeira. Com esse apoio, obteve êxito em suas ações e expulsou os comerciantes e colonos portugueses do território ovimbundo.

Além da resistência africana, os portugueses começaram a se sentir ameaçados também pela presença de outros países europeus no continente, em especial a Bélgica, de Leopoldo II. Com a presença belga no Congo, os portugueses iniciaram as explorações na foz do Rio Congo e reivindicaram hegemonia histórica também sobre essa região. A Inglaterra reconheceu as antigas e constantes reivindicações de Portugal de exercer poder no Congo com a assinatura de um acordo em junho de 1884. Por meio deste acordo, os britânicos colocavam Portugal como barreira contra possíveis investidas coloniais de outros Estados, sobretudo da França.

World History Archive/Alamy/Fotoarena

↑ Desenho satírico que retrata o Rei Leopoldo II, da Bélgica (1835-1909), apertando seus súditos no Estado Livre do Congo (Zaire) até a morte.

O imperialismo alemão e o italiano

A Alemanha e a Itália se lançaram tardiamente no contexto imperialista no continente africano. O motivo principal foi o processo de unificação pelo qual esses países passavam no século XIX. Na virada para o século seguinte, italianos e alemães já se organizavam para conquistar também uma porção de terras na África.

A Itália passou a dominar a Eritreia, parte da Somália e a região da Líbia e queria conquistar a Etiópia – nação que não tinha sido submetida às potências europeias. A geografia do território e, principalmente, o poder de resistência dos etíopes conseguiram evitar o domínio europeu. Em 1936, ao lutar com forças militares numericamente bem inferiores à dos italianos, o rei etíope Hailé Sélassie se exilou na Inglaterra.

A Alemanha, por sua vez, controlava Camarões, a África do Sudoeste Alemã e a África Oriental Alemã. Os primeiros 20 anos de colonização alemã foram marcados por crueldade, injustiça e exploração dos povos locais.

Religiosidade e resistência dos maji-majis

Na África Oriental Alemã, os maji-majis protagonizaram uma rebelião de grande proporção, entre 1905 e 1907, liderada por Kinjikitile Nqwale.

A religião foi uma das forças motivadoras para a deflagração do conflito contra os alemães. Kinjikitile Nqwale uniu os diversos povos da região contra os europeus por meio das crenças religiosas, atrelando-as aos princípios tradicionais anteriores à imposição alemã. Para assegurar a união contra o inimigo comum, Kinjikitile solicitou a construção de um grande altar em que se preparava o maji, água considerada medicinal e sagrada, com o poder de tornar aqueles que a bebessem invulneráveis ao poder de fogo alemão.

O líder do movimento dos maji-majis foi um dos primeiros capturados e foi enforcado em 1905. O movimento dos maji-majis seguiu com a liderança de seu pai, que assumiu o título de Nyanguni, uma divindade da região. O movimento, que transcendeu as barreiras étnicas, foi brutalmente reprimido pelas forças alemãs. As sociedades tradicionais que participaram desse movimento foram quase extintas.

↑ Gravura retrata a Rebelião Maji, 1907.

Bridgeman Images/Easypix Brasil

ATIVIDADES

NO CADERNO

SISTEMATIZAR

1. Observe o mapa da página 176 e, em seguida, responda: De que forma foi feita a partilha da África?

2. Explique o que foi a Conferência de Berlim.

3. Qual foi a consequência, para a África, da partilha do continente, considerando que os europeus não respeitaram fronteiras naturais ou culturais?

4. De que maneira os belgas, durante a colonização africana, conquistaram a região atualmente chamada República Democrática do Congo?

5. A Legião Estrangeira está em atividade até os dias atuais na França e é considerada uma tropa de elite. Explique qual foi a função dessa tropa durante o imperialismo francês na África e quem fazia parte dela.

6. Explique as diferenças entre a colonização ibérica e a das potências europeias do século XIX.

7. Quais foram os motivos que levaram Itália e Alemanha a participar posteriormente da expansão imperialista na África?

8. Qual foi a importância da religião para a resistência dos povos africanos frente aos imperialistas? Cite alguns exemplos.

9. Dê outros exemplos de resistência dos povos africanos frente aos imperialistas.

REFLETIR

1. O discurso a seguir foi feito pelo político Jules Ferry, em 1885, no Parlamento francês. Leia o trecho e elabore um texto com sua opinião sobre a fala do político.

As raças superiores têm um direito perante as raças inferiores. Há para elas um direito porque há um dever para elas. As raças superiores têm o dever de civilizar as inferiores [...]. Vós podeis negar, qualquer um pode negar que há mais justiça, mais ordem e moral, mais equidade, mais virtudes sociais na África do Norte desde que a França a conquistou?

Jules Ferry apud Laima Mesgravis. *A colonização da África e da Ásia*. São Paulo: Atual, 1994. p. 32.

DESAFIO

1. Um dos mais sangrentos embates na África, herdado do imperialismo, ocorreu entre os grupos rivais tútsi e hútu, que resultou em um genocídio em Ruanda, em 1994, quando aproximadamente 800 mil pessoas morreram em 100 dias. Faça uma pesquisa sobre esse conflito e relate suas impressões.

Pascal Guyot/AFP

Refugiados ruandeses atravessam a fronteira entre Ruanda e o Zaire, em Goma, para fugir das tropas do Exército Patriótico de Ruanda, controlado pela etnia tútsi, durante a guerra civil no país, em 19 de julho de 1994.

4 O intervencionismo na América

No capítulo anterior, você viu o imperialismo na África. Neste capítulo, você vai estudar as políticas imperialistas estadunidenses na América Latina.

Na América Latina, as recém-independentes repúblicas buscavam formar nações politicamente mais fortes. Concorriam, contudo, com as potências europeias, desejosas de expandir mercados consumidores. Assim, apesar da independência política, economicamente a maioria das jovens nações estava atrelada à Inglaterra, que abastecia os mercados com manufaturas, estabelecendo uma dependência de consumo. Vale ressaltar que a expressão "América Latina" nasceu no século XIX, mas só passou a ser utilizada de fato na metade do século XX.

O café do Brasil, o cobre do Chile, o couro e a carne dos **países platinos**, o ouro, o salitre e o guano do Peru seguiam para os Estados Unidos e para a Europa. Em resumo, os países da América Latina exportavam minérios e produtos agropastoris e importavam manufaturas, o que configurava prejuízo constante para eles, uma vez que produtos prontos tendem a ser mais caros do que matérias-primas.

Foram frequentes as intervenções armadas de europeus e estadunidenses na América Latina. Essas intervenções costumavam gerar acordos comerciais de benefícios **unilaterais**, geralmente prejudiciais aos países latino-americanos.

Augusto Stahl - Instituto Histórico e Geográfico Brasileiro, Rio de Janeiro

← Ponte sobre o Rio Pirapama, c. 1858. Fotografia de Augusto Stahl. A estrada de ferro Recife-São Francisco foi construída pela companhia inglesa Recife and S. Francisco Railway, constituída para a construção de estradas de ferro no Brasil. Essa ferrovia deveria chegar até o Rio São Francisco, na Bahia, mas por erro de cálculo no orçamento, a obra foi paralisada em Palmares (PE).

GLOSSÁRIO

Países platinos: denominação dada aos três países banhados pelos rios que formam a Bacia do Rio Prata: Argentina, Paraguai e Uruguai.

Unilateral: nesse caso, tipo de contrato no qual apenas uma das partes tem obrigações para com a outra.

Independência do México

Em 1820, a Revolução Liberal, na Espanha, obrigou o rei Fernando a jurar uma Constituição liberal. Os conservadores mexicanos, atemorizados pela possível influência dos acontecimentos recentes na população e consequente radicalização, sob a liderança de Agustín de Itúrbide, um militar *criollo*, expulsaram as tropas espanholas, declararam a independência e adotaram o regime monárquico em 1821. Itúrbide assumiu o poder com o título de Agustín I.

Entretanto, manifestações republicanas foram organizadas pela elite local, que era contrária à monarquia. A república foi instaurada no México em 1824, como vimos no Tema 3.

A luta pela emancipação tomou conta da região central da América, que ficou independente e formou a República Federativa das Províncias Unidas Centro-Americanas (1823-1839). A região passou por um período de guerras civis entre 1838 e 1839, e a união das províncias foi desfeita, formando os Estados de Honduras, Guatemala, Costa Rica, El Salvador e Nicarágua.

Interesses ingleses na América Latina

O comércio dos países da América Latina com a Inglaterra acentuou-se no início do século XIX devido ao Bloqueio Continental de Napoleão Bonaparte, que impediu o acesso dos navios ingleses aos portos europeus. A relação comercial foi intensificada com o fornecimento de produtos industrializados ingleses à América, como tecidos, armas e mercadorias de luxo.

Nesse período, a presença britânica na América Latina foi marcada pelo comércio com áreas coloniais americanas. A relação com os países recém independentes caracterizou-se pela pela venda de manufaturas, concessão de empréstimos e investimentos em obras de infraestrutura, como portos. Os banqueiros ingleses concediam empréstimos cobrando altas taxas de juros, o que gerava novas dívidas.

Os governos devedores sujeitavam-se aos bancos e às empresas britânicas, permitindo que obtivessem matérias-primas a baixo custo e explorassem a mão de obra local. Além disso, a presença britânica no continente não era homogênea, ainda assim vendia produtos industrializados a esses países, fazendo deles seu mercado consumidor. Nesse contexto, países latino-americanos sofreram pressões políticas e até bloqueios marítimos e bombardeios, que visavam garantir a exploração britânica na região.

A Guerra do Pacífico

A Guerra do Pacífico foi um conflito da Bolívia e do Peru contra o Chile. A origem desse embate foi a disputa com os chilenos pela posse da província boliviana de Antofagasta, rica em **salitre** e **guano**. Devido à fragilidade econômica da Bolívia, a região era explorada pelos chilenos, os quais também ambicionavam a província peruana de Tarapacá, rica em salitre.

As tensões começaram em 1878, quando o governo boliviano aumentou os tributos sobre a exploração do salitre, rompendo um acordo assinado em 1874. O governo chileno, apoiado por instituições privadas fomentadas por capital britânico, francês e americano, respondeu a essa medida militarmente, ocupando Antofagasta.

O governo peruano tentou uma saída diplomática para a questão, que não foi bem-aceita pelos chilenos. Assim, em 1879, a Bolívia declarou guerra ao Chile, tendo o Peru como aliado.

Com a derrota das forças peruanas e bolivianas, a paz foi firmada. Como resultado, o Peru perdeu a província de Tarapacá e algumas ilhas guaneiras, enquanto a Bolívia perdeu Antofagasta, onde os chilenos exploram, atualmente, uma das maiores minas de cobre do mundo.

O Chile, por sua vez, concordou em construir uma ferrovia conectando a capital boliviana La Paz ao porto de Arica, que se tornou o principal terminal de importação e exportação de mercadorias para a Bolívia.

Guerra do Pacífico (1879-1883)

© DAE/Sonia Vaz

Legenda:
- Fronteiras internacionais em 1874
- Chile em 1874
- Conquistado da Bolívia em 1874
- Conquistado da Bolívia em 1884
- Conquistado do Peru em 1874
- Conquistado pelo Chile em 1884; adicionado ao Chile em 1929
- Conquistado pelo Chile em 1884; adicionado ao Peru em 1929
- ✕ Vitórias chilenas

1 : 15 900 000

Fonte: Jeremy Black (Ed.). *World history Atlas*. Londres: Dorling Kindersley, 2008. p. 151.

🔖 GLOSSÁRIO

Guano: fezes de aves marinhas usadas como fertilizante. Esse composto orgânico tem alto nível de nitrogênio.

Salitre: nitrato de potássio, substância química com ampla utilização, por exemplo, na culinária, na fabricação de pólvora etc.

Intervencionismo estadunidense

Em 1823, durante as guerras de independência das colônias americanas contra Portugal e Espanha, o presidente estadunidense James Monroe anunciou a política externa dos Estados Unidos, cujo lema era "a América para os americanos". De acordo com a Doutrina Monroe, como a política ficou conhecida, os países da Europa não deveriam intervir na América. Os Estados Unidos assumiram o papel de "defensor" do continente contra as tentativas de recolonização.

No final do século XIX, durante a presidência de William McKinley (1897-1901), a doutrina foi usada para justificar a presença de tropas dos Estados Unidos na Guerra de Independência de Cuba.

Com o assassinato de McKinley, em setembro de 1901, o vice-presidente Theodore Roosevelt (1901-1909) assumiu o governo e a Doutrina Monroe passou a ter objetivos claramente imperialistas, expressos no Corolário Roosevelt (1904). Essa declaração legitimava intervenções dos EUA nos demais países do continente que estivessem passando por crise. Roosevelt também criou uma técnica de intimidação, a política do *big stick*, que significa "grande porrete", porque se dizia inspirado no provérbio africano: "Fale com suavidade e tenha à mão um grande porrete".

Com base nessa política, os Estados Unidos poderiam intervir em assuntos que envolvessem a soberania de qualquer país americano, inclusive militarmente, com a justificativa de preservar a civilização, a ordem e o progresso. Receberam o apoio de alguns grupos políticos favoráveis aos interesses estadunidenses e ao combate dos movimentos revolucionários que se espalhavam pelo continente.

Com a intenção de controlar o continente, a política intervencionista estadunidense durante o governo de Woodrow Wilson (1913-1921) passou a ser ainda mais intensa. Sob o pretexto de levar democracia, ordem e prosperidade aos povos latino-americanos, os Estados Unidos intervieram no Panamá (1903), ocuparam o Haiti (1915) e a República Dominicana (1915).

↑ Charge norte-americana do início do século XX que satiriza a política do *big stick*. Tio Sam, que representa os Estados Unidos, faz um arco com as pernas cobrindo a América e segura um porrete com os dizeres "Doutrina Monroe".

Interesse pelo Panamá

Em 1903, o Panamá separou-se da Colômbia com o apoio dos EUA. A população panamenha foi instigada a romper com o governo colombiano e, para isso, recebeu armas e ajuda financeira norte-americanas. Nascia, assim, um novo país.

Em troca do apoio, o Panamá assinou o Tratado de Hay Bunau Varilla, que concedia aos EUA o direito de construção e controle de um canal que cortaria o país, permitindo a passagem de navios pela América Central. Antes desse canal, uma embarcação que desejasse se dirigir de um lado ao outro da América teria de contornar a América do Sul.

A intervenção dos EUA no canal terminou em dezembro de 1999, após diversas tentativas frustradas dos panamenhos de obter o controle do Canal, quando foi colocado em prática o Tratado da Neutralidade, que devolveu o controle do canal ao Panamá.

O Império Mexicano

Em 1861, o presidente mexicano Benito Juárez, sob intervenção francesa, declarou que não pretendia saldar a dívida externa do país. A França, credora do México, derrubou o governo republicano e, por indicação de Napoleão III, foi colocado no poder Maximiliano de Habsburgo, irmão do imperador da Áustria. Foi uma tentativa do imperador da França de criar um império no México com o apoio do príncipe austríaco.

De orientação liberal, Maximiliano garantiu a liberdade de culto no México, instaurou um projeto de embelezamento da capital e tomou medidas que desagradaram as camadas mais conservadoras, que desejavam um monarca forte e deixaram de apoiá-lo por causa de seu comportamento liberal. Os liberais, por sua vez, eram republicanos e não aceitavam um imperador, ainda mais estrangeiro.

Em 1867, as forças republicanas, que haviam organizado guerrilhas no interior do país desde a chegada do imperador, avançaram e deflagrou-se uma violenta revolução nacionalista. Benito Juárez venceu as forças imperialistas e Maximiliano foi fuzilado.

Kunsthalle, Mannheim

← Edouard Manet. *A execução do imperador Maximiliano*, 1867. Óleo sobre tela, 2,5 m × 3,05 m.

Haiti e República Dominicana

No decorrer do século XIX, durante a consolidação da identidade nacional, o Haiti buscava autonomia e desenvolvimento econômico por meio de associação com mercadores ingleses. A classe dirigente haitiana, porém, não era unida politicamente e conflitos com a população passaram a ser constantes.

Em 1914, a dívida externa do Haiti comprometia mais de 80% da renda nacional. Os Estados Unidos, aproveitando-se da situação de instabilidade no país, ocuparam militarmente a região e as instituições públicas estratégicas, passando a ter poder de veto sobre decisões do governo haitiano. Inicialmente, alguns setores apoiaram a invasão, com a intenção de atrair investidores externos.

A invasão tinha objetivos políticos e econômicos, ainda que algumas vezes tenha sido revestida pelo discurso civilizador. A sequência de crises financeiras e políticas deixaram o país fragmentado social e culturalmente.

Independência de Cuba

No final do século XIX, a Ilha de Cuba ainda era uma colônia espanhola. A economia se fundamentava na exportação de açúcar, e a mão de obra era, em grande parte, escrava.

Desde 1868 eclodiam movimentos para libertar Cuba do domínio espanhol. Antonio Maceo e Máximo Gómez foram líderes militares notáveis, porém não obtiveram o êxito esperado. As autoridades espanholas, por meio de algumas concessões e de repressão, conseguiram interromper o movimento emancipacionista.

Alamy/Fotoarena

← O poeta cubano José Martí entre seus companheiros durante a guerra de independência de Cuba, no século XIX.

Na década de 1880, José Martí tornou-se o principal ideólogo e organizador da luta pela independência. Contudo, o revolucionário pereceu em 1895, logo no início dos novos enfrentamentos entre cubanos e espanhóis. Entre 1895 e 1898, Espanha e Cuba estiveram mais uma vez em guerra. Os rebeldes impuseram aos espanhóis uma série de derrotas e estavam na iminência de obter uma vitória total, quando ocorreu a intervenção estadunidense. O motivo alegado pelo governo dos Estados Unidos para declarar guerra à Espanha foi a explosão, no porto de Havana, do couraçado Maine, que resultou na morte de 258 marinheiros estadunidenses.

Hoje sabemos que a embarcação não foi afundada pelos espanhóis nem pelos cubanos; o que ocorreu foi uma combustão interna de carvão ao lado do depósito de munição. Na época, ninguém acreditou nisso, e a justificativa para o amplo endosso à participação norte-americana na guerra e a construção da nova ordem foi a existência de um forte movimento político em Cuba: o "anexionismo", que defendia a incorporação de Cuba aos Estados Unidos. Os espanhóis foram vencidos. Cuba tornou-se independente da Espanha, porém passou à esfera de influência dos Estados Unidos.

Uma junta militar governou Cuba de 1898 a 1902, mas, na prática, o regime era tutelado pelos EUA de acordo com seus interesses econômicos, mantendo Cuba em uma condição semelhante à colonial. Em 1902 foi introduzida na Constituição do país a Emenda Platt, elaborada pelo senador dos Estados Unidos Orville Platt. Essa emenda garantia aos estadunidenses o direito de interferir na política interna da ilha e decretava a instalação de uma base militar em Guantánamo. Os Estados Unidos intervieram na política de Cuba com unidades militares de 1906 a 1909, em 1912 e de 1917 a 1923. A emenda foi revogada em 1934, mas a influência política e econômica dos estadunidenses continuou muito forte até 1959, quando ocorreu a Revolução Cubana, liderada por Fidel Castro. Uma das consequências foi o afastamento de Cuba da esfera política estadunidense e sua posterior aliança com a União Soviética.

ATIVIDADES

SISTEMATIZAR

1. Como se estruturou o imperialismo da Inglaterra na América Latina?

2. Explique como era garantida a presença econômica da Inglaterra na América Latina.

3. Explique por que a presença norte-americana nos países da América Latina, pautada pela política do *big stick*, foi considerada imperialista.

4. Qual foi a justificativa do governo de Woodrow Wilson para os Estados Unidos intensificarem a política intervencionista?

5. Os movimentos de emancipação de Cuba iniciaram-se em 1869, no entanto, o país só alcançou a independência em 1898. Explique por que a luta de independência de Cuba foi tão longa.

6. Que medida os Estados Unidos tomaram para assegurar o domínio sobre Cuba? Justifique.

7. A Emenda Platt causou grande impacto na política interna de Cuba, com desdobramentos que perduram até hoje no cotidiano dos habitantes daquele país. Com suas palavras, explique quais foram as implicações da Emenda Platt para Cuba.

REFLETIR

1. A opressão colonialista e imperialista é descrita no livro *As veias abertas da América Latina*, do jornalista Eduardo Galeano. No final do livro, o autor faz uma pergunta que pode ser considerada uma crítica. Reflita nesta questão e tente responder a ela.

> A América Latina é uma região do mundo condenada à humilhação e à pobreza?
>
> Eduardo Galeano. *As veias abertas da América Latina*. Porto Alegre: L&PM, 2011. p. 370.

2. Observe a imagem e explique que ideia ela transmite a respeito do protetorado estadunidense em Cuba.

→ Charge "Os primeiros passos sozinha", de S. D. Ehrardt, publicada na primeira página do jornal satírico *Punk*, Nova York, em 21 de maio de 1902.

Stock Montage/Getty Images

DESAFIO

1. Ao sul da Ilha de Cuba, localiza-se a Baía de Guantánamo, que foi arrendada pelos Estados Unidos como área de mineração e estação naval em 1903. Na Base Naval de Guantánamo, em uma ilha de 5 km², fica a prisão de Guantánamo, para onde os estadunidenses enviam os prisioneiros que desejam manter isolados. Pesquise qual é a situação atual de Guantánamo e elabore um texto opinativo com base nos conhecimentos que adquiriu sobre o assunto.

Canal do PANAMÁ

O sonho de ligar os oceanos Atlântico e Pacífico sem ter de contornar a América do Sul foi alcançado em 1914, com a construção do Canal do Panamá.

Essa obra de engenharia moderna contou com grande quantidade de mão de obra.

Depois de quase 100 anos de sua construção, em razão do aumento do comércio internacional e do crescimento da frota mundial de grandes navios (Post-Panamax), o Canal do Panamá passou por uma ampliação monumental.

DE UM LADO PARA OUTRO

Para ir de um oceano a outro pelo Canal do Panamá, um navio tem de percorrer um caminho de 82 km a uma altura de aproximadamente 26 metros. Três conjuntos de eclusas individuais operam como um "elevador" para os navios, tanto para cima quanto para baixo.

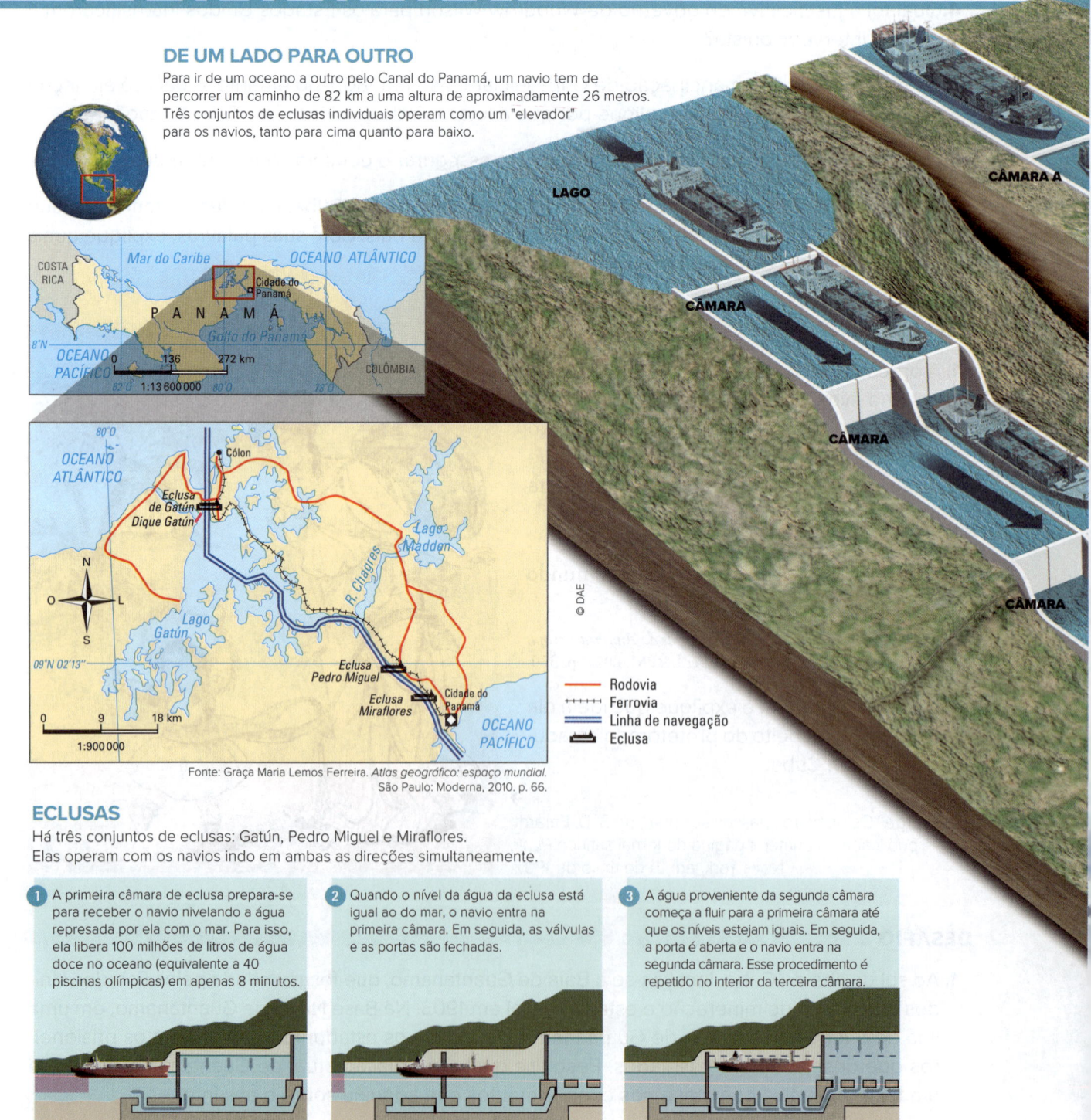

Fonte: Graça Maria Lemos Ferreira. *Atlas geográfico: espaço mundial.* São Paulo: Moderna, 2010. p. 66.

ECLUSAS

Há três conjuntos de eclusas: Gatún, Pedro Miguel e Miraflores. Elas operam com os navios indo em ambas as direções simultaneamente.

1. A primeira câmara de eclusa prepara-se para receber o navio nivelando a água represada por ela com o mar. Para isso, ela libera 100 milhões de litros de água doce no oceano (equivalente a 40 piscinas olímpicas) em apenas 8 minutos.

2. Quando o nível da água da eclusa está igual ao do mar, o navio entra na primeira câmara. Em seguida, as válvulas e as portas são fechadas.

3. A água proveniente da segunda câmara começa a fluir para a primeira câmara até que os níveis estejam iguais. Em seguida, a porta é aberta e o navio entra na segunda câmara. Esse procedimento é repetido no interior da terceira câmara.

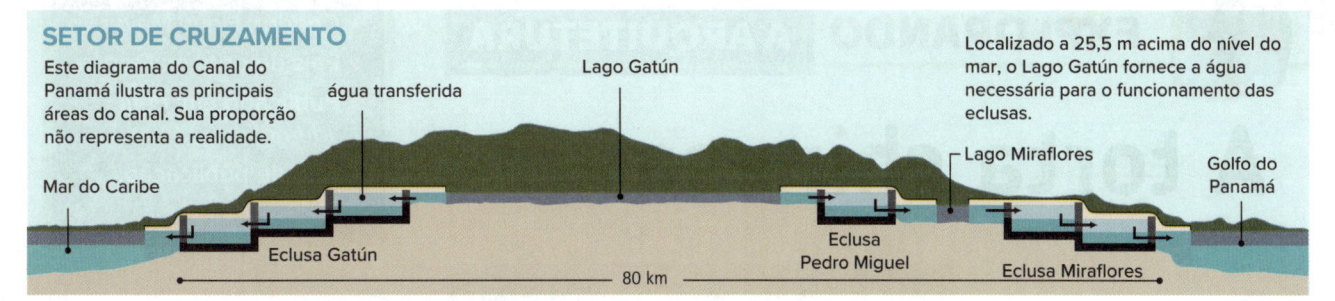

SETOR DE CRUZAMENTO

Este diagrama do Canal do Panamá ilustra as principais áreas do canal. Sua proporção não representa a realidade.

água transferida

Lago Gatún

Localizado a 25,5 m acima do nível do mar, o Lago Gatún fornece a água necessária para o funcionamento das eclusas.

Mar do Caribe

Eclusa Gatún

80 km

Eclusa Pedro Miguel

Lago Miraflores

Eclusa Miraflores

Golfo do Panamá

US$ 5,25 bilhões

foi o custo estimado das obras de ampliação do canal.

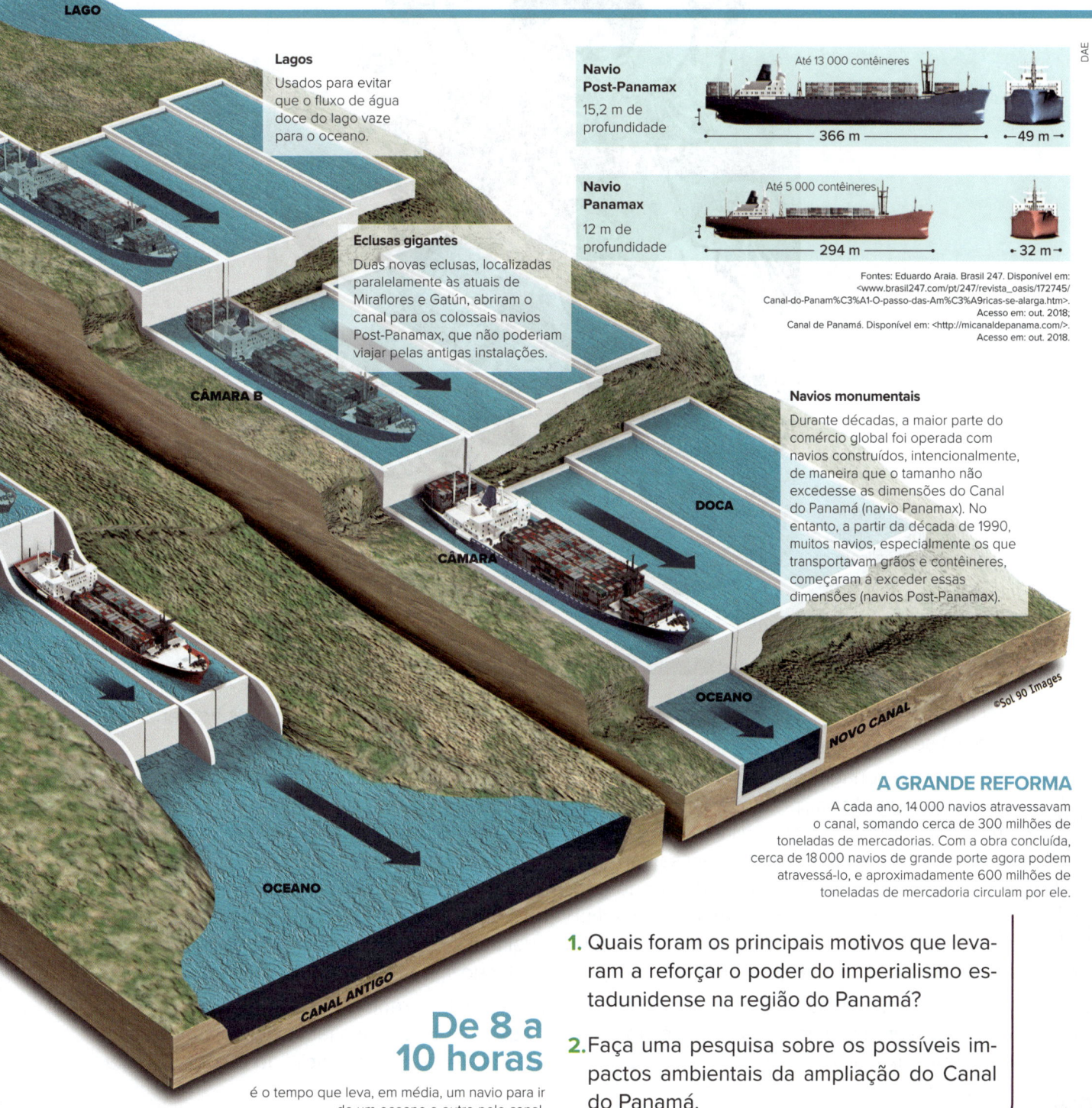

LAGO

Lagos
Usados para evitar que o fluxo de água doce do lago vaze para o oceano.

Eclusas gigantes
Duas novas eclusas, localizadas paralelamente às atuais de Miraflores e Gatún, abriram o canal para os colossais navios Post-Panamax, que não poderiam viajar pelas antigas instalações.

CÂMARA B

CÂMARA

Navio Post-Panamax
15,2 m de profundidade

Até 13 000 contêineres
366 m — 49 m

Navio Panamax
12 m de profundidade

Até 5 000 contêineres
294 m — 32 m

DAE

Fontes: Eduardo Araia. Brasil 247. Disponível em: <www.brasil247.com/pt/247/revista_oasis/172745/Canal-do-Panam%C3%A1-O-passo-das-Am%C3%A9ricas-se-alarga.htm>. Acesso em: out. 2018; Canal de Panamá. Disponível em: <http://micanaldepanama.com/>. Acesso em: out. 2018.

Navios monumentais
Durante décadas, a maior parte do comércio global foi operada com navios construídos, intencionalmente, de maneira que o tamanho não excedesse as dimensões do Canal do Panamá (navio Panamax). No entanto, a partir da década de 1990, muitos navios, especialmente os que transportavam grãos e contêineres, começaram a exceder essas dimensões (navios Post-Panamax).

DOCA

OCEANO

NOVO CANAL

©Sol 90 Images

A GRANDE REFORMA
A cada ano, 14 000 navios atravessavam o canal, somando cerca de 300 milhões de toneladas de mercadorias. Com a obra concluída, cerca de 18 000 navios de grande porte agora podem atravessá-lo, e aproximadamente 600 milhões de toneladas de mercadoria circulam por ele.

OCEANO

CANAL ANTIGO

De 8 a 10 horas
é o tempo que leva, em média, um navio para ir de um oceano a outro pelo canal.

1. Quais foram os principais motivos que levaram a reforçar o poder do imperialismo estadunidense na região do Panamá?

2. Faça uma pesquisa sobre os possíveis impactos ambientais da ampliação do Canal do Panamá.

A torta chinesa

- **Título:** A torta chinesa
- **Criador:** Henri Meyer
- **País de origem:** França
- **Publicado em:** *Petit Journal*
- **Ano de publicação:** 1898

Henri Meyer/Bibliothèque nationale de France

→ Charge "A torta chinesa", sobre o imperialismo na China, no século XIX, de Henri Meyer, publicada no jornal francês *Petit Journal*, em 1898.

A charge representa a partilha da China entre cinco pessoas: duas mulheres e três homens, enquanto um sexto personagem, central e maior que todos, observa furioso a divisão.

Todos os personagens representam importantes lideranças políticas do século XIX, tanto da Europa quanto da Ásia. Assim, podemos identificar, da esquerda para a direita, ao redor da "torta": a rainha Vitória, da Inglaterra; o *kaiser* Guilherme II, da Alemanha; o czar Nicolau II, da Rússia; uma mulher mais jovem, que representa a França; e um samurai, o Japão. Observando de cima, furioso e desesperado com a partilha, está um chinês com bigode e barba compridos e brancos, trança comprida, traje e acessórios tradicionais da China. Ao mesmo tempo que é uma representação estereotipada dos chineses, conforme prática dos europeus na época, provavelmente representa K'ang Yu-wei, líder de um grupo do sul da China que apoiava a centralização do poder do imperador chinês na época, Guangxu.

Na ilustração, notamos a rainha Vitória e o *kaiser* Guilherme II entreolhando-se furiosamente. A rainha – representada como uma mulher muito rica, cheia de joias e com uma faca na mão – mostra-se apta a cortar sua fatia da "torta" ou a atacar Guilherme II, que, vestido como oficial do exército, já está com a faca na torta para pegar sua parte.

Nicolau II, com sua faca e uniforme do exército russo, observa atentamente e de perto a fatia sendo cortada por Guilherme II. A elegante mulher – com vestimenta e acessório em azul, vermelho e branco, cores da bandeira francesa – posicionada um pouco atrás de Nicolau II também observa atentamente o corte da torta.

Já o samurai japonês – com traje e penteado típicos desse grupo social – observa a torta de modo muito reflexivo. Assim como a França, não está com uma faca em punho, mas sua espada está ao alcance da mão, se precisar.

Contextualizando a charge

A charge mostra, de forma crítica, a divisão da China entre as potências imperialistas europeias – Inglaterra, Alemanha, Rússia e França – e o Japão, no século XIX. A China foi representada como uma torta passível de ser partilhada e, enfim, "consumida" por poderosos países e impérios da época.

A China era uma região visada pelas potências europeias desde a Guerra do Ópio (1839-1842), quando, após proibir a produção e comercialização do ópio, teve seus portos invadidos e controlados por estrangeiros europeus.

O contato com os ocidentais fez com que alguns grupos chineses se preocupassem em modernizar o Império, o que levou, após conflitos entre grupos a favor e contrários ao imperador, à Reforma dos Cem Dias, em 1898.

Henri Meyer representou a França e o Japão sem faca em punho, dando a entender, possivelmente, que naquele momento a França observava um pouco de longe a partilha da China, pois estava mais preocupada com suas colônias na África. E o Japão, representado como um samurai, analisa friamente como conseguir sua parte da "torta" chinesa, pois, anteriormente, na primeira Guerra Sino-Japonesa (1894-1895), mesmo vitorioso, foi obrigado a ceder territórios à China devido à pressão russa, que contava com o apoio das poderosas França e Inglaterra.

Apesar da representação do Japão como um samurai, esses anteriormente poderosos guerreiros feudais já haviam perdido espaço e poder no Japão do final do século XIX, após a Revolução Meiji.

↑ Capa do suplemento dominical ilustrado do *Le Petit Journal*, em 10 de julho de 1898.

Refletindo sobre a charge

1. Justifique o título dado à charge pelo cartunista em 1898.

2. Forme dupla com um colega e, juntos, expliquem a charge de acordo com o contexto histórico do imperialismo no século XIX e a História da China no mesmo período.

1. Leia o texto a seguir e responda às questões:

Uma primeira questão na definição de imperialismo é seu caráter múltiplo: Não há um imperialismo, mas imperialismos. [...] a palavra "imperialismo" apareceu apenas em 1870, sendo bastante utilizada entre 1890 e 1914, e servindo ainda hoje para designar práticas militares e culturais desenvolvidas por potências para exercer domínio sobre outros Estados, politicamente independentes.

[...] o imperialismo se define como um período histórico específico, que abrange de 1875 a 1914, quando a Europa Ocidental passou a exercer intensa influência sobre o restante do mundo. O conceito designa também o conjunto de práticas e teorias que um centro metropolitano elabora para controlar um território distante.

[...]

O período entre 1870 e 1914 esteve, dessa forma, associado à expansão do Capitalismo monopolista, à conquista política e militar de territórios e ao auge do imperialismo sobre o mundo, com a partilha da África. Quase todo o mundo, com exceção da Europa e da América, foi dividido em territórios dominados por potências como a Grã-Bretanha, a França e a Alemanha e, mais tarde, os EUA e o Japão. Essa divisão respondeu à busca por novos mercados empreendida simultaneamente pelo capital monopolista de diferentes economias, que se confundiam com os próprios governos nacionais, gerando assim rivalidade entre as potências. O próprio *status* de potência estava associado à posse do maior número possível de territórios dominados e se tornou por si só razão política para a expansão. Porém, apesar de ter como pano de fundo a expansão mundial das relações capitalistas de produção, o imperialismo teve também raízes políticas e culturais, entre as quais se sobressaía a crença na superioridade cultural e racial dos europeus.

Kalina Vanderlei Silva; Maciel Henrique Silva. *Dicionário de conceitos históricos*. 2. ed. São Paulo: Contexto, 2009. p. 218-219.

a) Por que os autores afirmam que não há um, mas vários imperialismos?

b) Que relação o texto faz entre capitalismo e imperialismo?

c) Segundo os autores, o que era necessário para que, no final do século XIX, um país pudesse se considerar uma potência?

2. A imagem a seguir é um anúncio publicitário de sabão que circulou na Inglaterra em 1905. Analise-a e responda às questões.

a) Quais aspectos caracterizam esse anúncio como uma propaganda racista?

Popperfoto/Getty Images

Propaganda de sabão alvejante, c. 1905. Nela, lê-se: "Cinco negrinhos em fila sorrindo veem mamãe Flannigan esfregar Jim Crow. Cinco negrinhos gritam de alegria: 'Uau! O Cooks Soap faz o preto virar branco!'."

b) De que maneira esse anúncio dialogava com a ideologia racista da época?

c) Sabendo que atualmente no Brasil o racismo é crime, você acha que uma propaganda como essa seria veiculada nos meios de comunicação? Justifique.

d) Quais aspectos tornam esse anúncio ofensivo? Identifique-os e elabore um novo anúncio publicitário para o mesmo produto, mas sem o contexto racista.

3. Leia o trecho a seguir e faça o que se pede.

Esquecia-se o administrador que era servindo o branco que o negro havia de assimilar melhor os hábitos da nossa gente; que era trabalhando nos campos que o negro modificaria os processos primitivos das culturas para se desprender dos velhos costumes e ir, com êxito, para as machambas trabalhar os seus campos.

Manuel Rodrigues. *Calanga*. Lourenço Marques: Minerva Central, 1955. p. 129.

De acordo com esse texto, se o negro servisse ao branco, aprenderia os hábitos europeus e esqueceria seus costumes. Explique por que essa ideia foi utilizada durante o imperialismo.

4. Leia o texto a seguir e responda às questões.

Depoimento de Andrée Viollis sobre seu antigo colega indiano

– Mas eles, os ingleses, continua meu amigo, chegam à Índia unicamente para nos explorar e enriquecer. Chegam aqui adultos, deixam mulher e filhos na Inglaterra. Seu único pensamento é o de voltar para lá, e é com nosso dinheiro, com as faustosas pensões que nós lhes pagamos sobre nossa miséria, que vão embora para terminar seus dias [...]. Então, que fiquem para sempre no seu país! Já obtivemos deles toda a bagagem necessária para caminharmos sozinhos. Não precisamos mais deles [...].

– Mas vocês não têm por eles nenhuma gratidão? Os grandes administradores ingleses transformaram a Índia. Vocês não podem negar, convenhamos!

– Tem certeza? Quando eles desembarcaram aqui, nós estávamos saindo do período de anarquia, íamos nos desenvolver segundo nossas tradições e nossas ideias. Eles interromperam nossa evolução para nos impor pela força sua civilização. Tudo o que fizeram aqui fizeram por eles e contra nós. Já chega!

Marc Ferro (Org.). *O livro negro do colonialismo*. Rio de Janeiro: Ediouro, 2004. p. 390.

a) De acordo com esse depoimento, o que os ingleses faziam na Índia?

b) Qual é a opinião do indiano sobre a presença inglesa na região?

5. Observe a imagem e faça o que se pede.

Toyohara Chikanobu. *Um espelho da nobreza do Japão*, 1887. Parte lateral direita do tríptico que retrata o imperador japonês meiji, cujo reinado se estendeu de 1867 a 1912. Ukiyo-e, 37,5 cm × 75,2 cm.

Bridgeman/Fotoarena

a) Explique o contexto histórico em que essa pintura foi feita.

b) Indique os elementos na imagem que demonstram a ocidentalização do Japão.

6. Leia o trecho e, em seguida, faça o que se pede.

O governo britânico exigiu que o seu representante se sentasse no Tamborete de Ouro, símbolo da alma ashanti e da sua sobrevivência como nação e, por isso, instrumento de consagração da legitimidade dos seus chefes. A indignação dos ashantis levou praticamente todos os "Estados" importantes a enfrentar os ingleses em inúmeras batalhas sangrentas.

Leila Leite Hernandez.
A África na sala de aula: visita à história contemporânea.
São Paulo: Selo Negro, 2005. p. 115.

• Por que o governo britânico exigiu que seu representante sentasse no Tamborete de Ouro?

7. Entre os séculos XVI e XVIII, a América Latina sofreu com o colonialismo português e espanhol. A partir do século XIX, britânicos e norte-americanos passaram a dominar economicamente a região pelo imperialismo. Indique quais foram as consequências desses dois períodos de dominação para os países latino-americanos.

8. Descreva a política externa norte-americana anunciada a partir de 1904.

DICAS

▶ **ASSISTA**

Lagaan – Era uma vez na Índia. Índia, 2001. Direção: Ashutosh Gowariker, 224 min.
O filme narra com bom humor os conflitos entre as populações indianas e os imperialistas ingleses.

Victória e Abdul: o confidente da rainha. Reino Unido/EUA, 2017. Direção: Stephen Frears, 112 min.
O filme conta a história verídica da amizade da rainha Victória com o indiano Abdul.

📖 **LEIA**

O imperialismo, de Hector Bruit (Atual).
O autor explica o conceito de imperialismo e o aprofunda, bem como suas manifestações e práticas.

Abraham-Louis Buvelot. *Coroação e sagração de D. Pedro II*, 1841-1845. Litografia, 60 cm × 71,5 cm.

Brasil Imperial

Foi durante o império que se consolidou a independência política do Brasil e ocorreu o processo de formação da nação brasileira. A abdicação de D. Pedro I, a estabilidade econômica e os conflitos sociais marcaram essa época. D. Pedro II assumiu o governo por meio de arranjos políticos.

Vamos conhecer esse importante período para a formação de nossa nacionalidade?

1 O Primeiro Reinado

Neste capítulo você verá como a consolidação da independência foi complexa. Era preciso criar uma Constituição, conciliar interesses e lidar com conflitos sociais e diferenças regionais de um grande país ainda em formação.

O Primeiro Reinado foi uma fase de grande instabilidade em nossa história, com problemas econômicos e sociais agravados por questões políticas geradas, entre outros fatores, pelo autoritarismo de Dom Pedro I.

A Constituição de 1824

A Assembleia Constituinte convocada em julho de 1822 pelo ainda regente Dom Pedro instalou-se em maio de 1823. A maioria de seus membros pertencia ao Partido Brasileiro, o que garantia à elite agrária nacional o controle sobre as decisões tomadas pela Constituinte.

A principal disputa entre os parlamentares referia-se ao poder que deveria ser concedido ao imperador. A maior parte concordava que a Constituição deveria limitar a autoridade monárquica, aumentando a autonomia das províncias e assegurando à elite agrária a manutenção de sua força regional.

Diante da possibilidade de seu poder ser reduzido, Dom Pedro I dissolveu a Assembleia em novembro de 1823, após uma reação dos membros da elite, que se declararam em Assembleia Permanente, no episódio conhecido como Noite de Agonia.

F. Westley and A. H. Davis/ Notices of Brazil

↑ Litografia do Palácio do Conde dos Arcos, publicada no livro *Notícias do Brasil: 1828-1829*, de Robert Walsh, em 1830.

Depois da dissolução da Assembleia, Dom Pedro nomeou o Conselho de Estado – órgão que, em tese, pertencia ao Poder Legislativo –, com o objetivo de elaborar a nova Constituição mantendo os interesses do imperador. A Constituição, outorgada em 25 de março de 1824, previa a concessão de amplos poderes ao imperador por meio da criação do Poder Moderador. Foi a mais duradoura de nossa história, sendo substituída apenas pela Constituição republicana de 1891.

Economicamente, o Primeiro Reinado está situado em uma etapa de transição entre o declínio da mineração e o início da exportação de café. Produtos que até então complementavam a economia brasileira, como tabaco, cacau, algodão, açúcar, ervas e plantas medicinais (drogas do sertão) e pau-brasil tornaram-se as poucas opções de exportação do país e foram responsáveis pelos recursos gerados no período, sem, porém, garantir estabilidade econômica, que só seria alcançada com o auge da agroexportação de café.

Monarquia constitucional hereditária

A Constituição de 1824 determinou a criação de uma monarquia constitucional hereditária e dividiu o país em 19 províncias (que foram a base para a formação dos estados atuais), governadas por presidentes de província escolhidos diretamente pelo imperador.

A Carta determinou, ainda, a instituição de quatro poderes: Executivo (no âmbito federal, representado pelo imperador, pelo Conselho de Estado e pelo Ministério; no estadual, pelos presidentes de província e pelos Conselhos Provinciais; no municipal, pelas Câmaras Municipais), Legislativo (Câmara dos Deputados e Senado), Judiciário (Supremo Tribunal de Justiça) e Moderador (de uso exclusivo do Imperador).

Apesar da existência de outros três poderes, o Poder Moderador era a chave de toda a organização política, pois quem o exercia podia interferir diretamente nas decisões dos outros poderes, o que caracterizava a prática política de Dom Pedro I como absolutista. No entanto, o conteúdo da Constituição tinha forte caráter liberal, uma vez que sua base havia sido o projeto elaborado pela Assembleia.

O catolicismo foi declarado como religião oficial e as outras religiões seriam permitidas com seu culto doméstico ou particular, em casas para isso destinadas, sem forma alguma de templo. Foi criado, ainda, o regalismo, instrumento que garantia ao imperador a nomeação de altos cargos religiosos (padroado) e o veto a qualquer lei decretada pelo papa em Roma (beneplácito).

O voto era indireto e censitário, permitido apenas aos homens adultos que dispunham de determinada renda.

Crise do Primeiro Reinado e abdicação de D. Pedro I

Ao longo de seu governo, o imperador sofreu uma forte oposição, situação agravada por uma série de questões internas e externas e por uma crise econômica e social que, aliada ao autoritarismo do monarca, contribuiu decisivamente para o término de seu reinado.

A Confederação do Equador

A primeira grande reação ao centralismo de Dom Pedro I e a sua Constituição ocorreu em Pernambuco. De caráter republicano e separatista, a revolta em Pernambuco começou em julho de 1824 e atingiu outras províncias nordestinas, na área que corresponde, atualmente, aos estados do Rio Grande do Norte, Alagoas, Sergipe, Ceará, Paraíba e Piauí. Juntas, essas províncias proclamaram uma república separada do restante do país, batizada de Confederação do Equador.

A reação imperial foi rápida e violenta. Em apenas três dias, com a atuação de tropas mercenárias e de militares brasileiros, o movimento foi reprimido.

Após a derrota, vários líderes foram condenados à morte, entre eles Frei Caneca, que já havia participado da Revolução de 1817.

→ Combate entre rebeldes e legalistas na luta dos afogados. Exército Imperial do Brasil ataca as forças confederadas em Recife, 1824.

A Guerra da Cisplatina

A região do atual Uruguai havia sido anexada ao Brasil durante o governo de Dom João VI com o nome de Província Cisplatina. A disputa entre portugueses e espanhóis remontava à fundação da Colônia de Sacramento, em 1680, representando uma ameaça a Buenos Aires, do outro lado do Rio da Prata. A troca da Colônia de Sacramento pela área dos Sete Povos das Missões (no atual Rio Grande do Sul), em 1750, não impediu novos confrontos, e a fronteira sul seguiu mudando constantemente até a anexação completa da chamada Banda Oriental do Rio Uruguai pelos portugueses, em 1820, durante as revoltas nas colônias espanholas.

Em 1825, a província proclamou independência em relação ao Brasil e declarou sua união à República das Províncias do Rio da Prata (hoje, Argentina). Interessado na posição estratégica da região, o governo imperial declarou guerra à Argentina, iniciando um conflito que durou três anos. Em 1828, após intervenção inglesa, a região foi declarada oficialmente um novo país: a República Oriental do Uruguai.

Abdicação de D. Pedro I

Em 1826, com a morte de dom João VI em Portugal, o herdeiro legítimo do trono era Dom Pedro I, que renunciou em favor de sua filha, Maria da Glória, de apenas 5 anos. Ele nomeou regente seu irmão, Miguel, durante a menoridade dela. Dois anos depois, Dom Miguel assumiu o trono como rei de Portugal por meio de um golpe de Estado. Dom Pedro resolveu custear a luta contra o irmão para devolver a coroa a sua filha usando dinheiro dos cofres brasileiros. Essa ação desagradou a população brasileira, distanciando-a do imperador.

Em uma tentativa para acalmar os ânimos dos brasileiros, Dom Pedro nomeou, no início de abril de 1831, um ministério formado apenas por partidários da oposição, denominado Ministério dos Brasileiros. Apesar disso, os protestos continuaram, o que levou o monarca a dissolver o órgão e a criar outro, composto apenas de portugueses, chamado Ministério dos Marqueses. Sem apoio político e diante de uma situação difícil, em 7 de abril de 1831, Dom Pedro I renunciou ao trono do país, entregando-o a seu filho, Pedro de Alcântara, com 5 anos na época.

D. Pedro regressou a Portugal e continuou seu conflito contra Dom Miguel. Deixou o Brasil com graves problemas econômicos e sociais, além de um vácuo no poder, precariamente preenchido pela nomeação de uma regência enquanto durasse a menoridade do herdeiro.

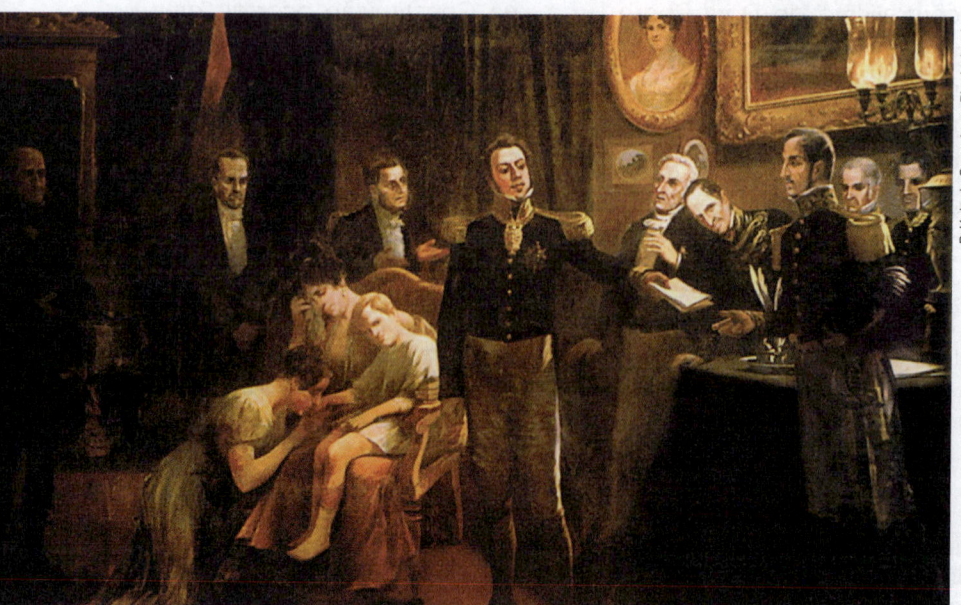

Palácio da Guanabara, Rio de Janeiro

A abdicação do imperador é considerada, por muitos historiadores, a consolidação da independência iniciada em 1822, uma vez que o risco de uma nova união entre Brasil e Portugal deixava, então, de existir.

← Aurélio de Figueiredo. *Abdicação do primeiro imperador do Brasil, D. Pedro I,* c. 1856-1916. Óleo sobre tela.

ATIVIDADES

NO CADERNO

SISTEMATIZAR

1. A Constituição de 1824 possibilitou a liberdade religiosa no Brasil? Justifique.

2. O que levou a província de Pernambuco a se rebelar contra o governo central?

3. Como se formou a Confederação do Equador?

4. Quais foram os efeitos da Guerra da Cisplatina para o Brasil?

5. Por que D. Pedro I, em 1826, renunciou ao trono português em favor de sua filha Maria da Glória?

REFLETIR

1. Por que a figura de D. Pedro I pode ser considerada inviolável com a promulgação da Constituição de 1824?

2. Leia, a seguir, um texto a respeito do sistema eleitoral estabelecido na Constituição de 1824. Depois, faça o que se pede.

O voto era indireto e censitário. Indireto, porque os votantes, correspondentes hoje à massa de eleitores, votavam em um corpo eleitoral, nas eleições chamadas de primárias; esse corpo eleitoral é que elegia os deputados. Censitário, porque só podia ser votante, fazer parte do colégio eleitoral, ser deputado ou senador quem atendesse a alguns requisitos, inclusive de natureza econômica, chamados de "censo".

A eleição para a Câmara de Deputados se processava da seguinte forma. Nas eleições primárias, votavam os cidadãos brasileiros, inclusive os escravos libertos, mas não podiam votar, entre outros membros, os menores de 25 anos, os criados de servir, os que não tivessem renda anual de pelo menos 100 mil-réis provenientes de bens de raiz (imóveis), indústrias, comércio ou emprego. Os candidatos, por sua vez, só podiam ser pessoas que, além dos requisitos dos votantes, tivessem renda de, no mínimo, 200 mil-réis anuais e não fossem escravos libertos. Os escolhidos nessas eleições primárias formavam o corpo eleitoral que elegeria os deputados. Para ser candidato nessa segunda etapa, as exigências aumentavam: além dos requisitos anteriores era necessário ser católico e ter uma renda mínima anual de 400 mil-réis. Não havia referência expressa às mulheres, mas elas estavam excluídas desses direitos políticos pelas normas sociais. Curiosamente, até 1882 era praxe admitir o voto de grande número de analfabetos, tendo em vista o silêncio da Constituição a esse respeito.

Boris Fausto. *História do Brasil.* São Paulo: Edusp. 1997. p. 151.

a) Descreva, com suas palavras, como era o funcionamento das eleições de acordo com a Constituição de 1824.

b) Você considera democrático o tipo de votação do sistema eleitoral elaborado pela Constituição de 1824? Explique.

c) Nos dias de hoje, em nosso país, quem pode votar?

DESAFIO

1. Frei Caneca é uma das personalidades históricas cujo nome consta no *Livro dos Heróis da Pátria*, que se encontra no Panteão da Liberdade e da Democracia, na Praça dos Três Poderes, em Brasília. Ele foi homenageado por ser considerado o "mártir da Confederação do Equador".
Pesquise o que é o *Livro dos Heróis da Pátria*, quais são os nomes que já estão incluídos nele, quais estão em espera e como é o processo para inserir uma personalidade nele.

Período Regencial

No capítulo anterior, você viu o quanto a personalidade autoritária de D. Pedro I caracterizou o Primeiro Reinado, o que não foi suficiente para mantê-lo no poder. Neste capítulo, você verá que, embora o imperador tenha deixado uma Constituição e um herdeiro, o período que se seguiu à sua abdicação foi ainda mais conturbado.

Com a abdicação de Dom Pedro I, o novo imperador passou a ser seu filho Pedro de Alcântara. Entretanto, como ele tinha apenas 5 anos, a Constituição previa que, até sua maioridade, o Brasil seria governado por três regentes eleitos pela Assembleia Geral. O Período Regencial (1831-1840) teve três fases: Regência Trina Provisória, Regência Trina Permanente e as Regências Unas.

Museu Imperial, Petrópolis

No início, o poder político foi disputado por três grupos: restauradores, liberais exaltados e liberais moderados. Em 1834, com a morte de D. Pedro I, em Portugal, o grupo dos restauradores foi extinto, e os liberais exaltados perderam muito do poder. A base política passou a ser composta de dois grupos: os progressistas (que fundariam o Partido Liberal), favoráveis a um governo forte e centralizado, mas com províncias autônomas; e os regressistas (que constituiriam o Partido Conservador), contrários à autonomia das províncias. Eles tinham em comum a defesa dos interesses dos proprietários rurais e a objeção à concessão do direito ao voto a toda a população.

As disputas entre os grupos políticos, associadas ao agravamento da crise econômica e social herdada do período anterior, provocaram violentas revoltas em praticamente todo o território, o que pôs em risco a unidade nacional, preservada após a independência.

← Arnaud Julien Pallière. *D. Pedro II, menino,* c. 1830. Guache sobre papel, 45 cm × 39 cm.

As Regências

Os primeiros regentes foram senadores escolhidos em caráter emergencial após a abdicação de Dom Pedro I: Nicolau Pereira de Campos Vergueiro, José Joaquim Carneiro de Campos (Marquês de Caravelas) e Francisco de Lima e Silva. Eles deveriam se manter no cargo até a realização de eleições que escolheriam a regência definitiva, em junho de 1831. Durante o período em que estiveram à frente da Regência, eles suspenderam temporariamente o Poder Moderador.

Naquele ano, os deputados e senadores elegeram os integrantes da Regência Trina Permanente, que deveriam ocupar o cargo por um mandato de quatro anos: os deputados João Bráulio Muniz e José da Costa Carvalho e o brigadeiro Francisco de Lima e Silva.

A grande personalidade desse período foi o padre Diogo Antônio Feijó, nomeado para o cargo de ministro da Justiça. Comandante das forças policiais, ao se ver diante de um cenário em que o Exército era despreparado para conter as agitações populares, Feijó propôs a criação da Guarda Nacional, que existiu de 1831 até 1922. Tratava-se de uma força militar comandada por fazendeiros que recebiam, geralmente, a patente de capitão ou coronel, conforme a renda. De acordo com a Constituição, esses cidadãos precisavam ser brasileiros de 21 a 60 anos, com direito a voto. Suas tarefas eram reprimir revoltas e manter a ordem pública. Os cargos mais baixos eram preenchidos por eleição, já as patentes superiores eram por indicação do governo central ou pelo presidente da província.

↑ Manuel de Araújo Porto Alegre (1806-1879). *Juramento da Regência Trina*, s.d. Óleo sobre tela, 30,5 cm × 44,5 cm.

No comando das Regências, os liberais promoveram mudanças na Constituição de 1824 com o Ato Adicional de 1834. Entre as principais deliberações estavam a criação das Assembleias Provinciais, que ganharam mais autonomia para formular leis locais; a extinção do Conselho de Estado; e a mudança na formação da regência, que passou a ser una, com o regente escolhido pelo voto dos cidadãos.

Os defensores do projeto de autonomia eram maioria na Assembleia Geral e, dessa forma, pelo controle do voto dos cidadãos de suas províncias, garantiram a eleição do padre Feijó para o cargo de regente. Os opositores o acusavam de não conseguir manter a ordem no país, já que as revoltas populares eclodiam em diversas regiões. Além disso, era duramente criticado pelos jornais.

Em 1837, com a saúde abalada e diante da vitória dos regressistas nas eleições legislativas, Feijó renunciou. Em seu lugar assumiu o regressista Pedro de Araújo Lima, o marquês de Olinda, que tinha como tarefas urgentes debelar as revoltas populares e restabelecer a ordem.

O governo de Araújo Lima foi marcado por uma forte política centralizadora. Em 1840 foi aprovada pela Assembleia a Lei Interpretativa do Ato Adicional, em discussão desde 1837, que revogava as medidas descentralizadoras e a autonomia concedida às províncias. As Assembleias Provinciais foram dissolvidas e o Conselho de Estado, restaurado.

Esse regresso conservador sofreu intensa oposição dos progressistas, que iniciaram um movimento para antecipar a maioridade do jovem herdeiro Pedro de Alcântara, alegando que apenas um governo centralizado poderia pôr fim às revoltas e garantir a resolução dos problemas econômicos e sociais que se agravavam.

Em julho de 1840 foi aprovada a maioridade precoce do herdeiro, em um episódio que se tornou conhecido como Golpe da Maioridade, por ter levado dom Pedro II ao poder com pouco mais de 14 anos.

↑ Oscar Pereira da Silva. *Padre Diogo Antônio Feijó*, 1920-1922. Óleo sobre tela, 1,9 m de diâmetro.

As rebeliões regenciais

O Período Regencial foi marcado por uma grave crise econômica e social, que atingiu principalmente a população mais pobre. A insatisfação das províncias se deu em decorrência do autoritarismo dos regentes. As revoltas tinham como ponto em comum a contestação às medidas adotadas pelos governantes, sempre autoritárias. As revoltas desse período foram lideradas em sua maior parte por escravos e libertos que deram características populares aos levantes.

Revolta de Carrancas

Na freguesia de Carrancas, região da vila de São João del Rei, Minas Gerais, eclodiu uma rebelião em 1833 nas fazendas Campo Alegre e Bela Cruz. Liderados pelo escravo Ventura Mina, os escravos que participaram do levante assassinaram os proprietários da Campo Alegre e seguiram em direção à Bela Cruz. Lá, os insurgentes convocaram os escravos dessa fazenda a se revoltar. Munidos de paus, foices e machados, eles invadiram a casa grande com o objetivo de capturar e assassinar os senhores.

As autoridades locais temiam que essa revolta se estendesse às demais fazendas da região. Os escravos rebelados foram punidos para servir de exemplo, com 16 condenados à pena de morte. Foi o maior número de sentenciados à morte durante todo o período do Brasil Imperial.

Principais rebeliões regenciais

Legenda:
- Revolução Farroupilha (1835-1845)
- Sabinada (1837-1838)
- Cabanagem (1835-1840)
- Balaiada (1838)
- Revolta de Carrancas (Carrancas, 1833)
- Revolta dos Malês (Salvador, 1835)
- Revolta de Manoel Congo (Paty de Alferes, 1838)

Fontes: Cláudio Vicentino. *Atlas histórico: geral e do Brasil*. São Paulo: Scipione, 2011. p. 128; Flávio de Campos e Miriam Dolhnikoff. *Atlas História do Brasil*. 3. ed. São Paulo: Scipione, 2006. p. 29.

Revolta de Manoel Congo

No município de Vassouras, Rio de Janeiro, eclodiu outra revolta de escravos, em 1838, após o assassinato de um escravo pelo capataz da fazenda em que trabalhava. O assassino não sofreu nenhuma punição, aumentando a insatisfação dos escravos nas fazendas de café do capitão-mor Manuel Francisco Xavier.

Indignados com o homicídio, os demais cativos cobraram providência do capitão-mor, que prometeu punir o capataz, mas nada fez. Imbuídos do senso de comunidade e liderados pelo escravo Manoel Congo, os escravizados resolveram assassinar o capataz e realizar uma fuga em massa, levando consigo armas e ferramentas da fazenda para iniciar um quilombo. Cerca de 300 escravos fugiram. Parte deles foi capturada, e Manoel Congo, apontado como líder, foi enforcado em 1839, sem direito a enterro.

Revolta dos Malês

A Bahia era a província com a maior população de negros e mestiços do Brasil, muitos descendentes de africanos que vieram da área subsaariana, de forte influência muçulmana, proibidos de professar suas respectivas religiões.

Foi nesse contexto que os malês, como eram chamados os escravos muçulmanos, organizaram a mais importante revolta de escravos urbanos ocorrida no Brasil. Aconteceu em Salvador, entre os dias 24 e 25 de janeiro de 1835, envolvendo cerca de 600 africanos e afrodescendentes, incluindo escravos rebelados e libertos que se aliaram ao movimento. Liderados por Manuel Calafate e armados com facas, espadas e lanças, eles pretendiam libertar companheiros presos e acabar com o regime de escravidão.

A revolta foi planejada com antecedência e registrada pelos conspiradores em árabe, já que muitos eram alfabetizados no idioma da religião muçulmana. No entanto, foram delatados e reprimidos pelas forças do governo local e da Guarda Nacional. Cerca de 70 malês morreram em combate, pelo menos 500 foram punidos com prisão, açoites ou pena de morte. A maioria dos sobreviventes, principalmente os libertos, foi deportada para a África.

↑ Documento apreendido com o escravo nagô Lúcio durante a Revolta dos Malês, na cidade de Salvador, em 1835.

Revolta da Cabanagem

Ocorrida na província do Grão-Pará (na região do atual estado do Pará e de parte do Amazonas, Amapá e de Roraima), envolveu camadas mais pobres da população.

Os revoltosos – na maioria afrodescendentes, indígenas e mestiços – eram chamados de cabanos, porque viviam em cabanas próximas aos rios. Explorados pelos fazendeiros, eles lutavam por terras, pelo fim das injustiças e da escravidão. Alguns fazendeiros também participaram da rebelião, pois desejavam mais autonomia e o direito de escolher o governante da província.

Em janeiro de 1835, os revoltosos invadiram a cidade de Belém, matando várias autoridades – até mesmo o presidente do Grão-Pará. Os cabanos tomaram o poder e chegaram a declarar a autonomia da província. Então, em 1836, o governo regencial enviou uma poderosa armada para retomar a capital. Os rebelados, que não tinham um projeto de governo estruturado, fugiram para o interior e resistiram por mais quatro anos. Em 1840, com um número entre 30 mil e 40 mil mortos, além de prisões e multas, a região foi retomada pelo império.

"Revolução" Farroupilha ou Guerra dos Farrapos

A mais longa guerra civil da História do Brasil foi comandada pelos representantes da elite pecuarista do Rio Grande do Sul.

Os estancieiros, donos das propriedades de criação de gado, aliaram-se a um grupo político liberal que, além de defender a autonomia federativa, tinha membros que queriam o fim da monarquia.

Em 1835, sob a liderança de Bento Gonçalves, os rebeldes tentaram tomar Porto Alegre. Mesmo sem a adesão dos principais centros urbanos, a revolta espalhou-se por outras regiões da província, e os farroupilhas, como eram chamados, declararam a República Rio-Grandense, em 1836.

Em 1839, buscando uma saída para o mar, os farroupilhas conquistaram Laguna, em Santa Catarina, e ali proclamaram a República Juliana. Nesse período, contaram com a ajuda do italiano Giuseppe Garibaldi. A revolução só terminou em 1845, após muitas batalhas, por meio do acordo entre Luís Alves de Lima e Silva (futuro Duque de Caxias), líder das tropas do império, e os líderes farroupilhas, pondo fim a essa guerra.

Sabinada, a revolta separatista da Bahia

Liderada pelo médico Francisco Sabino – de quem deriva o nome dessa revolta –, foi motivada pela crise econômica local e pelo descaso das autoridades com a província. Entre os projetos do movimento constavam a proclamação

↑ Antônio Parreiras. *Proclamação da República do Piratini* (ou *Proclamação da República Rio-Grandense*), c. 1915. Óleo sobre tela, 3,5 m × 5 m.

de uma república temporária, que deveria ser mantida até a maioridade de Pedro de Alcântara, e a libertação dos escravos favoráveis ao movimento. Assim, os rebeldes, com apoio dos soldados do Forte de São Pedro, proclamaram a república em novembro de 1837.

A iniciativa acabou ganhando um direcionamento popular, uma vez que o número de escravos que a apoiava era muito grande, o que levou a classe média a abandonar o levante original e a se preocupar em reprimir o movimento.

Em 1838, as tropas imperiais invadiram Salvador e mataram um grande número de pessoas, sobretudo membros das camadas mais humildes da população.

Apesar da violenta repressão e da execução de líderes populares, os principais participantes das elites foram poupados, mas expulsos da Bahia, a exemplo de Francisco Sabino, que teve a pena alterada para o exílio (foi enviado para o Mato Grosso, na época praticamente desabitado e sem comunicação com os grandes centros urbanos).

Revolta da Balaiada

Essa revolta, que começou no Maranhão em 1838 e alastrou-se para o Piauí, foi motivada pelos problemas econômicos advindos da decadência da produção algodoeira, além do descontentamento popular com a exploração dos fazendeiros e com a redução da autonomia da província.

Um dos líderes desse movimento, Manoel Francisco dos Anjos Ferreira, fazia balaios para vender, o que explica o nome da revolta. A população pobre, incluindo escravos, teve participação efetiva na luta contra a exploração dos grandes proprietários rurais. No início, o movimento contava com alguns fazendeiros; no entanto, temendo uma revolta popular incontrolável, eles uniram-se às forças do governo contra os balaios.

Embora esse movimento não tenha sido uniforme nem organizado em torno de um objetivo comum, os rebeldes conseguiram conquistar a cidade de Caxias, no Maranhão. O coronel Luís Alves de Lima e Silva comandou as tropas do governo que acabaram com a revolta.

Escravos, libertos e balaios (vaqueiros, artesãos e pequenos proprietários) – ou seja, os rebeldes das classes populares – foram duramente reprimidos com punições e prisões. O líder Cosme Bento (ex-escravo) foi enforcado em 1842.

Já os chamados bem-te-vis (proprietários rurais e representantes da classe média urbana), que no decorrer dos combates se aliaram às tropas oficiais, assim como alguns líderes dos balaios, foram anistiados após firmar acordo com o governo.

ATIVIDADES

SISTEMATIZAR

1. Quais motivos impediram que Pedro de Alcântara assumisse imediatamente o trono brasileiro após a abdicação de seu pai? O que foi feito em relação ao governo do Brasil?

2. O que foi o Golpe da Maioridade?

3. Por que a regência de Pedro Araújo Lima foi marcada por uma centralização política?

4. Explique por que o Período Regencial foi um dos momentos mais conturbados da História do Brasil.

5. Responda às questões a seguir que abordam a Revolta dos Malês e a Revolta da Cabanagem.

   a) Qual foi a motivação para a rápida e violenta repressão contra a Revolta dos Malês?

   b) Quais foram os desdobramentos após a derrota da Cabanagem?

REFLETIR

1. Leia o texto a seguir e responda às questões.

Uma lei de agosto de 1831 criou a Guarda Nacional, em substituição às antigas milícias. Ela era cópia de uma lei francesa do mesmo ano. A ideia consistia em organizar um corpo armado de cidadãos confiáveis, capaz de reduzir tanto os excessos do governo centralizado como as ameaças das "classes perigosas".

Na prática, a nova instituição ficou incumbida de manter a ordem no município onde fosse formada.

Boris Fausto. *História do Brasil*. São Paulo: Edusp, 1997. p. 164.

a) Quais eram as funções da Guarda Nacional?

b) Quem seriam as "classes perigosas" citadas no texto?

2. Leia o texto a seguir e responda às questões.

Proclamação da Assembleia Geral sobre a Regência Provisória (8 abril 1831)

Brasileiros!

Um acontecimento extraordinário veio surpreender todos [...]; uma revolução gloriosa foi operada pelos esforços, e patriótica união do povo, e tropa do Rio de Janeiro, sem que fosse derramada uma só gota de sangue [...].

[...] D. Pedro I abdicou em seu Filho, hoje o Senhor D. Pedro II, Imperador Constitucional do Brasil. [...]

[...] Do dia 7 de abril de 1831 começou a nossa existência nacional; o Brasil será dos brasileiros, e livre.

Concidadãos! Já temos pátria, temos um monarca, símbolo de vossa união, e da integridade do Império, que educado entre nós receba quase no berço as primeiras lições da liberdade americana, e aprenda a amar o Brasil, que o viu nascer; [...].

Paulo Bonavides; Roberto Amaral A. Vieira. *Textos políticos da História do Brasil*. 3. ed. Brasília: Senado Federal, 2002. v. 1. p. 901-903.

a) A que contexto histórico esse documento se refere? Como você chegou a essa conclusão?

b) Por que a pessoa que discursa afirma que a abdicação de D. Pedro I pode ser considerada uma "revolução gloriosa"?

DESAFIO

1. A maioria das rebeliões ocorridas no Período Regencial aconteceu nas regiões Norte e Nordeste do país. Nota-se, então, que havia um grande descaso governamental nessas áreas. Faça uma pesquisa sobre a atual situação social dessas regiões e explique se atualmente o governo é mais atuante comparado ao daquele período.

3 Política do Segundo Reinado

A partir do Golpe da Maioridade, o Brasil passou a ter como governante um garoto de 15 anos incompletos. A pouca idade do novo monarca levou liberais e conservadores a iniciar uma intensa disputa pelo poder a fim de garantir os próprios interesses.

A disputa política pelo poder

Dois partidos, herdados do Período Regencial, disputavam o poder durante o Segundo Reinado: o Partido Liberal, do qual faziam parte proprietários rurais e camadas médias urbanas, cujos representantes eram principalmente das províncias do centro-sul, e o

↑ Manuel de Araújo Porto Alegre. *Sagração de D. Pedro II*, 1840. Óleo sobre tela, 110 cm × 80 cm.

Partido Conservador, que reunia a elite econômica, formada por grandes proprietários rurais, ricos comerciantes e funcionários do alto escalão do governo, cujos representantes, na maioria, eram das províncias do Nordeste.

Mesmo com algumas diferenças aparentes, os partidos defendiam interesses semelhantes. Pretendiam, por exemplo, manter a maior parte da população fora do processo político por meio do voto censitário. Outro ponto comum era o uso da violência e das fraudes para alcançar seus objetivos, sobretudo nas acirradas disputas eleitorais, enquanto revezavam-se no poder.

Logo que assumiu o governo do Brasil, Dom Pedro II beneficiou o Partido Liberal, que havia sido responsável pela antecipação de sua maioridade, e compôs o primeiro ministério de seu governo com membros desse partido.

Em outubro de 1840 ocorreu a primeira eleição para a Câmara dos Deputados. Devido à violência empregada por ambos os partidos, esse pleito entrou para a história como as "eleições do cacete". Seus membros ameaçaram adversários, invadiram locais de votação e ainda fraudaram a contagem dos votos, entre outras ações ilícitas.

Os membros do Partido Conservador exigiram que a eleição fosse anulada, o que levou o imperador a dissolver a Câmara dos Deputados e convocar novas eleições.

Essa ação resultou em uma revolta do Partido Liberal. Seus líderes – Teófilo Ottoni, de Minas Gerais, Antônio Feijó e Tobias de Aguiar, de São Paulo – encabeçaram a Revolução Liberal de 1842. A rebelião foi sufocada pelas tropas imperiais (novamente sob o comando de Luís Alves de Lima e Silva), e seus organizadores foram presos.

O parlamentarismo

Em 1847, com o objetivo de estabilizar a situação política, foi instituído o parlamentarismo no Brasil.

O sistema parlamentarista adotado era diferente daquele criado pelos ingleses em 1688. Após as eleições, o imperador, amparando-se no Poder Moderador, escolhia o primeiro-ministro. Nas eleições para a Câmara, o resultado muitas vezes era fraudado para garantir a vitória do partido aliado ao primeiro-ministro. E, em caso de ainda haver algum problema, o imperador, via Poder Moderador, podia dissolver a Câmara. Portanto, a frase "o rei reina, mas não governa", que se refere ao modelo parlamentarista inglês, não se aplicava ao parlamentarismo implantado no Brasil, no qual grande parte do poder ainda estava na mão do imperador. Por isso, tradicionalmente, esse sistema brasileiro foi denominado "parlamentarismo às avessas".

No decorrer do Segundo Reinado, houve 36 gabinetes ministeriais no governo do Brasil, nos quais liberais e conservadores revezaram-se no poder. Por um período (1853-1868), eles se associaram e governaram juntos no chamado Ministério da Conciliação.

Para manter o poder e a governabilidade, o imperador mantinha deputados, juízes, senadores, presidentes de província e membros da Igreja Católica sempre próximos, oferecendo-lhes cargos públicos, títulos de nobreza e pensões em troca de apoio político.

↑ "O rei se diverte", de Faria, charge publicada no jornal *O Mequetrefe*, do Rio de Janeiro, em 9 de janeiro de 1878. Dom Pedro II sustenta os cavalinhos montados pelo Partido Liberal e o Partido Conservador, enquanto sua diplomacia gira o carrossel.

A Revolução Praieira (1848-1850)

Em Pernambuco, os liberais estavam organizados em torno do Partido da Praia, por isso eram chamados de praieiros. Suas ideias eram divulgadas no jornal *Diário Novo*, cuja sede estava localizada na Rua da Praia, no Recife.

A acirrada disputa política entre os membros do Partido Conservador e os do Partido da Praia se refletia em todo o país.

Desde 1845, o presidente da província era o praieiro Antônio Chichorro da Gama. No entanto, no início de 1848, o governo central afastou-o do poder e nomeou um conservador para ocupar o cargo. Os praieiros, então, organizaram uma revolta, que teve início em novembro de 1848.

Sob a liderança do militar Pedro Ivo e do jornalista Borges da Fonseca, os revoltosos divulgaram suas propostas em um documento intitulado *Manifesto ao mundo*, no qual reivindicavam voto livre e universal, liberdade de imprensa, extinção do Poder Moderador, federalismo, ampliação dos direitos dos cidadãos e a prática do comércio apenas por brasileiros (o que excluía, principalmente, os portugueses).

A luta armada foi vencida pelas tropas do governo central. Com a região pacificada, o liberalismo radical foi completamente afastado do poder.

Política externa brasileira

A política externa no Segundo Reinado foi marcada por interferências do Brasil na região platina, que culminaram na Guerra da Tríplice Aliança, conhecida também como Guerra do Paraguai, e no rompimento das relações diplomáticas com a Inglaterra, após vários desentendimentos entre os dois países.

As questões platinas

O Brasil tinha interesses na região platina, área de fronteira com Uruguai, Argentina e Paraguai, principalmente no caminho percorrido pelo Rio da Prata (junção dos rios Uruguai e Paraná). Esse era o acesso mais fácil e viável à província de Mato Grosso, pois, na época, não havia estradas até a região.

O governo brasileiro também queria impedir que a Argentina anexasse o Uruguai e formasse com ele um só país. Os interesses por essa região levaram o Brasil a participar de três conflitos armados: a Guerra do Prata, conhecida também como Guerra contra Oribe (Uruguai) e Rosas (Argentina); a Guerra contra Aguirre (Uruguai) e a Guerra contra Solano López (Paraguai). Este último foi o maior de todos os conflitos da América do Sul.

A Guerra do Prata

A Guerra do Prata (ou a Guerra contra Oribe e Rosas) foi uma disputa pela hegemonia na região do Rio da Prata.

Em 1850, no Uruguai, subiu ao poder Manuel Oribe, líder do Partido Blanco, ligado aos interesses da Argentina. Ele se aliou a Juan Manuel Rosas, presidente da Argentina, que pretendia restabelecer o antigo Vice-Reinado do Prata para, dessa forma, garantir que a Argentina se tornasse a principal potência da América do Sul.

Essa união prejudicava os interesses do Brasil na região platina. Além disso, havia a acusação de que os integrantes do Partido Blanco estavam provocando conflitos com os fazendeiros locais e desrespeitando a fronteira com o Rio Grande do Sul.

Assim, para garantir seus interesses, o governo brasileiro decidiu intervir na política interna do Uruguai. Aliou-se a Fructuoso Rivera, líder do Partido Colorado, e, juntos, conseguiram retirar Oribe do poder recorrendo à luta armada. Na Argentina, o Brasil apoiou um levante interno comandado pelo general José Urquiza, retirando Rosas do poder em 1852. Fructuoso Rivera assumiu o governo do Uruguai, e Urquiza, o da Argentina. Entretanto, a situação na região permaneceu instável.

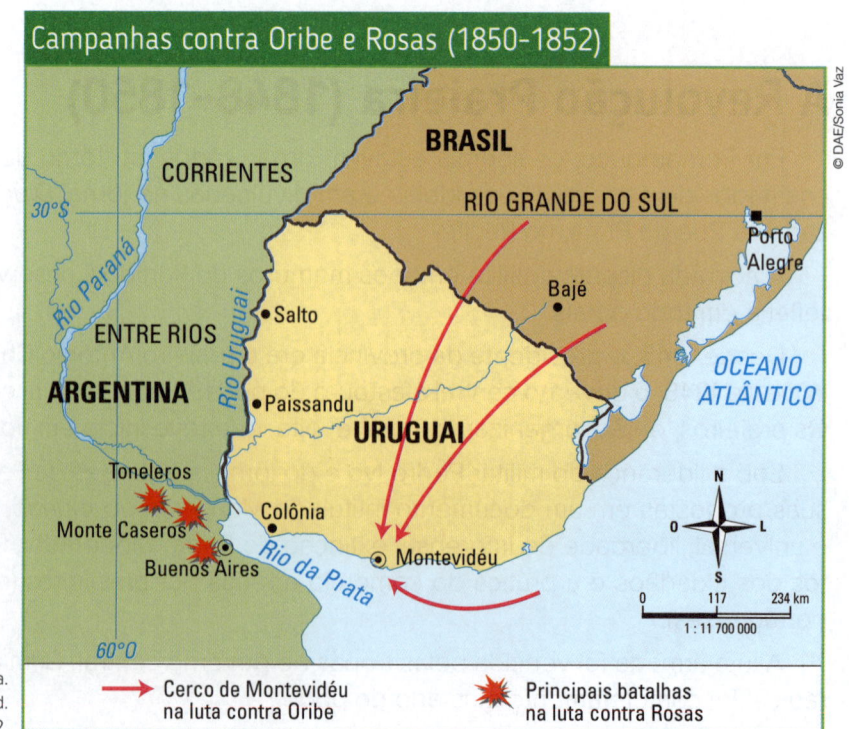

Campanhas contra Oribe e Rosas (1850-1852)

Fonte: José Jobson de A. Arruda. *Atlas histórico básico*. 17. ed. São Paulo: Ática, 2011. p. 42.

→ Cerco de Montevidéu na luta contra Oribe

✹ Principais batalhas na luta contra Rosas

A Guerra contra Aguirre (1864-1865)

Durante toda a década de 1850, no Uruguai, os conflitos entre *blancos* e *colorados* prosseguiram. Na fronteira com o Rio Grande do Sul, continuaram as disputas entre pecuaristas brasileiros e uruguaios.

O presidente do Uruguai, Atanásio Aguirre, do Partido Blanco, ignorava as constantes reclamações do governo brasileiro sobre o desrespeito às fronteiras. Diante disso, o Brasil se uniu aos representantes colorados e declarou guerra ao Uruguai. Em 1865, Venâncio Flores (*colorado*), com o auxílio do Brasil, derrotou as forças de Aguirre e assumiu o governo local.

Na época, o Uruguai contava com o apoio de Solano López, presidente paraguaio, que também tinha interesse na região do Prata. Ao renunciar, Aguirre se uniu a López, que travava uma disputa com o Brasil pelo controle da região. Foram os primeiros passos rumo à Guerra do Paraguai.

A Guerra do Paraguai (1864-1870)

Desde o século XVII, a bacia platina era alvo de disputas entre Portugal e Espanha, por ser um importante caminho para a circulação de mercadorias e metais preciosos. Após a independência das colônias ibéricas, as disputas continuaram entre as metrópoles.

Para o Brasil, a região tornou-se ainda mais importante após a independência, uma vez que era o acesso mais rápido à província de Mato Grosso.

O Paraguai, que se declarou independente da Espanha em 1811. Mais tarde, com a independência da Argentina, teve sua única saída para o mar bloqueada.

Para os paraguaios, a região tornou-se importante devido à necessidade de exportar seus produtos para o mercado europeu e dar seguimento a um projeto de industrialização nacional, que havia conseguido apoio financeiro e técnico dos ingleses. Além disso, havia o projeto de expansão territorial, que incluía territórios dos países vizinhos, e a busca de um acesso ao oceano pelo Porto de Montevidéu.

Além de ser apoiado pelo presidente Aguirre, do Uruguai, e pelos *blancos* uruguaios, López contava com o apoio dos autonomistas argentinos. Tanto no Uruguai como na Argentina, o início do conflito teve características de guerra civil, graças às disputas entre os dois grupos formados em ambos os países.

Na década de 1860, López passou a impedir o acesso de embarcações brasileiras ao Mato Grosso pelo Rio Paraguai, chegando a aprisionar, em 1864, o navio Marquês de Olinda. Logo depois, tropas paraguaias invadiram o Mato Grosso, região reclamada pelos paraguaios e pelas possessões ao norte da Argentina, na província de Corrientes. Era o começo da guerra.

Fonte: José Jobson de A. Arruda. *Atlas histórico básico.* 17. ed. São Paulo: Ática, 2011. p. 42.

Posicionamento da Inglaterra

Existem fortes evidências de que a Inglaterra não queria que a guerra acontecesse, já que, independentemente do resultado final, ela teria seus interesses prejudicados, pois todos os países envolvidos dependiam, de alguma maneira, dos britânicos. Apesar disso, a Inglaterra optou por apoiar Brasil, Argentina e Uruguai, uma vez que seus interesses eram muito maiores nesses países do que no Paraguai.

Em maio de 1865 foi assinado o Tratado da Tríplice Aliança, pelo qual Brasil, Argentina e, posteriormente, Uruguai se uniram contra as pretensões de Solano López. Apesar de um início bem-sucedido, as forças paraguaias começaram a declinar em 1865, quando a Inglaterra passou a financiar os países aliados.

O fim da guerra

Entre os anos de 1865 e 1870 foram travadas diversas batalhas que deixaram, no fim da guerra, muita destruição e um grande número de militares mortos de ambos os lados. Mas o Paraguai teve a população civil mais atingida – do ponto de vista humano e material –, além de ter perdido parte de seu território para o Brasil e para a Argentina.

No fim da guerra, o Brasil já tinha os componentes de um Exército organizado e fortalecido: homens, armas e disciplina militar. No entanto, essa importante mudança não foi positiva para a monarquia, já que os militares, durante a luta, aproximaram-se das mazelas da população – como a pobreza e a escravidão – e lutaram ao lado de países que tinham a república como forma de governo. Isso fortaleceu, entre os oficiais brasileiros, os ideais abolicionistas e republicanos.

↑ Juan Manuel Blanes. *Paraguaia: imagem de sua pátria desolada*, c. 1880. Óleo sobre tela, 100 cm × 80 cm.

A Questão Christie

De 1863 a 1865, as relações diplomáticas entre Brasil e Inglaterra estiveram rompidas devido a dois incidentes.

O primeiro ocorreu em 1861, quando o navio inglês Príncipe de Gales naufragou próximo à costa do Rio Grande do Sul e sua carga desapareceu. Na ocasião, o embaixador inglês no Brasil, William Christie, responsabilizou os brasileiros pelo saque ao navio, exigindo uma pesada indenização do governo imperial.

No ano seguinte, três oficiais da marinha britânica, embriagados, sem identificação e em trajes civis, provocaram desordem nas ruas do Rio de Janeiro e foram presos por policiais locais. Ao saber do ocorrido, Christie exigiu que Dom Pedro II punisse exemplarmente os policiais envolvidos no episódio, procurando resgatar o princípio da extraterritorialidade, presente nos tratados de 1810. Esse documento garantia aos cidadãos britânicos que praticassem crimes no Brasil um julgamento com base apenas em leis inglesas. D. Pedro II recusou-se a atender às exigências, e o embaixador mandou bloquear o Porto do Rio de Janeiro. Essa ação provocou uma revolta na população, que atacou a casa de Christie e estabelecimentos comerciais de ingleses.

Para resolver a questão, foi solicitada a arbitragem do rei da Bélgica, Leopoldo I, que decidiu favoravelmente ao Brasil. Os ingleses deveriam se desculpar e liberar os navios apreendidos no porto. Como a Inglaterra não fez o que havia sido determinado, o Império rompeu relações diplomáticas com a Grã-Bretanha. As relações foram reatadas em 1865, com um pedido formal de desculpas do governo inglês e o reconhecimento da soberania brasileira.

SISTEMATIZAR

1. Explique as diferenças e semelhanças entre o Partido Liberal e o Partido Conservador.

2. Por que as eleições para a Câmara dos Deputados, em 1840, ficaram conhecidas como "eleições do cacete"?

3. Por que vários países da América do Sul cobiçavam a região platina?

4. Em quais conflitos com outros países da região platina o Brasil se envolveu durante o Segundo Reinado?

REFLETIR

1. Leia o texto e faça o que se pede.

O movimento Praieiro começa a se cristalizar ainda em 1842, ano da fundação do *Diário Novo*. Desde o início, os Praieiros apontavam a necessidade de dar solução às "questões graves e difíceis" que afligiam a jovem Nação, o que implicava "a substituição da escravatura por homens livres" e "a reforma do nosso sistema de propriedade territorial". Em 1844, os liberais alcançaram o poder e o novo presidente da Província, Antônio Chichorro da Gama, homem ligado aos revolucionários da Praia, toma medidas concretas para limitar a influência dos grandes proprietários. A sua queda, quatro anos mais tarde, iria desencadear o movimento armado que, iniciado em Olinda, se estenderia por toda a região da Mata pernambucana, atingindo a Paraíba. Um capitão de artilharia – Pedro Ivo Velloso de Oliveira – tomaria a frente da rebelião, até sua rendição, em 3 de fevereiro de 1849.

Ivan Alves Filho. Brasil, 500 anos em documentos.
Rio de Janeiro: Mauad, 1999. p. 210.

a) A que "questões graves e difíceis" o texto se refere?

b) Levante hipóteses para explicar por que a substituição de Chichorro da Gama na presidência da província desencadeou um movimento armado.

c) Além da luta armada, que outras "armas" foram usadas pelos praieiros durante essa revolução? Você considera essas outras armas eficazes?

2. Observe a ilustração de Angelo Agostini e faça o que se pede.

Fundação Biblioteca Nacional, Rio de Janeiro

↑ "Ao voltar para o Brasil, um voluntário da pátria depara-se com a escravidão", ilustração de Ângelo Agostini publicada em *Vida Fluminense*, Rio de Janeiro, 11 jun. 1870.

a) Qual é o contexto histórico representado na imagem?

b) Explique a reação do soldado da imagem, considerando que ele teria lutado na Guerra do Paraguai.

c) Qual é a crítica apresentada na ilustração?

DESAFIO

1. As relações entre países vizinhos podem ser amistosas e colaborativas ou de tensão e conflito, como vimos exemplificadas neste capítulo. Como estão, atualmente, as relações do Brasil com os países vizinhos? Pesquise as relações que incluem acordos de cooperação, união de comércio, possíveis conflitos, entre outros, e quais as consequências positivas e negativas aos envolvidos (governos e populações).

4 Em busca da nacionalidade

No capítulo anterior, você conheceu os conflitos que aconteceram no longo período que durou o Segundo Reinado. Neste capítulo, você vai conhecer todas as ideais que foram propagadas no Brasil e que construíram as noções de nacionalidade que temos hoje.

A construção da nação brasileira

A independência do Brasil colocou em pauta diversas demandas para o Estado e para a nacionalidade em formação. Uma dessas necessidades era a criação de faculdades de Direito. O Brasil carecia de um ordenamento jurídico próprio e de pessoas capazes de interpretar as leis, sem depender da ex-metrópole, que formava a elite brasileira até o início do século XIX.

Essa necessidade não se restringia à formação de advogados, mas à criação de uma base humanística capaz de formar uma identidade cultural para o Brasil. Os cursos de Direito na época eram a base para a formação dos quadros intelectuais do país; grande parte dos escritores, poetas, políticos e historiadores tinha essa formação.

Logo que o Brasil se tornou um Estado independente, colocou-se em pauta a criação da Faculdade de Direito em São Paulo. Os debates iniciaram-se em 1823 e duraram alguns anos, até que D. Pedro I, em 1827, definiu que as academias jurídicas seriam sediadas em duas cidades, São Paulo e Olinda. Dessa maneira, o Brasil Imperial, com vasto território, satisfazia às necessidades tanto das elites do norte quanto do sul.

↑ Fachada da Faculdade de Direito na cidade de Olinda. Recife, c. 1928-1930.

Arquivo/Estadão Conteúdo

Com a saída de D. Pedro I e o subsequente Período Regencial, outro ponto que se tornava urgente era a formação cívica de Pedro de Alcântara. Ele foi instruído para o exercício do poder pelo seu influente mordomo, Paulo Barbosa, e assumiu o trono em 1840 como D. Pedro II.

Nesse momento, o Brasil passava por um quadro de instabilidade social, política e econômica. A posse do jovem D. Pedro II como imperador representava a possibilidade de estabilização para a população e para a acomodação das elites que ansiavam pela ordem.

A posse de D. Pedro II representou, ainda, o restabelecimento do Estado do Brasil centralizado, com o poder nas mãos do imperador, consumando, assim, a pacificação do país. As revoltas que assolaram o Brasil em diversas regiões durante as Regências tinham sido sufocadas pelas forças do Estado. Com isso, os grupos dominantes puderam alcançar, com poucos percalços, a ordem política e social estável que desejavam.

A civilização desejada

Durante o século XIX, o Brasil era um país basicamente agrário com população composta em sua maioria de afrodescendentes, mestiços e imigrantes. Além disso, enfrentava diversos problemas sociais em que parte considerável da população não tinha direito à liberdade.

Neste cenário, as elites brasileiras esquivavam-se da realidade de grande parte da população com o objetivo de aproximar-se do mundo tido como civilizado, importando hábitos europeus. Para isso, seguiam códigos de etiqueta em livros criados na França pré-revolucionária, que indicavam diversas regras para a vida social – como portar-se em público, maneiras de recepcionar pessoas e como sentar-se à mesa.

As áreas urbanas ainda eram bastantes restritas. As cidades urbanizadas deveriam conferir um ar de modernidade ao Império e espelhar a "civilidade", especialmente as cidades francesas da época. A cidade fluminense foi a que mais passou por mudanças nessa época em decorrência da vinda da Corte portuguesa e, posteriormente, da instalação da sede do Império. Nos locais de maior acesso, começaram a ser erguidos palácios, jardins públicos e largas avenidas. A partir de 1820, as ruas começaram a ser arborizadas e foram calçadas com paralelepípedo em 1853; a iluminação a gás ocorreu em 1854; bondes puxados por burros em 1868; rede de esgoto em 1862; e abastecimento de água domiciliar em 1874.

↑ Os bondes no Rio de Janeiro (RJ) foram puxados por burros até o início do século XX. Fotografia de Augusto Malta, c. 1903.

Por mais que as elites se esforçassem para que os elementos da escravidão fossem ocultados da paisagem, a cidade do Rio de Janeiro continuava envolta pelo ambiente rural e com grande circulação de escravos e negros livres que representavam, praticamente, a metade do total de habitantes da cidade.

As mudanças nos costumes e nos espaços públicos não foram suficientes para implantar, na totalidade, o projeto civilizatório do Império. A população rural era esmagadoramente maior que a da cidade. A escravidão e o abandono da população rural foram uma das grandes contradições do governo de D. Pedro II, que almejava civilizar o Brasil.

 **CURIOSO É...**

A *quadrille*

As Festas Juninas tradicionais em diversas regiões do Brasil trazem consigo elementos desse desejo civilizador das elites do século XIX. Nessas festas, costumava-se dançar a **quadrilha**. O seu nome vem de uma dança de salão francesa realizada com quatro pares, a *quadrille*. Essa dança saiu dos salões nobres do imperador e caiu no gosto popular, sendo praticada ainda hoje em diversas regiões do Brasil.

A formação da identidade nacional

A formação da nacionalidade brasileira tornou-se uma necessidade imediata com a estrutura de Estado instaurada desde a chegada da família real ao Brasil até a segunda metade do século XIX. A população desse período era constituída por negros, indígenas, mestiços e por imigrantes de origens diversas (assunto que será trabalhado no tema seguinte). Diante desse quadro, o sentimento de nacionalidade tornava-se uma tarefa bastante complexa para a elite letrada do Brasil Imperial.

A criação das faculdades de Direito em São Paulo e em Recife, em 1827, e a fundação do Instituto Histórico e Geográfico Brasileiro, em 1838, lançaram as bases da elite intelectual brasileira, que se apoiou em grande medida no **Romantismo**.

← O Instituto Histórico e Geográfico Brasileiro foi criado em 1838 por D. Pedro II com o objetivo de formar uma entidade que refletisse a nação brasileira. Rio de Janeiro, 1838.

O Romantismo

O Romantismo, movimento artístico e cultural iniciado na Europa no século XVIII em reação ao neoclassicismo, abrangeu diversas áreas das artes. No campo da literatura, sobressaíram-se o alemão Johann W. von Goethe, o inglês Lord Byron e os franceses Alexandre Dumas e Victor Hugo. Na música, destacaram-se Ludwig van Beethoven, Frédéric Chopin e Wilhelm Richard Wagner. Nas artes plásticas, o francês Eugène Delacroix e o espanhol Francisco Goya.

O movimento romântico chegou ao continente americano com bastante intensidade. As recém-formadas repúblicas do continente e o Império brasileiro foram muito receptivos a essa corrente de pensamento. Muito disso se deu pelo contexto similar de formação da nacionalidade. No Brasil, as temáticas escolhidas pelos artistas destacavam a natureza local, a história do país, o amor, os problemas político-sociais e a identidade nacional.

O Romantismo brasileiro no campo da literatura costuma ser dividido em três períodos. Na primeira geração, marcada pelo nacionalismo e indianismo por enfatizar os fatos históricos e a vida dos povos indígenas, destacaram-se Gonçalves Magalhães e José de Alencar. Na segunda geração romântica, conhecida como "mal do século", byroniana ou ultrarromântica, as principais temáticas eram o pessimismo, a tristeza e a morte, e seus representantes mais conhecidos são Casimiro de Abreu e Álvares Azevedo. A terceira geração do Romantismo brasileiro, por sua vez, ficou conhecida como condoreira, e caracterizava-se pela crítica social, com destaque para Castro Alves, que apresentou fortes críticas à escravidão.

O Romantismo no Brasil foi um movimento cultural e político associado ao nacionalismo, impulsionado pelo desejo de independência cultural e da monarquia.

Identidade e união

A literatura foi um dos principais meios em que o sentimento de nacionalidade era expresso e tornou-se central na produção literária.

A questão da nacionalidade não se restringiu aos intelectuais brasileiros. Países europeus, principalmente Itália e Alemanha, que estavam em processo de unificação, também viam nessa questão o elemento agregador para a unificação do Estado. Com esse objetivo, ressaltaram o Império Romano e os povos germânicos na Idade Média (assuntos estudados no 6º ano) e impuseram uma língua oficial.

Ao contrário desses países europeus, no Brasil o Estado já estava estruturado e tinha uma unidade territorial, mas restava criar o sentimento de nacionalidade. A tentativa de remeter a um passado mítico e glorioso seguiu evidenciando algumas particularidades. Os intelectuais brasileiros possuíam posições distintas em relação à população negra escravizada. De um lado, José de Alencar era um dos mais destacados críticos do abolicionismo. O seu posicionamento era favorável à escravidão. Alencar desenvolveu uma carreira política, foi deputado federal pelo Ceará, em 1860, e Ministro da Justiça, em 1868. Joaquim Manuel de Macedo, por outro lado, em sintonia com os abolicionistas, denunciava a conivência dos brancos na continuidade do escravismo no Brasil Imperial.

Os intelectuais do romantismo brasileiro, ao mesmo tempo que queriam romper com o passado europeu, excluíam a população negra da construção dessa sociedade nacional. Assim, eles elegeram o **indianismo** como a base para a formação da identidade nacional.

Os pintores do Romantismo brasileiros se concentraram em retratar a História do Brasil, contribuindo com a construção de uma identidade cultural brasileira.

↑ José Maria de Medeiros. *Iracema,* 1881. Óleo sobre tela, 1,68 m × 2,55 m.

As políticas indigenistas

As imagens construídas sobre os povos indígenas no Brasil se modificaram com o passar do tempo. Nos primeiros séculos da colonização, o tratamento dado a eles variava de "terríveis antropófagos" a "bons selvagens", esta última definição segundo o filósofo iluminista Jean-Jacques Rousseau.

Durante o Período Colonial, o convívio entre indígenas e portugueses não foi amistoso. O estranhamento entre os europeus e os nativos da América era comum. Isso justificou, em grande medida, o extermínio desses grupos. As tentativas de acomodar os povos indígenas à sociedade tornaram-se mais contundentes, chegando a elegê-los símbolo da nacionalidade.

No Brasil Imperial, os indígenas passaram a ser idealizados pelos artistas românticos, mas a realidade mostrava-se bastante diferente. Essa idealização não representou mudanças concretas no cotidiano dos índios ao longo do império.

José Bonifácio enviou à Constituinte de 1823 propostas indigenistas em que sugeria a catequese e a civilização dos indígenas, mas elas não foram levadas adiante devido à dissolução da Constituinte de D. Pedro I e à outorga da Constituição de 1824. Até a saída do imperador, a questão indígena foi legislada por avisos e recomendações aos conselhos provinciais.

Durante a Regência, surgiram as primeiras leis indigenistas de caráter nacional. Em 1831, foram revogadas as cartas régias que oficializavam as guerras aos povos indígenas. Em 1834, foi determinado que as assembleias legislativas provinciais e seus governos deveriam cuidar da civilização e da catequese dos indígenas.

Coleção particular

↑ Johann Moritz Rugendas. *Aldeia de Tapuias*. Litografia publicada em *Viagem pitoresca através do Brasil*, c. 1835.

A relação entre catequese e civilização colocava a religião cristã católica como o elemento que integraria os povos indígenas à sociedade. Na década de 1840, o governo passou parte do controle da catequese aos missionários capuchinhos.

A promulgação da Lei de Terras, em 1850, trouxe muitas consequências para os povos indígenas. Essa lei proibia a ocupação e a doação de terras. Assim, institucionalizava-se os latifúndios, transformando os territórios tradicionalmente habitados por comunidades e suas áreas de caça em terras devolutas. Por consequência dessa lei, dezenas de aldeias indígenas foram extintas formalmente, e seus habitantes, condenados a perder suas características culturais específicas.

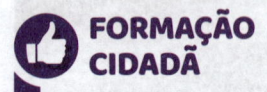

FORMAÇÃO CIDADÃ

Algumas políticas do Estado brasileiro durante os séculos XIX e XX levaram ao extermínio de aldeias inteiras. Apesar das mudanças na legislação em relação aos povos indígenas, ainda hoje há muito desrespeito a esses povos. Faça uma pesquisa na internet de artigos e reportagens que mostrem situações de desrespeito aos povos indígenas na atualidade.

Exclusão e branqueamento

Durante o século XIX, a população de origem africana e afrodescendente escravizada no Brasil não constava dos planos de grande parte dos intelectuais e das elites que encabeçavam a proposta de construir uma identidade nacional. Os intelectuais do período eram influenciados, em grande medida, pelos estudos desenvolvidos na Europa, entre os quais estavam concepções equivocadas relacionadas às raças. As teorias raciais (tratadas no Tema 6) chegavam aos intelectuais de uma sociedade composta de pessoas de diversas etnias e origens e tiveram grande impacto para a população afrodescendente.

Em meados do século XIX, iniciaram as propostas de estímulo à imigração europeia para o Brasil. Os imigrantes europeus viriam para realizar o trabalho exercido pelos escravos na agricultura. Além do interesse econômico e das dificuldades impostas ao tráfico de escravos desde a intensificação das apreensões dos navios negreiros pelos ingleses, as elites estavam interessadas em reduzir a proporção de negros e mestiços na população com a imigração em massa. A medida tinha um viés racista, reforçado por teorias europeias segundo as quais os escravos eram inferiores, o que impediria o Brasil de se tornar um país civilizado. Esse conjunto de fatores fazia parte da "política de branqueamento". Ela significava impor valores europeus à população, como meio de se chegar ao progresso. Isso tinha implicações diretas na cultura popular, impedindo os afrodescendentes de seguirem suas religiões tradicionais.

O artista Modesto Broccos y Gómez sintetizou a política de branqueamento na pintura *Redenção de Cam*, em que faz apologia à miscigenação. Nela, a mulher mestiça e seu marido branco geraram uma criança branca, enquanto a avó é negra.

Ao mesmo tempo que se construía uma identidade nacional excludente com a política de branqueamento, o Brasil Imperial assistia a um dos mais importantes movimentos sociais do país: a campanha abolicionista. Setores organizados da sociedade percebiam o atraso moral que o sistema escravista representava e se mobilizaram para pôr fim à exploração da mão de obra escrava. Muitos escravos atuavam de forma decisiva para acabar com a escravidão, revoltando-se, promovendo fugas, formando quilombos ou ameaçando os fazendeiros.

A partir de 1850, uma série de medidas foi tomada para consolidar ainda mais a ordem política e social do Império. Para cumprir uma exigência da Inglaterra, principal parceira econômica do Brasil, foi aprovada a Lei Eusébio de Queiroz, em 1850. Ela estabelecia a extinção do tráfico negreiro. Poucos dias depois, a Lei de Terras foi aprovada. Um dos objetivos da medida era impedir o acesso das camadas populares à terra, principalmente com a suspensão do tráfico de escravos e a possibilidade de um eventual fim da escravidão.

Museu Nacional de Belas Artes, Rio de Janeiro

→ Modesto Broccos y Gómez. *Redenção de Cam*, 1895. Óleo sobre tela, 1,99 m × 1,66 m.

O indígena tutelado

No Período Colonial, as relações entre os diversos povos indígenas e os portugueses variaram conforme as circunstâncias e as necessidades de cada parte. Os indígenas entraram em choque com os portugueses em muitos momentos, resistindo à ocupação de suas terras. Alguns grupos indígenas se uniram aos portugueses desde o início da colonização ou aderiram a eles com o passar do tempo. Em outros casos, alianças entre nativos e outros europeus foram firmadas no combate aos portugueses.

Com a consolidação do Estado brasileiro no século XIX, a relação com os povos indígenas no Império ganhou novos contornos por meio de políticas de Estado. Na maioria dos casos, elas não levavam em consideração as necessidades dos diversos povos indígenas, que resistiram e ainda hoje resistem o quanto podem.

Até meados do século XX, firmou-se o pensamento de que os indígenas estavam fadados ao extermínio. Diante disso, foi criado em 1961, pelo presidente Jânio Quadros, o Parque Indígena do Xingu, a primeira terra indígena homologada pelo governo federal. Idealizado pelos irmãos Villas Bôas, o projeto foi redigido pelo antropólogo Darcy Ribeiro durante o período em que esteve à frente do Serviço de Proteção ao Índio (SPI).

Nesse período, que se estendeu da criação do Parque Indígena do Xingu até a década de 1980, a previsão de desaparecimento deu lugar a uma visão mais otimista sobre o futuro dos povos indígenas. A participação de grupos indígenas organizados na elaboração da Constituição de 1988 contribuiu para o avanço na proteção e no reconhecimento dos direitos indígenas. A garantia do direito à diferença (associado à diversidade de formas de organização social, costumes, práticas e línguas) é uma das marcas da Constituição vigente, diferentemente das políticas indigenistas do Brasil Imperial, que pretendiam integrar os indígenas à sociedade.

O Estado e grande parte da população brasileira continuaram a ignorar a sociodiversidade indígena do país. Existem mais de 200 etnias identificadas e cerca de 180 línguas nativas cadastradas. Ainda hoje, há povos indígenas que vivem isolados. A maior parte deles vive na região amazônica. Em 2008, um avião da expedição aérea realizada pela Frente de Proteção Etnoambiental da Fundação Nacional do Índio (Funai) conseguiu registrar, em fotografias, comunidades indígenas que vivem isoladas. Cabe ao Estado garantir a preservação dos hábitos e tradições desses povos.

Gleison Miranda/Funai/Survival/AFP

→ Grupo de indígenas isolados que vivem na divisa do Estado do Acre com o Peru, 2008.

ATIVIDADES

SISTEMATIZAR

1. O que foi o Romantismo brasileiro?

2. Quais foram os papéis desempenhados pelos artistas brasileiros do século XIX?

3. Quais foram os motivos que levaram as elites a mudar os costumes e os espaços públicos?

4. Quais foram os motivos que levaram as elites a querer sufocar a cultura dos povos africanos e dos afrodescendentes durante o século XIX?

5. Quais eram as propostas indigenistas de José Bonifácio?

6. Quais foram os impactos da Lei de Terras no Brasil Imperial?

7. O que foi a "política de branqueamento"?

REFLETIR

1. O lundu misturava ritmos africanos às tradições musicais europeias. Observe a imagem e, em seguida, responda à pergunta.

Fundação Biblioteca Nacional, Rio de Janeiro

↑ Johann Moritz Rugendas. *Dança do lundu*. Gravura publicada no livro *Viagem pitoresca através do Brasil*, 1835.

- Quais elementos da imagem indicam a presença da cultura africana na produção das identidades do Brasil?

2. Leia o trecho e, em seguida, responda.

Na ótica da corte, o mundo dos escravos e o mundo do trabalho deveriam ser não só transparentes como silenciosos. No entanto, o contraste entre as pretensões civilizadoras da corte e a violência e alta densidade de escravos é flagrante. Os cativos representavam de metade a dois quintos do total de habitantes da corte no decurso do século XIX. [...]

Lilia Moritz Schwarcz; Heloisa Murgel Starling. *Brasil: uma biografia*. São Paulo: Companhia das Letras, 2015. p. 279.

a) Por que as elites queriam ocultar os escravos e os trabalhadores da cidade?

b) Segundo as autoras, quais eram as contradições das pretensões civilizadoras no Rio de Janeiro do século XIX?

3. Leia o trecho e responda às questões.

A literatura foi, ao lado da pintura e da música, a principal forma de expressão artística no século XIX. Os autores eram em geral membros da elite branca e o universo de leitores era limitado, pois a maioria da população era analfabeta. [...]

Após a independência, a produção literária esteve em parte articulada aos esforços da construção de uma identidade brasileira. A constituição de uma nação e de um Estado, a partir da independência, trazia consigo o desafio de criar um sentimento de pertencimento à comunidade nacional que unificasse uma população extremamente heterogênea.

Miriam Dolhnikoff. *História do Brasil Império*. São Paulo: Contexto, 2017. p. 69.

a) Quais foram, durante o século XIX, as principais expressões artísticas no Brasil?

b) Qual é a importância da cultura letrada na construção da nação brasileira?

c) Em sua opinião, é possível hierarquizar a importância da cultura letrada e não letrada na identidade brasileira?

DESAFIO

1. Pesquise imagens na internet que mostrem as diversas maneiras pelas quais a população negra fazia parte da paisagem do Rio de Janeiro no século XIX.

Explorando espécies e territórios

As viagens e expedições realizadas pelos naturalistas, pesquisadores que se dedicam ao estudo de plantas, minerais e animais, são parte importante do processo de formação e reconhecimento do território brasileiro, assim como de outras regiões do planeta. Os estudos e registros dessas viagens representam importante acervo da história natural do Brasil.

‖‖‖‖‖ RELAÇÃO PESSOAL

‖‖‖‖‖ FEITOS QUE INSPIRARAM OUTRA PESSOA

Alex Argozino

Jeanne Barret (1740-1807)
Botânica francesa. Foi a primeira mulher a participar de uma navegação ao redor do mundo. Como na época não se aceitavam mulheres em expedições náuticas, Jeanne se disfarçou de homem para integrar a tripulação. Em conjunto com o botânico Philibert Commerson, identificou aproximadamente 3 mil novas espécies botânicas.

Bridgeman Images/Easypix Brasil

Philibert Commerson e Jeanne Barret trabalharam juntos na coleta e na montagem de exsicatas (amostras de plantas prensadas e secas em estufa).

Louis Antoine de Bougainville (1729-1811)
Navegador francês. É contemporâneo de James Cook.

Em suas viagens pelo Brasil, Saint-Hilaire coletou mais de seis mil espécies de plantas. Toda sua coleção está disponível para consulta *on-line* no Herbário Virtual A. de Saint-Hilaire (http://hvsh.cria.org.br/) acesso em fev. 2019.

Coleção Brasiliana Itaú

ECHIUM PLANTAGINEUM

Auguste de Saint-Hilaire (1779-1853)
Botânico francês. Admirava o capitão Cook, cujas histórias conheceu por meio das narrativas de Forster em seu livro *A voyage around the world* (1777).

Georg Forster (1754-1794)
Naturalista alemão. Foi amigo de Humboldt e conheceu o capitão James Cook em sua segunda viagem ao redor do mundo.

James Cook (1728-1779)
Navegador inglês. Foi responsável pelos primeiros contatos com a população da Oceania.

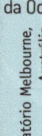

Observatório Melbourne, Austrália

Carl F. Philipp von Martius (1794-1868)
Naturalista alemão. Influenciado pelos escritos de Humboldt, percorreu parte do Brasil no período de 1817 a 1820. Em conjunto com Johann von Spix, coletou espécimes de plantas e animais e estudou comunidades indígenas. Seus trabalhos foram reunidos na obra *Flora brasiliensis*, o maior arcabouço botânico da flora brasileira.

Alexander von **Humboldt**
(1769-1859)
Naturalista alemão.
Seus escritos influenciaram
Von Martius e Charles
Darwin. Era amigo de Georg
Forster. Percorreu a América
espanhola no período
de 1799 a 1804.

Desenho do vulcão Chimborazo, no Equador, elaborado por Humboldt. Os estudos do naturalista sobre vulcões são considerados um dos marcos iniciais da Sismologia.

Desenho do vulcão de Cotopaxi, no Equador. Apesar de ter colhido muitos exemplares da flora, Humboldt enfrentou dificuldades para armazená-los, por isso conhecemos principalmente seus desenhos de plantas encontradas nas paisagens que percorreu.

Durante sua expedição pela América do Sul, Humboldt coletou mais de 4 mil espécies de plantas, que ele tentou preservar com uma variedade de métodos. No entanto, é por meio de seus desenhos que conhecemos essas descobertas.

"É fácil reconhecer a influência dessas características geológicas nas tradições dos antigos habitantes destes lugares. Não vou me pronunciar se o aspecto do lugar deu asas à imaginação desses povos [...] ou se as grandes inundações do vale de Bogotá são bastante recentes para que se conserve sua lembrança. Em toda parte, as tradições históricas se misturam com opiniões religiosas" [...].

Alexander von **HUMBOLDT**, *Vistas de las condilleras y monumentos de los pueblos indígenas de América*. Madri: Ed. Universidad Autónoma de Madrid y Marcial Pons História, 2012. p. 48. (tradução nossa).

Ilustração da espécie *Microlicia cordata*, que está presente na obra *Flora brasiliensis*.

Bertha **Lutz** (1894-1976)
Bióloga, foi uma das primeiras mulheres brasileiras a ingressar oficialmente em uma instituição científica, aprovada em concurso público para o cargo de "secretário" do Museu Nacional, em 1919. Nesta época, já se dedicava a trabalhos nas áreas de Botânica e Zoologia. Depois, assumiu o cargo de naturalista, consolidando uma carreira estável e bem-sucedida. Como representante do museu no Conselho de Fiscalização de Expedições, Bertha participou do processo de construção da política científica nacional, que despontava, fiscalizando e licenciando expedições científicas em território brasileiro.

Maria **Graham** (1785-1842)
Escritora britânica, foi uma das duas únicas colaboradoras mulheres da obra *Flora brasiliensis*. Maria descreveu paisagens e coletou exemplares botânicos que foram enviados à Inglaterra em três períodos entre 1821 e 1825. Contribuiu para o estudo histórico das paisagens e dos detalhes da flora brasileira. Mulher visionária, relacionava-se com a população local, testemunhando a história da monarquia brasileira no período.

1. Quem foi a primeira mulher a participar de uma navegação ao redor do mundo? Como ela fez para ser aceita?

Registro fotográfico

Neste tema, você estudou a história do Brasil Império. De 1822 a 1889, o país foi governado por dois imperadores, D. Pedro I e seu filho D. Pedro II, passando, porém, por um momento bastante conflituoso, chamado de Regência, até que D. Pedro II pudesse assumir o trono.

D. Pedro II era um imperador amante das artes e, em seu governo, várias medidas foram tomadas com o intuito de incentivar a literatura, as artes plásticas e, também, a fotografia.

Esta última (cuja invenção é atribuída ao francês Joseph Nicéphore Niépce, em 1826) tinha chegado ao Brasil em 1840, pelas mãos do próprio imperador, que, muito animado, introduziu essa técnica de reprodução de imagens no Império, sendo considerado, portanto, o primeiro fotógrafo brasileiro.

Ter uma imagem fixada no tempo foi algo que causou admiração não só no Brasil como em todo o mundo a partir de meados do século XIX. Era raro quem pudesse tirar fotografias, pois exigia um maquinário, na época, muito grande, sofisticado e caro.

Até meados do século XX, tirar fotografias ainda era algo dispendioso e, normalmente, solicitava-se um fotógrafo apenas para casamentos, aniversários ou, em casa, para fotografar etapas da vida dos filhos. Também ia-se a estúdios de fotografia, tão logo eles apareceram, para fazer imagens de família.

Até pouco tempo, era necessário conhecer a técnica de fotografar para conseguir utilizar as máquinas, que eram manuais. Já nas décadas finais do século XX, a máquina fotográfica tornou-se um equipamento mais popular.

Hoje, no tempo dos celulares avançados, com sofisticadas máquinas fotográficas inclusas, e a moda das *selfies,* tornou-se corriqueiro tirar fotografias. Todos podem fotografar e ser fotografados, em qualquer momento, em qualquer circunstância, mesmo sem nenhuma habilidade de fotógrafo. Diante de todas essas facilidades, tem-se esquecido que a fotografia é uma arte cheia de técnicas para uma boa apresentação. É isso que você aprenderá nesta atividade – como tirar fotografias –, além de refletir sobre o processo artístico envolvido nelas.

↑ Família Imperial reunida na escadaria do Palácio Isabel, em Petrópolis (RJ), 1889.

Instituto Moreira Salles

Passo a passo

1. O professor disponibilizará algumas fotografias para a turma. Discuta com os colegas o que vocês sabem a respeito de técnicas de fotografia. Vocês conhecem conceitos técnicos como enquadramento, coloração, foco, iluminação e primeiro e segundo planos? Analisem, inicialmente, as imagens pelas impressões e sentimentos que despertam; depois, os aspectos técnicos que conheçam.

2. Escolha algo ou alguém da escola para retratar com sua câmera (pode ser usada a câmera do celular): colegas, professores, demais funcionários da escola; alguma paisagem do ambiente escolar (jardim, sala de aula, cantina, biblioteca, quadra). Você pode focar alimentos da cantina, materiais escolares, a hora do intervalo, atividades físicas de colegas, trabalhos dos colegas, ou seja, o que desejar.

3. É importante que, caso pretenda retratar uma pessoa, você lhe pergunte se autoriza a fotografia. Se ela não quiser fazer parte do projeto, você deve escolher outra pessoa.

4. Escolha, entre as imagens feitas, três do tema definido. Entregue-as em arquivos digitais ao professor, que as projetará em sala de aula.

5. Durante a exibição, você e os colegas devem ajudar a analisar as imagens do ponto de vista técnico e estético e, juntos, escolher, por voto, a melhor entre as três de cada aluno.

6. Faça, no caderno, uma legenda para sua fotografia que foi escolhida pela turma.

↑ Adolescente faz um registro fotográfico.

7. Coletivamente, criem um nome para a exposição das imagens, por exemplo: "Nossa escola sob nosso olhar".

Finalização

Para fazer uma exposição das fotografias da turma, é preciso montar um mural ou um painel.

1. Elabore, com os colegas, um mural chamativo, que pode ser feito de isopor ou de papel *kraft*.

2. Acima do mural ou centralizado e bem visível deve estar o título escolhido, bem como a indicação da turma.

3. Imprimam as fotografias escolhidas e escrevam as legendas delas em cartões.

4. De forma organizada, vocês devem fixar suas fotografias e as respectivas legendas no mural.

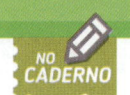
1. Quais atividades econômicas foram importantes durante o Primeiro Reinado, visto que a mineração estava em declínio nesse período?

2. Quais eram os interesses da elite agrária nacional ao querer elaborar uma Constituição que limitasse o poder monárquico? Qual foi a medida tomada por D. Pedro na Assembleia Constituinte?

3. Observe a charge, leia a legenda e faça o que se pede.

a) Identifique os personagens da charge.

b) A charge trata de qual momento da história?

Biblioteca Nacional de Portugal, Lisboa

→ Honoré Daumier. *Ksssse! Pedro... Ksssse! Ksssse! Miguel! (Estes dois covardes jamais se farão mal algum)*, c. 1833. Litografia aquarelada.

4. Leia a seguir a transcrição de um bilhete entregue ao major Frias e Vasconcelos que se tornou um importante documento histórico do país.

Usando do direito que a Constituição me concede, declaro que tenho muito voluntariamente abdicado na pessoa de meu muito amado e prezado filho, o Senhor D. Pedro de Alcântara.
Boa Vista, 7 de abril de mil oitocentos e trinta e um, décimo da Independência e do Império.
Pedro.

Disponível em: <https://www.bbc.com/portuguese/brasil-45377088>. Acesso em: fev. 2019.

a) Quem escreveu esse bilhete?

b) Qual é o assunto dele?

c) Explique o contexto histórico da elaboração desse documento.

5. Durante o Período Regencial, mesmo com divergências políticas entre progressistas e regressistas, ambos tinham algo em comum. Quais interesses eles partilhavam?

6. Leia o manifesto aos cabanos feito por Eduardo Francisco Nogueira Angelim, em 26 de agosto de 1835, quando assumiu o comando da província; em seguida, responda às questões.

[...]
Saibam, pois, o governo geral e o Brasil inteiro que os paraenses não são rebeldes; os paraenses querem ser súditos, mas não querem ser escravos, principalmente dos portugueses, os paraenses querem ser governados por um patrício paraense que olhe com amor para as suas calamidades e não por um português aventureiro [...]; os paraenses querem ser governados com a lei e não com arbitrariedades, estão todos com os braços abertos para receber o governo nomeado pela regência, mas que seja de sua confiança, aliás eles preferem morrer no campo de batalha a entregar de novo seus pulsos às algemas e grilhões do despotismo; se o governo da corte teimar em subjugar-nos pela força, nós teimaremos em dar-lhe provas de valor de um povo livre que esquece a morte quando defende a sua liberdade.

Mary del Priore; Maria de Fátima das Neves; Francisco Alambert. *Documentos de História do Brasil: de Cabral aos anos 90*. São Paulo: Scipione, 1997. p. 49-50.

a) Por que o líder Angelim afirma que os paraenses não são rebeldes?

b) A mensagem de Angelim traduz o que foi a Cabanagem? Justifique.

7. O quadro a seguir sistematiza as rebeliões regenciais. Copie-o no caderno e preencha-o corretamente.

REBELIÕES REGENCIAIS	GRUPOS SOCIAIS	PROJETO POLÍTICO
MALÊS		
CABANAGEM		
FARROUPILHA		
SABINADA		
BALAIADA		

8. Com base no quadro da questão anterior, faça o que se pede.

a) Indique as causas comuns às revoltas.

b) Relacione as rebeliões à situação de instabilidade econômica e política pela qual o Brasil passava.

9. Por que o parlamentarismo brasileiro do Segundo Reinado diferenciava-se do parlamentarismo inglês?

10. Leia um trecho do Estatuto da Igualdade Racial e responda às questões.

Parágrafo único. Para efeito deste Estatuto, considera-se:

I – discriminação racial ou étnico-racial: toda distinção, exclusão, restrição ou preferência baseada em raça, cor, descendência ou origem nacional ou étnica que tenha por objeto anular ou restringir o reconhecimento, gozo ou exercício, em igualdade de condições, de direitos humanos e liberdades fundamentais nos campos político, econômico, social, cultural ou em qualquer outro campo da vida pública ou privada;

II – desigualdade racial: toda situação injustificada de diferenciação de acesso e fruição de bens, serviços e oportunidades, nas esferas pública e privada, em virtude de raça, cor, descendência ou origem nacional ou étnica [...].

BRASIL. Lei nº 12.288, de 20 de julho de 2010. Institui o Estatuto da Igualdade Racial. Disponível em: <www.planalto.gov.br/ccivil_03/_Ato2007-2010/2010/Lei/L12288.htm>. Acesso em: fev. 2019.

a) Qual é o tema do documento lido?

b) Que informações obtemos sobre a sociedade atual ao ler o documento?

DICAS

LEIA

As rebeliões regenciais, de Roberson de Oliveira (FTD). O autor narra as principais rebeliões e revoltas do Período Regencial no Brasil, como a Revolta dos Malês e a Cabanada, fornecendo informações simples e de fácil compreensão, sem, contudo, deixar de abranger o cenário geral do Nordeste.

Brasil Império, de Hamilton M. Monteiro (Ática). O livro traça um panorama da História do Brasil Império, tendo como eixo central a questão do autoritarismo.

Pedro Bruno. *Pátria*, 1919.
Óleo sobre tela, 1,90 m × 2,79 m.

Do império à república

A imagem, produzida 20 anos após a proclamação, representa o sentimento patriótico e a esperança depositada na república.

Em 15 de novembro de 1889, um golpe militar, liderado pelo Marechal Manuel Deodoro da Fonseca, com apoio dos fazendeiros de café e sem a participação direta da população, pôs fim ao regime monárquico no Brasil e deu início à república.

Como ocorreu essa transição? Que fatores contribuíram para essa ruptura tão impactante na história de nosso país?

1 O império do café

Neste capítulo, você vai estudar a consolidação do café, durante o Segundo Reinado, como importante produto cultivado em São Paulo e que trouxe inovações e investimentos para a região.

Durante séculos o café foi considerado um artigo de luxo na Europa. Não se sabe ao certo quando as primeiras mudas de café foram plantadas no Brasil, mas sabe-se que a cidade de Belém já exportava o produto para Portugal nas primeiras décadas do século XVIII.

Por volta de 1760 surgiram os primeiros indícios de cultivo de café no Rio de Janeiro. Naquele momento, a plantação se restringia aos quintais e às chácaras dos arredores do perímetro urbano, mas, com o passar do tempo e com investimentos do capital de antigos produtores de cana-de-açúcar e de mineradores da região das Minas Gerais, o café começou a ser cultivado em larga escala no Vale do Paraíba. Essa região corresponde, atualmente, aos municípios de Resende, Barra Mansa, Vassouras, Valença, Piraí, São João Marcos e Paraíba do Sul.

Já no início do século XIX, o Vale do Paraíba tornou-se o centro irradiador da produção de café, passando a ser cultivado também em São Paulo, Minas Gerais e Espírito Santo. O crescimento da lavoura cafeeira no Brasil foi possível graças a uma combinação de fatores: grande procura e pouca oferta do produto na Europa, solo e clima apropriados nas regiões onde era cultivado e o fato de a produção não exigir grandes investimentos. Apesar de levar quatro anos para dar os primeiros frutos, a mesma planta pode chegar a produzir por mais de 30 anos.

A cafeicultura modificou as relações políticas, econômicas e sociais nas regiões onde o produto era cultivado em abundância. Nesse período, foram distribuídos títulos de nobreza aos grandes produtores de café, que passaram a ser os "barões do café", com força política e prestígio social. Geralmente aliada do governo imperial, a maioria dos barões era defensora da ordem escravocrata.

Instituto Moreira Salles, São Paulo. Foto: Marc Ferrez

↑Escravas no terreiro de café na região do Vale do Paraíba (RJ), c. 1882.

A mundialização do café

No século XVII, o café tinha grande aceitação no mercado europeu e era monopolizado por comerciantes árabes. Os holandeses foram os primeiros europeus a fazer do café um negócio altamente lucrativo, controlando a produção e comercialização do produto; posteriormente, foram os franceses. Em 1690, o café holandês começou a ser cultivado em Java, uma das ilhas da Indonésia. No início do século XVIII, o produto começou a ser aclimatado na América, em especial no Caribe.

↑ Escravos trabalham em uma plantação nas Índias Ocidentais (atual Caribe): produção de café, mandioca e farinha. Gravura do século XVII.

A Ilha de São Domingos, colônia francesa, teve grande destaque no cultivo do café. Em 1750, a produção na América girava em torno de 3 mil toneladas anuais. No final do século XVIII, São Domingos era responsável por quase metade da produção mundial, chegando a produzir cerca de 69 mil toneladas.

A quantidade crescente no mercado levou a mudanças no padrão de consumo do produto, popularizando-o na Europa. A expansão da Revolução Industrial na Europa estava diretamente relacionada a essa popularização. Os trabalhadores, em número cada vez maior, passaram a consumir café cotidianamente como estimulante para as longas jornadas nas fábricas.

A massificação do consumo de café entre os trabalhadores integrou as economias industriais na Europa ao mesmo tempo em que reforçou a exploração escravista na América. Como em São Domingos o café era produzido essencialmente pela mão de obra escrava, a produção do café caribenho passou por fortes abalos durante o processo de independência do Haiti, entre 1791 e 1804.

A saída momentânea de São Domingos do mercado possibilitou que outros locais também fornecessem esse produto. As possessões britânicas no Caribe e em Cuba, que já produziam café, supriram parte da demanda pelo produto. Nessa época, o Brasil já produzia café em grande escala no Vale do Paraíba e pôde expandir ainda mais sua área de cultivo após a década de 1820, chegando ao oeste paulista.

A expansão do café no Brasil

A crescente demanda por café no mercado externo favoreceu a expansão de seu cultivo no Brasil. A alta lucratividade desse produto possibilitou a formação de uma camada social composta de prósperos senhores de terra, os cafeicultores.

Os produtores de café do Vale do Paraíba seguiam um modelo já vigente com base na mão de obra escrava e em grandes propriedades de terra. Essa forma de produção começou a ganhar novos contornos, em 1850, quando o Brasil aprovou a Lei Eusébio de Queirós, que proibia o tráfico de escravos.

Esse fato contribuiu para o aumento do preço dos cativos e incentivou o tráfico interno. Os cafeicultores passaram a comprar escravos de outras províncias, principalmente daquelas que hoje correspondem à Região Nordeste, mas não havia escravos suficientes que pudessem sustentar esse modelo de produção por muito tempo. As áreas de produção no Vale do Paraíba mantiveram sua importância até 1870, quando começou a dar mostras de declínio, em parte por causa do esgotamento do solo e pela prática agrícola predatória na região. Novas áreas de florestas eram constantemente abertas para ampliar o cultivo sem que houvesse tempo para sua recuperação.

Em contrapartida, no oeste paulista, a produção de café tomou outras proporções, principalmente devido ao solo e clima favoráveis da região. Diante da escassez de mão de obra escrava, os cafeicultores do oeste paulista passaram a utilizar métodos mais racionais e modernos de produção agrícola em relação ao Vale do Paraíba.

Assim, em São Paulo, começou-se a empregar trabalhadores vindos de fora do Brasil: os imigrantes (assunto que será abordado no capítulo seguinte). Aos poucos, a mão de obra nos cafezais foi transformada. Os escravos passaram a conviver nas fazendas com os primeiros imigrantes, que eram majoritariamente europeus pobres.

Fonte: José Jobson de A. Arruda. *Atlas histórico básico*. 17. ed. São Paulo: Ática, 2011. p. 43.

O café e a modernização do país

A necessidade de aumentar a produtividade e a capacidade de escoamento levou os cafeicultores do oeste a modernizar a produção e o sistema de transporte, cortando o interior da província com ferrovias.

Os lucros obtidos na cafeicultura possibilitaram o desenvolvimento interno do Brasil, principalmente de São Paulo. O dinheiro ganho com o café era investido em construção de ferrovias.

A expansão da atividade tornou possível a implantação de obras de infraestrutura na província de São Paulo com o objetivo de facilitar o escoamento da produção. Grande parte do orçamento da província paulista era destinado à conservação e construção de estradas e pontes. O desafio era criar as condições necessárias para transitar pela íngreme Serra do Mar. Esse obstáculo começou a ser superado em 1867, quando foi construída uma ferrovia para ligar as cidades de Jundiaí (no interior) a Santos (no litoral). Por meio dela garantia-se que a produção de café chegaria ao porto para ser exportada.

Militão Augusto de Azevedo - Museu Paulista/USP, São Paulo

↑ Viaduto da Grota Funda (Serra do Mar). Estrada de ferro São Paulo Railway. Fotografia de Militão Augusto de Azevedo, 1867.

A São Paulo Railway, construída com capital inglês, representou um grande avanço tecnológico para o transporte de café. Pouco tempo depois, a malha rodoviária começou a se expandir para atender outras regiões do oeste paulista. A Companhia Paulista deu continuidade à linha Santos-Jundiaí, chegando até a cidade de Campinas. Nesse contexto foram criadas também a Companhia Sorocabana e a Companhia Ituana.

A expansão das vias férreas ligou cidades e promoveu a urbanização. Por conta da proximidade das ferrovias e pela riqueza da exportação cafeeira, vilas e pequenos povoados foram crescendo e, com eles, surgiram mercearias, oficinas, centros de comércio etc.

↑ Colocação de trilhos de bonde no centro da cidade de São Paulo, 1902. Em São Paulo, a urbanização foi responsável pelo aumento dos investimentos em saneamento básico e serviços de transporte.

O investimento em infraestrutura, as novas tecnologias de produção, os financiamentos estrangeiros e a chegada de imigrantes para a produção contribuíram para que o oeste paulista se tornasse, em fins do século XIX, o maior produtor de café da história. Enquanto isso, o Vale do Paraíba continuava a utilizar mão de obra escrava e tinha infraestrutura arcaica, herdada da mineração, inclusive com o transporte do produto em lombo de mulas pelas mesmas estradas dos mineradores do século XVIII.

A forma de produzir o café também passou por modificações. Os cafeicultores paulistas perceberam a necessidade de otimizar a produção. A partir da década de 1870 foram importadas máquinas agrícolas que descascavam, despolpavam, bruniam e ensacavam o café. Para a secagem, eram utilizados potentes ventiladores. Nesse momento, surgiu a necessidade da produção de maquinários agrícolas no Brasil.

A industrialização do Brasil Império

O desenvolvimento da indústria no Brasil durante o reinado de D. Pedro II ocorreu em grande medida após a alteração na política alfandegária.

Em 1844, o ministro da Fazenda, Manuel Alves Branco, estabeleceu medidas que visavam aumentar a arrecadação do governo imperial com a criação de novos impostos. A porcentagem variava de acordo com o tipo de produto. Para os importados que tinham produção similar na indústria nacional seria acrescentado imposto de 60% sobre seu valor e, para os produtos inexistente no país, de 30%. Essas taxações ficaram conhecidas como tarifas Alves Branco.

Ao mesmo tempo em que as tarifas Alves Branco atingiam o objetivo de aumentar a arrecadação, a medida favoreceu indiretamente o fortalecimento da indústria nacional, dando a ela um certo dinamismo.

Com a introdução da mão de obra dos imigrantes, o capital dos cafeicultores, que antes se destinava à compra de escravos, ganhava novos destinos. Parte da grande soma de capitais ociosos foram investidos na industrialização. Esses foram os primeiros passos da modernização da economia do país.

A crescente disponibilidade de mão de obra a baixo custo e a grande quantidade de matérias-primas também favoreceram a industrialização. A indústria têxtil foi uma das primeiras a ser alavancada no Brasil, uma vez que o país produzia grande quantidade de algodão.

Apesar do processo de modernização da economia do Brasil Imperial e do crescimento da indústria, a agricultura continuava a ser o setor mais lucrativo e o que empregava o maior número de trabalhadores. O Brasil continuava ainda essencialmente agrário, e as fábricas se concentravam em São Paulo, Recife e, sobretudo, no Rio de Janeiro.

→ Companhia de Tecidos São Pedro de Alcântara na Rua Renânia (atual Rua Washington Luiz), 1888. Petrópolis (RJ).

ATIVIDADES

SISTEMATIZAR

1. Explique a importância da produção de café para a economia do Brasil no início do século XIX.

2. Qual era a relação entre o cultivo de café e o processo de urbanização?

3. Em que consistia a Lei Eusébio de Queirós?

4. Quais foram as principais transformações no Brasil, no século XIX, decorrentes da elevada produção cafeeira?

5. Qual é a relação entre as tarifas Alves Branco e o processo de desenvolvimento da indústria no Brasil no século XIX?

REFLETIR

1. Observe o mapa da página 232 e, em seguida, responda:

a) O que o mapa representa?

b) Que relação você identifica entre as estradas de ferro e as áreas de cultivo?

2. Leia o texto a seguir e responda: O que representou a construção das estradas de ferro durante o século XIX?

O crescimento urbano esteve acoplado a outra transformação de vulto: o surgimento das ferrovias, que revolucionaram o transporte de pessoas e mercadorias. [...] O transporte por terra, realizado por tropas e mulas, era perigoso e extremamente lento. Foi um problema para a expansão da cafeicultura no Oeste Paulista, mas não se restringia a ela. Por todo o país, pessoas e mercadorias percorriam caminhos íngremes no lombo de mulas em viagens que poderiam demorar dias, semanas e até meses, conforme a distância do percurso.

Miriam Dolhnikoff. *História do Brasil Império*. São Paulo: Contexto, 2017. p. 157.

3. Observe a imagem ao lado e faça o que se pede.

a) Descreva a imagem.

b) Relacione a propaganda com a expansão da produção do café no Brasil.

Coleção particular. Fotografia: Bridgeman Images/Easypix Brasil

→ Cartaz publicitário inglês para café brasileiro, 1840.

DESAFIO

1. O Brasil ainda hoje é uma potência agroexportadora. Faça uma pesquisa sobre os principais produtos agrícolas brasileiros exportados atualmente. Em sua pesquisa, indique a região de origem dos produtos e os países de destino.

Escravos e imigrantes

No capítulo anterior, você estudou como a produção de café mudou a economia do sudeste brasileiro no século XIX, dando origem à industrialização no país.
Neste capítulo, você verá como ocorreu a imigração de trabalhadores europeus para o Brasil, o processo de abolição da escravatura e a repercussão desse acontecimento.

A emigração europeia

Até fins do século XVIII, a Europa tinha grandes cidades, como Londres e Paris. Contudo, viver em áreas urbanas não era a realidade da maioria da população europeia. Grande parte dela vivia no campo, trabalhando para os proprietários das terras em troca do direito de cultivar para si parte dessa terra. Além disso, os trabalhadores do campo tinham outras obrigações, que variavam de uma região para outra, entre as quais estavam o pagamento de altas taxas ou a realização de trabalhos para o senhor que estabelecia muitos empecilhos para que deixassem a terra onde viviam.

Ao longo do século XIX, as relações de trabalho na Europa ocidental passaram por transformações que implicaram a redução da área de cultivo dos trabalhadores do campo. Muitos deles migraram para as cidades em busca de oportunidades de trabalho, mas nem sempre eram bem-sucedidos. Diante desse contexto, emigrar para a América parecia ser a solução para muitos europeus garantirem o sustento da família.

Nesse mesmo contexto, algumas regiões sofriam com conflitos internos. A Itália e a Alemanha, por exemplo, que passavam por guerras de unificação, estimularam a emigração da população pobre para a América. Os europeus dispostos a emigrar preferiam ir para os Estados Unidos, que gozavam da fama de ser uma terra de oportunidades para todos aqueles que iam para lá.

↑ Benfeitores dando esmolas a uma família pobre. Gravura de *L'Album, giornale letterario e di belle arti*, 1845.

Após os Estados Unidos abolirem a escravidão, Brasil e Cuba tornaram-se alvos das pressões inglesas para o fim do tráfico de escravos. Isso levou os cafeicultores a temerem pela falta de mão de obra nas plantações.

No Brasil, a demanda por mão de obra, políticas de branqueamento e uma iminente abolição da escravatura foram as principais razões pelas quais se passou a considerar a imigração como uma alternativa viável. Restava apenas convencer os europeus a virem ao Brasil. Isso levou os **agenciadores** a investir em propagandear o Brasil na Europa. As propagandas se mostraram bastante eficientes. Durante o século XIX, o Brasil se tornou um dos principais destinos para os contingentes de europeus que emigraram da Europa.

> **GLOSSÁRIO**
>
> **Agenciador:** aquele que agencia um negócio, que é seu representante.

Imigração: diferentes experiências

Na década de 1820, o governo passou a subsidiar a vinda de alemães para colonizar a atual região sul do país, principalmente as áreas de encosta de serra, que os estancieiros não tinham interesse em ocupar.

Nesse início, a chegada dos imigrantes não representou a substituição da mão de obra escrava pela livre. Os cafeicultores não queriam abrir mão do trabalho dos escravos, assim imigrantes e escravos conviviam nos mesmos espaços de trabalho em diversas fazendas.

A imigração no Brasil ao longo do século XIX não foi isenta de conflitos. Os empregadores e autoridades seguiam a lógica do trabalho escravo e temiam que escravos e libertos fomentassem revoltas em meio aos imigrantes.

Em 1845, o senador Nicolau Campos Vergueiro propôs a criação do sistema de colônias de parceria. Dois anos após a apresentação dessa proposta foi estabelecida a primeira colônia de trabalhadores com esse sistema, na Fazenda Ibicaba, em Limeira (SP), na propriedade dele.

Museu Paulista da Universidade de São Paulo, São Paulo

← Henrique Manzo. *Cafezal da Fazenda Ibicaba*, 1850. Óleo sobre tela, 73,5 cm × 65,5 cm.

Os primeiros trabalhadores imigrantes que lá se estabeleceram eram chamados de colonos. Eles formaram as colônias de parceria, devendo trabalhar em lotes de terras do dono da fazenda; portanto, não se tornavam proprietários delas.

Nesses lotes de terra, os colonos deviam cultivar certa quantidade de pés de café e pagar pela concessão da área de cultivo para o proprietário, entregando parte da produção.

Os colonos eram obrigados a reembolsar as despesas da viagem e das ferramentas necessárias para o início do trabalho no campo. Na fazenda, o imigrante e sua família ficavam responsáveis por determinado número de pés de café e recebiam um pedaço de terra para agricultura de subsistência. O lucro obtido com o café e com os produtos cultivados era dividido com o dono da fazenda. Caso o valor do café tivesse uma queda no mercado externo, os colonos também deveriam dividir os prejuízos.

As dificuldades enfrentadas pelos imigrantes não pararam por aí. O trato que recebiam dos fazendeiros era similar ao do sistema escravista. Não tardou para que os imigrantes percebessem que a realidade era diferente da propaganda e que o trabalho era muito além do prometido. Poucos imigrantes conseguiam se tornar proprietários e quando isso acontecia, em geral, era porque as terras tinham menos qualidade e não interessavam aos fazendeiros ricos, que praticamente detinham o monopólio da propriedade rural desde a Lei de Terras, de 1850.

Esse modelo causou desentendimento entre os proprietários e os parceiros que se sentiam prejudicados. Apesar da euforia inicial, logo o sistema de parceria deu mostras de seu insucesso. Em 1857, os colonos de algumas fazendas se rebelaram, e governos europeus proibiram emigração nesses moldes para o Brasil, o que levou à extinção desse tipo de contrato poucos anos depois.

A partir de 1870, a imigração passou a ser **subvencionada**. O governo da província de São Paulo assumiu os custos de trazer os imigrantes para as fazendas de café, destinando parte do orçamento para financiar a vinda desses imigrantes. Com essa medida, o número de imigrantes aumentou. Nas novas levas chegaram europeus de diversas localidades, sobretudo italianos, espanhóis, portugueses, alemães, franceses e poloneses. A vinda de povos de diversas nacionalidades foi facilitada pela situação difícil que enfrentavam em seus respectivos países. Além disso, havia um apelo propagandístico do Brasil na Europa. Nas propagandas divulgava-se a imagem de um país maravilhoso, onde eles teriam terra e fartura.

Outro fator que contribuiu para o estímulo à imigração de europeus para o Brasil no século XIX foi a drástica diminuição da oferta de mão de obra escrava, após a Lei Eusébio de Queiroz.

Além da demanda de mão de obra, havia a propagação de teorias raciais segundo as quais a etnia era fator determinante para o desenvolvimento socioeconômico de uma nação. De acordo com essa mentalidade racista, apenas os brancos europeus poderiam "civilizar" o Brasil. Muitos membros da elite e do governo brasileiro pensavam dessa maneira e, por isso, incentivaram a vinda de imigrantes europeus para o país.

Coleção particular

↑ Panfleto que os agentes de propaganda utilizavam para promover a vinda de imigrantes italianos, século XIX.

Museu da Imigração do Estado de São Paulo, São Paulo

↑ O Porto de Santos, em São Paulo, era a principal via de entrada dos imigrantes. Dali, eles seguiam para a cidade de São Paulo, rumo à Hospedaria dos Imigrantes, onde recebiam as primeiras informações de vagas, sendo levados, depois, para os locais de trabalho. A fotografia retrata a chegada de imigrantes à hospedaria em São Paulo, 1907.

FORMAÇÃO CIDADÃ

Converse com os colegas sobre as implicações da política imigratória de meados do século XIX para a sociedade brasileira. Considerem as questões norteadoras a seguir: De que modo as teorias raciais favoreceram a integração dos imigrantes europeus no mercado de trabalho? Qual é a relação dessas teorias com a exclusão social de afrodescendentes assalariados? Como isso se reflete na sociedade atual? Se for o caso, faça uma pesquisa prévia.

O fim da escravidão

A partir de 1845, a escravidão no Brasil passou a ser contestada pela Inglaterra, que, por ser o país mais industrializado da época, desejava ampliar os mercados para seus produtos. O real interesse era aumentar o número de trabalhadores assalariados, de modo que a quantidade de consumidores para seus produtos também aumentasse.

Na mesma época, a Inglaterra também ampliava seu poder imperialista na África, que, entre outras matérias-primas, produzia algodão e tinha um forte potencial minerador. Assim, tirar a população do continente africano significava reduzir o número de trabalhadores que a própria Inglaterra poderia explorar. Para o capitalismo, o trabalhador livre era muito mais interessante que o escravo, pois aquele era também um consumidor.

Em 1845, a Inglaterra aprovou a Lei Bill Aberdeen, que proibia o tráfico de escravos e dava aos ingleses o poder de abordar e aprisionar, em alto-mar, navios de países que fizessem esse comércio. Essa lei dificultou bastante a obtenção de escravos para a lavoura no Brasil e forçou a aprovação da Lei Eusébio de Queirós.

O abolicionismo

Após a Guerra do Paraguai, na qual lutaram e morreram muitos escravos, foram fundadas sociedades abolicionistas, das quais faziam parte jornalistas, poetas, oficiais do Exército e muitas outras pessoas inconformadas com a escravidão. O jornalista Joaquim Nabuco fundou a Sociedade Brasileira contra a Escravidão, que contava com a participação de André Rebouças. Castro Alves fundou a Sociedade Libertadora 7 de Setembro, na Bahia. José do Patrocínio, Raul Pompeia, Luiz Gama e outros tantos intelectuais defendiam a causa abolicionista em jornais, livros, panfletos, reuniões e comícios.

Com a Lei Eusébio de Queirós aumentaram as pressões internas para o fim da escravidão, que se somaram às externas. Diversos cafeicultores já estavam substituindo, gradativamente, os escravos pelos imigrantes como base de sua mão de obra.

Por volta de 1887, o movimento abolicionista já contava com muitas pessoas que, inclusive, facilitavam a fuga em massa de escravos das fazendas. Foi também nesse ano que os militares lançaram um manifesto dizendo que não aceitariam mais perseguir escravos fugitivos.

Diante dessa situação, com pressões internas e externas, em 13 de maio de 1888, a princesa regente, dona Isabel, filha de D. Pedro II, assinou a lei Áurea, um texto curto no qual declarava extinta a escravidão no Brasil.

Palácio dos Bandeirantes, São Paulo

↑ Pedro Américo. *A libertação dos escravos*, 1889. Óleo sobre tela, 1,4 m × 2 m.
O quadro de Pedro Américo retrata uma forma de explicar a abolição da escravatura, na qual os povos negros fazem reverência a um personagem branco e demonstram gratidão pela liberdade dada por ele.

Os efeitos da abolição

A abolição foi um dos fatores de desestabilização da monarquia brasileira. Os proprietários de escravos sentiram-se prejudicados, sobretudo os cafeicultores do Vale do Paraíba, que consideraram a abolição uma traição do Império e voltaram-se contra o regime monárquico.

Na prática, nada foi feito para absorver esse contingente de libertos ou dar-lhes condições de sobrevivência. Portanto, a liberdade não lhes garantiu uma vida melhor. A maioria dos libertos não tinha moradia, comida, trabalho ou terra para plantar; enfim, haviam conquistado a liberdade, mas não a igualdade.

Nesse contexto, após as comemorações iniciais e a euforia, muitos libertos voltaram a trabalhar para seus ex-senhores, recebendo baixos salários a fim de garantir a sobrevivência. Nas cidades, muitos se estabeleceram em bairros pobres e passaram a sobreviver de pequenos ou pesados serviços em troca de pagamentos bem baixos.

Apesar das dificuldades, os libertos continuaram sua busca pela sobrevivência, assim como fazem atualmente seus descendentes, que continuam a lutar contra a discriminação e pela igualdade de direitos e oportunidades.

AQUI TEM MAIS

Dia da Consciência Negra

Nos círculos oficiais — como leis e ensino escolar, entre outros —, a figura do negro esteve associada, até meados do século XX, ao dia 13 de maio, que remete à assinatura da Lei Áurea pela princesa Isabel, que concedeu a liberdade legal aos escravos. Todavia, essa liberdade não foi plena, uma vez que eles não foram libertos em condições de justiça social efetiva.

Essa é uma das razões pelas quais o dia 20 de novembro (Dia da Consciência Negra) chama a atenção da população para a questão dos negros no Brasil. A data lembra o assassinato de Zumbi, um dos principais líderes do Quilombo dos

Tom Vieira Freitas/Fotoarena

↑ 14ª Marcha da Consciência Negra, na Avenida Paulista, São Paulo (SP), 2017.

Palmares no final do século XVII, e faz referência à resistência dos escravos desse quilombo. Uma data que lembre as lutas dos negros ao longo da história é importante para manter viva essa memória de resistência, mostrando o quanto nossa sociedade ainda está regida por resquícios de séculos de escravidão.

1. Qual é a diferença entre homenagear os negros comemorando o dia da assinatura da Lei Áurea (13 de maio) e fazê-lo comemorando o Dia da Consciência Negra (20 de novembro)?

As marcas da escravidão

A lei assinada pela princesa Isabel em 13 de maio de 1888 pôs fim aos mais de três séculos de escravidão no Brasil. Essa lei fez parte de muitos embates entre escravos, negros livres e abolicionistas e os senhores e o Estado, intensificados a partir de 1870. Esses embates dividiram a sociedade brasileira em relação tanto ao fim da escravidão quanto a como a sociedade deveria ser estruturada com a iminente abolição da escravatura.

Até o dia da assinatura da Lei Áurea, as províncias do Império passavam por grande agitação social, resultado da combinação entre as formas de resistências dos escravos e a radicalização das ações dos abolicionistas no Parlamento e na imprensa.

Na cidade do Rio de Janeiro, o clima era de bastante agitação com a expectativa de finalmente ser votado o projeto de lei que mudaria de vez a vida de milhares de pessoas submetidas ao cativeiro. A aprovação da lei gerou manifestações similares em diversas outras províncias.

A promulgação da Lei Áurea e os impactos que ela provocaria na sociedade brasileira não preocupou apenas os senhores, mas também os afrodescendentes e abolicionistas ao compreenderem suas contradições. Temerosos com a rebeldia dos escravos, muitos senhores do Recôncavo Baiano se refugiaram nas cidades próximas dias antes da assinatura da Lei Áurea. Quando tentaram reaver suas propriedades, os ex-escravos passaram a expressar sua nova condição controlando as propriedades.

A promulgação da Lei Áurea foi uma vitória parcial dos ex-escravos e da pressão dos abolicionistas. Ela trazia em si um caráter bastante conservador. O texto da lei era curto e, ao decretar o fim imediato da escravidão no país, não fazia menção a nenhum tipo de reparação aos ex-escravos ou a algum projeto de inserção social e econômica dos negros na sociedade brasileira.

↑ Fac-símile da Lei Áurea, de 13 de maio de 1888, assinada pela princesa Isabel.

> Art. 1º: É declarada extincta desde a data desta lei a escravidão no Brazil.
>
> Art. 2º: Revogam-se as disposições em contrário.
>
> Manda, portanto, a todas as autoridades, a quem o conhecimento e execução da referida Lei pertencer, que a cumpram, e façam cumprir e guardar tão inteiramente como nella se contém.
>
> Lei nº 3.353, de 13 de maio de 1888. Disponível em: <www.planalto.gov.br/ccivil_03/leis/lim/LIM3353.htm>. Acesso em: fev. 2019.

A lei libertou os escravos, mas não representou o fim da opressão contra a população afrodescendente. Dessa forma, o país pós-abolição se estruturou sob o racismo institucional. Muitos ex-escravos ou descendentes se reuniam para comemorar o "dia da liberdade", como era chamada a data da promulgação da Lei Áurea, e para reforçar demandas antigas da população negra, como o acesso à educação.

Após os mais de 130 anos de abolição da escravatura no Brasil, há muito ainda para equiparar a igualdade jurídica conquistada em 1888 à igualdade social. As lutas constantes indicam a necessidade de superar a estrutura escravista montada durante a colonização portuguesa. Os afrodescendentes são mais suscetíveis à violência e à desigualdade social, marcas da escravidão que permanecem no Brasil contemporâneo.

Os avanços pelos quais o país passou nas últimas décadas melhoraram parcialmente essa realidade. Os índices mostram que a população negra ainda vive menos, tem menor escolaridade, sofre mais com o sexismo, tem menos acesso ao mercado de trabalho e acesso mais restrito a sistema de moradia e de acompanhamento médico.

As ações afirmativas e políticas compensatórias

As ações afirmativas são políticas públicas promovidas pelos governos com o objetivo de fazer correções dos impactos dos séculos de escravidão, oferecer igualdade de oportunidades a todas as pessoas e, sobretudo, combater o preconceito e o racismo.

O termo **ação afirmativa** foi utilizado pela primeira vez nos Estados Unidos durante os movimentos dos direitos civis na década de 1960 com o objetivo de combater as diferenças entre brancos e negros e a segregação racial. A discriminação nos EUA ocorria de forma institucionalizada, pois a população negra era impedida de utilizar determinados espaços de instalações públicas e privadas.

Embora no Brasil a discriminação não tenha sido institucionalizada nos mesmos moldes dos Estados Unidos ou do *apartheid* na África do Sul, vários foram os mecanismos que impediam a igualdade social da população negra. Isso se reflete negativamente nos índices sociais do país.

Em 2010, foi elaborado o Estatuto da Igualdade Racial. Esse documento estabelece um conjunto de regras e princípios jurídicos para colocar fim à discriminação racial por meio de políticas que possibilitem a mobilidade social da camada historicamente desfavorecida. O texto desse documento é destinado a garantir a igualdade de oportunidades e os direitos étnicos individuais, coletivos e difusos na sociedade. O documento traz ainda definições do que é discriminação racial, desigualdade racial, desigualdade de gênero e raça; e trata de pontos fundamentais, abrangendo a cultura, o esporte, a moradia, a religião e o trabalho.

Em 2012, o Supremo Tribunal Federal decidiu que as ações afirmativas são essenciais para que as desigualdades e a discriminação sejam superadas no Brasil.

↑ Julgamento de ação contra cotas raciais na UnB, 2012. Nesta seção, o Supremo Tribunal Federal (STF) decidiu, por unanimidade, pela constitucionalidade das cotas raciais (negros e indígenas) nas universidades.

1. Defina com suas palavras o significado de ações afirmativas.

2. Busque informações sobre as ações afirmativas e políticas compensatórias em vigência ou aprovadas mais recentemente. Anote-as e descreva quais benefícios e melhorias elas trazem à população negra.

ATIVIDADES

SISTEMATIZAR

1. Qual era o contexto social da Europa quando se iniciou o processo migratório europeu para o Brasil no século XIX?

2. O que motivou a vinda de um grande contingente de imigrantes para o Brasil?

3. Qual foi a relação entre a propagação de teorias raciais e o estímulo à imigração?

4. Por que a Lei Áurea pode ser considerada uma lei conservadora?

5. As primeiras tentativas de imigração europeia para o Brasil, ainda no governo de D. João VI, não deram certo. Mas a partir de 1845 foi proposta uma nova forma para a vinda de imigrantes. Dê o nome desse novo sistema e explique-o.

REFLETIR

1. Leia o texto a seguir e, depois, faça o que se pede.

A teoria brasileira do "branqueamento" [...] aceita pela maior parte da elite brasileira nos anos que vão de 1889 a 1914, era peculiar ao Brasil [...] baseava-se na presunção branca, às vezes, pelo uso dos eufemismos "raça mais adiantada" e "menos adiantada" e pelo fato de ficar em aberto a questão de ser a inferioridade inata. À suposição inicial, juntavam-se mais duas. Primeiro – a população negra diminuía progressivamente em relação à branca por motivos que incluíam a suposta taxa de natalidade mais baixa, a maior incidência de doenças e a desorganização social. Segundo – a miscigenação produzia "naturalmente" uma população mais clara, em parte porque o gene branco era mais forte e em parte porque as pessoas procurassem parceiros mais claros que elas.

Thomas E. Skidmore. *Preto no branco: raça e nacionalidade no pensamento brasileiro.* Rio de Janeiro: Paz e Terra, 1989. p. 81.

a) Explique em que consistia a "teoria do branqueamento" citada no texto.

b) Relacione essa teoria com a migração europeia do final do século XIX.

c) Quais foram as consequências sociais da disseminação dessa ideologia para o Brasil no final do século XIX?

2. Em 13 de maio de 1888 o sistema escravista foi oficialmente abolido no Brasil. Todavia, com a abolição, os ex-escravos foram transformados em uma parcela marginalizada e pobre da sociedade – algo que se reflete até hoje. Analise essa questão e comente a atual marginalização da população negra.

3. Leia o trecho a seguir e, depois, faça o que se pede.

Depois de 130 anos da extinção da escravidão, existem, porém, permanências fortes e teimosas na sociedade brasileira. O racismo continua estrutural no país, e continua inscrito no presente, de forma que não é possível apenas culpar a história ou o passado.

Lilia M. Schwartz; Flávio dos Santos Gomes (Org.). *Dicionário da escravidão e liberdade: 50 textos críticos.* São Paulo: Companhia das Letras, 2018. p. 41.

a) Do que trata o texto?

b) Por que, segundo os autores, não é possível apenas culpar a história ou o passado pelos problemas enfrentados pela população negra no Brasil contemporâneo?

DESAFIO

1. O racismo ainda hoje se faz presente na sociedade brasileira. Forme dupla com um colega e, juntos, pesquisem casos de racismo noticiados em jornais, revistas ou na internet. Com as informações coletadas, elaborem um pequeno texto.

3 O fim do Império

A campanha republicana

A partir de 1870, o Império Brasileiro passou a ser contestado diretamente por grupos que até então o apoiavam. Era o caso de setores do Exército, da Igreja Católica e da elite cafeicultora, que, apesar de deter o poder econômico, lutava para obter o poder político.

Os jornais publicados na época traziam artigos que defendiam os ideais republicanos e, ao mesmo tempo, criticavam o regime monárquico por meio de charges que atacavam a figura de D. Pedro II. Para muitos, ele era acomodado demais e não estava sendo capaz de atender às necessidades e aos desejos urgentes da população brasileira.

Entre os anos de 1870 e 1872, foram fundados cerca de 20 jornais republicanos. O movimento aumentava e encontrava eco nas reivindicações da classe média urbana, que não tinha participação efetiva na política monárquica.

Em 1873, fazendeiros paulistas, reunidos na Convenção de Itu, fundaram o Partido Republicano Paulista (PRP). Os cafeicultores pleiteavam mais participação política e acreditavam que, em um sistema federativo, descentralizado e com mais autonomia provincial, isso seria possível.

As ideias republicanas foram se tornando fortes em províncias como São Paulo, Minas Gerais e Rio Grande do Sul, onde foram criados partidos republicanos regionais. O movimento cresceu rapidamente. Em 1889, ano da Proclamação da República, havia aproximadamente 77 publicações e 273 clubes republicanos no país.

Primeira edição de *A Republica*, publicada em 29 de janeiro de 1871. Nesse jornal, os republicanos criticavam duramente as ações do governo monárquico e divulgavam os preceitos do republicanismo.

Biblioteca Nacional, Rio de Janeiro

A crise do império

A década de 1880 foi marcada pelo agravamento dos problemas sociais. Grande parte das pessoas vivia em extrema pobreza e ainda estava sujeita a doenças provenientes das precárias condições de higiene e saúde. Os preços elevados de alimentos, manufaturas e serviços públicos deixavam a situação da população cada vez pior, gerando uma série de revoltas contra o império.

A Igreja Católica

A Igreja Católica era um dos pilares de sustentação do regime monárquico de D. Pedro II. Entretanto, desde a Constituição de 1824, a igreja era subordinada ao Estado, o que levou vários religiosos a exigir autonomia para suas questões.

Uma situação ocorrida em 1874 deflagrou a chamada Questão Religiosa. Naquele ano, D. Pedro II mandou prender dois bispos que haviam punido irmandades religiosas favoráveis à maçonaria. Essa atitude, mesmo tendo sido revertida com a anistia dos bispos em 1875, desgastou as relações entre o imperador e a igreja.

→ "Afinal... deu a mão à palmatória", charge de Rafael Bordalo Pinheiro publicada no jornal *O mosquito*, em setembro de 1875. Em referência à questão religiosa, a charge mostra o imperador D. Pedro II sendo punido pela Igreja. "Dar a mão à palmatória" era uma punição comum a crianças, especialmente no ambiente escolar, o que intensifica o teor da crítica da charge.

O Exército

Com a vitória na Guerra do Paraguai, o Exército se tornou uma instituição fortalecida e com influência na sociedade. As escolas militares adquiriram importância e passaram a atrair jovens, principalmente os mais pobres, que viam na carreira militar uma chance de melhorar de vida.

No entanto, os militares continuavam desvalorizados e mal remunerados. Além disso, desejavam participar mais da vida política, mas o sistema vigente não permitia.

Toda essa insatisfação levou os militares a se posicionar tanto contra o regime monárquico quanto contra a escravidão – especialmente porque muitos soldados da Guerra do Paraguai eram escravos alistados no lugar de seus senhores ou recém-libertos. Nas escolas militares, pregavam-se mudanças no país como a instalação de um governo republicano.

Nesse contexto, entre 1886 e 1887, ocorreu a Questão Militar, uma série de ações dos militares em oposição ao governo. Elas foram consideradas indisciplina, e os militares envolvidos foram punidos com expulsão, prisão ou transferência. As punições foram duramente criticadas e serviram para aproximar ainda mais os militares dos ideais republicanos.

É importante salientar que não foi todo o Exército que se voltou contra D. Pedro II. Em geral os oficiais superiores continuavam fiéis ao imperador.

O fim do império

A ausência de D. Pedro II no país, quando foi promulgada a Lei Áurea, é considerada, por alguns historiadores, uma tentativa de transição segura para um Terceiro Reinado no Brasil. A imagem pública de Isabel foi muito valorizada com a abolição da escravidão. Contudo, a libertação tardara muito, representando o rompimento do último laço da monarquia com os cafeicultores, que notaram que não seriam ressarcidos pela liberdade dos ex-escravos.

O governo imperial percebeu tardiamente que o isolamento da monarquia e a oposição crescente demonstravam que o império estava com os dias contados. Além disso, manifestações em prol da república começavam a ganhar força ainda em 1888. O chefe da polícia da Corte começava a reprimir aqueles que dessem "vivas à república". Os jornais não davam trégua a D. Pedro II e à intenção dele de abdicar do trono em favor da princesa Isabel. Nesse mesmo contexto, o Exército começou a reivindicar maior representatividade no cenário nacional.

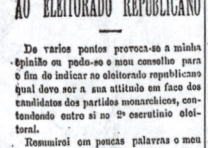

↑ Excerto da reportagem "O eleitorado republicano", do jornalista Quintino Bocaiuva, publicado no *O paiz*, em 3 de setembro de 1889.

Na tentativa de reverter a situação, em junho de 1889, o imperador nomeou o Visconde de Ouro Preto, do Partido Liberal, para chefiar o gabinete ministerial. A fim de reduzir a oposição, o Visconde de Ouro Preto apresentou à Câmara dos Deputados um programa de reformas políticas que incluía liberdade de fé religiosa e de ensino, autonomia para as províncias, mandatos limitados (não vitalícios) no Senado, legislação agrária, que facilitava a aquisição de terras, e fim do voto censitário.

Essas propostas eram tentativas de conter o avanço do movimento republicano e os anseios dos militares, dos setores urbanos, dos cafeicultores paulistas e dos ex-senhores de escravos. Elas se aproximavam das ideias republicanas de governo, mas visavam preservar a monarquia. No entanto, essas leis precisavam ser submetidas aos deputados que só tomariam posse em 20 de novembro de 1889, já que, de acordo com as normas do parlamentarismo vigente, novas eleições haviam sido realizadas. A monarquia caiu antes. Em 15 de novembro de 1889, dias antes da posse dos deputados recém-eleitos que passariam a compor a Câmara, a república foi proclamada no Brasil.

A construção do regime republicano imediatamente após 1889 foi marcada pela herança monárquica. O Império do Brasil foi responsável pela construção do Estado unificado e estava ancorado em sólidas tradições europeias de monarquias constitucionais do século XIX.

Proclamação da República

A república implantada em 1889 foi fruto da crise instaurada na monarquia e do fim do sistema escravista. As elites se tornaram republicanas por não se sentirem representadas pelo regime monárquico, que já não atendia a seus interesses. O republicanismo de determinados oligarcas e militares coincidiu com o crescente anseio dos abolicionistas. Além disso, sob a perspectivas das elites, o Brasil deveria pôr fim à escravidão sem alterar muito as estruturas e hierarquias sociais.

Os republicanos não formavam um bloco político e ideológico coeso. No final do século XIX, havia variadas correntes republicanas com projetos diferentes e conflitantes para o Brasil. Pode-se identificar pelo menos três delas antes do golpe de Estado que findou a monarquia em 1889.

A corrente liberal era composta de radicais republicanos, chamados de "jacobinos", em alusão à Revolução Francesa. Os radicais republicanos tinham nos setores médios das grandes cidades pequenos funcionários públicos como base social. Eles defendiam reformas sociais que distribuíssem renda e incluíssem as massas na política nacional.

Outra corrente era formada, sobretudo, pelas oligarquias organizadas nos partidos republicanos regionais. Estavam eles agremiados no Partido Republicano Paulista e no Partido Republicano Mineiro, entre outros. O projeto político defendia uma república liberal, federalista, com restrições à extensão da cidadania eleitoral e política.

Por fim, havia a corrente positivista, composta em grande medida dos militares do Exército, com a penetração dos ideais positivistas entre as classes médias e elites civis de algumas províncias. Diferentemente dos demais projetos, a ideia era constituir um governo centralizado e tutelar para promover a modernização econômica, a alfabetização das classes populares e reformas sociais.

Diante das divergências crescia no interior do movimento republicano a ideia de os militares tomarem a frente da ação para derrubar a monarquia. Os oficiais acreditavam também que eles seriam os únicos capazes de proclamar a república, sem a necessidade de mobilização social. Em 9 de novembro de 1889, durante uma reunião do Clube Militar, foi decidido que o momento era adequado para derrubar a monarquia, conferindo a Deodoro da Fonseca a liderança do movimento.

Dessa forma, a Proclamação da República foi resultado da ação do golpe de Estado liderado pelos militares. Após o dia 15 de novembro, D. Pedro II foi obrigado a se exilar na Europa.

Henrique Bernardelli. *A Proclamação da República por Deodoro da Fonseca*, c. 1892. Óleo sobre tela.

Academia Militar das Agulhas Negras, Rio de Janeiro

A república e os símbolos nacionais

Apesar de excluir o povo da Proclamação da República, os novos comandantes do país precisavam fazer a população aceitar e defender a jovem república brasileira. Para isso, a construção de novos símbolos nacionais foi essencial.

A bandeira, o mais forte de todos os símbolos nacionais, foi adotada por decreto em 1889. Cada um dos seus elementos tem um significado: o verde remete à exuberância da natureza, o amarelo simboliza as riquezas minerais, o azul remete ao céu, o branco simboliza a ideia de um país pacífico. A frase em seu centro demonstra, segundo a visão positivista, a importância do governo para garantir o progresso e a ordem. As estrelas representam os estados da federação.

Outro símbolo oficial muito forte é o Hino Nacional. Ele não foi criado especificamente para a república, pois já era conhecido desde 1831. Em 1890 foi então adotado o Hino da Proclamação da República e mantido o Hino Nacional para representar o Brasil.

Foram criados também heróis que simbolizassem o novo regime político. Os republicanos remexeram o passado brasileiro e encontraram Tiradentes, o inconfidente, que, na versão histórica por eles construída, teria morrido em nome da liberdade e em defesa do Brasil.

Em 1890, o dia 21 de abril, data da morte de Tiradentes, foi instituído feriado nacional, demonstrando o esforço do governo para difundir o mito do herói republicano.

Quadros de Tiradentes foram pintados por encomenda do governo federal e espalhados por prédios públicos de todo o país. Esses quadros passaram também a ilustrar os livros didáticos que seriam utilizados pelos alunos brasileiros. Nomes de ruas, praças, prédios e instituições públicas e privadas também passaram a homenagear Tiradentes.

Com esses e outros símbolos, aos poucos a identidade nacional foi se firmando, e a república foi assimilada pelos brasileiros.

↑ Alberto da Veiga Guignard. *A execução de Tiradentes*, 1961. Óleo sobre tela, 60 cm × 80 cm.

↑ Bandeira Nacional.

ATIVIDADES

SISTEMATIZAR

1. Como ocorreram as campanhas republicanas?

2. O que foi a Questão Religiosa?

3. Qual foi o papel do Exército na crise do império?

4. Quais eram as principais correntes do republicanismo no final do império?

5. O que o governo imperial fez para solucionar a crise e reduzir a oposição?

REFLETIR

1. Leia o trecho a seguir. Depois faça o que se pede.

Crescia no interior do movimento republicano a ideia de que caberia aos militares liderar a ação para derrubar a monarquia. Alguns oficiais se reuniram com lideranças republicanas civis. Os oficiais do Exército, contudo, sem desprezar os apoios, se consideravam os únicos agentes capazes de proclamar a república. Não queriam também a mobilização popular, por ser perigosa para a manutenção da ordem. Na sua concepção, apenas os militares estavam capacitados para promover a mudança.

Miriam Dolhnikoff. *História do Brasil Império*. São Paulo: Contexto, 2017. p. 169.

a) Explique, com suas palavras, o assunto do texto acima.

b) Por que os militares rejeitavam a participação de populares no movimento que almejava derrubar a monarquia?

2. Observe esta charge e, em seguida, faça o que se pede.

a) Descreva a imagem.

b) Qual seria o motivo para que D. Pedro II fosse retratado de tal maneira?

→ D. Pedro II. Caricatura feita por Angelo Agostini publicada na *Revista Illustrada*, 1887.

Fundação Biblioteca Nacional, Rio de Janeiro

3. Os jornais tiveram participação efetiva na crise do império fazendo campanhas republicanas que levaram à derrocada do sistema monárquico no Brasil. Em sua opinião, os jornais ainda hoje têm força suficiente para fazer campanhas contra o governo?

DESAFIO

1. Charge é um desenho caricatural que pode ser veiculado em jornal, revista ou publicação afim. Nela costuma-se retratar um fato atual satirizando ou tecendo críticas de forma irônica. Com base nessas informações, elabore uma charge sobre a política atual.

A Revista Illustrada

Durante o século XIX, os jornais passaram a exercer papel fundamental no cotidiano político do Império do Brasil, popularizando as discussões. Isso ocorreu em virtude dos meios pelos quais os jornais eram produzidos. Com a litografia, o processo de impressão possibilitou mais interação entre os textos e as imagens, gerando ilustrações mais acessíveis aos editores e leitores, o que proporcionou maior qualidade na publicação e mais efeitos na comunicação com o público de periódicos e jornais em geral.

Com isso a imprensa ilustrada ganhou impulso em todo o país. Por intermédio do humor, da sátira e da caricatura, jornais e revistas abordavam assuntos delicados e polêmicos, dialogando com o leitor sobre o cotidiano por meio de ilustrações.

← Capa da primeira edição da *Revista Illustrada*, publicada em 1º de janeiro de 1876.

A *Revista Illustrada* foi uma dessas publicações de sátira política. Abolicionista e republicana, foi fundada no Rio de Janeiro na segunda metade do século XIX. Também foi pioneira em quadrinhos e responsável por introduzir novas técnicas de editoração no país.

O aspecto político e social da revista estava relacionado ao processo histórico que culminou no fim do uso de mão de obra escrava no Brasil. Suas caricaturas políticas ajudaram a dar fôlego às ações que resultaram na elaboração, aprovação e aplicação da Lei dos Sexagenários, divulgaram a propaganda abolicionista, apontaram falhas nas propostas das leis, ironizaram políticos que buscavam benefícios para senhores de escravos e zombaram de ministros e políticos em geral, considerados pela publicação como defensores da tentativa de postergação da abolição da escravatura.

→

Capa da *Revista Illustrada* sobre a Lei dos Sexagenários, publicada em 1885.

Por representar a monarquia, D. Pedro II foi um dos principais alvos das charges da *Revista Illustrada*. Ele é satirizado em diversas ocasiões, principalmente com os rumos que o Império do Brasil tomava após a década de 1870.

A relação entre a Igreja Católica e o Estado na questão do escravismo também foi tema da revista por meio de caricaturas que denunciavam as torturas aplicadas aos escravos por seus senhores e pela polícia e ignoradas pelo silêncio dos bispos brasileiros. A mudança de postura da família imperial sobre a questão, como a solicitação da elaboração e aprovação pelo Senado da Lei Áurea, foi relatada pelo periódico em suas caricaturas, que exaltaram a figura da princesa Isabel como grande responsável pela Abolição da Escravatura no Brasil. Ela passou a ser admirada pela população brasileira, principalmente pelos escravos libertos, segundo os artigos e as caricaturas da revista.

Desse modo, se por um lado podemos entender os trabalhos da revista como inovadores, em termos de técnicas, e importantes como forma de divulgar as ideias sobre a abolição da escravatura, por outro o periódico também foi responsável pela criação de uma imagem elitizada dos processos que levaram ao fim da escravidão no Brasil, pois não enfatizou a luta dos negros, entendendo o processo abolicionista como a concessão proveniente de uma parcela das elites nacionais, representada pela figura da princesa Isabel.

↑ Páginas 4 e 5 da edição da *Revista Illustrada* sobre a libertação dos escravos, publicada em 1888.

1. Qual foi a importância da litogravura para o desenvolvimento da imprensa em geral no Brasil na segunda metade do século XIX?

2. De que modo a *Revista Illustrada* defendia a causa abolicionista?

3. Quais legados da *Revista Illustrada* podemos elencar?

Proclamação da República

Pinacoteca Municipal de São Paulo

↑ Benedito Calixto. *Proclamação da República*, 1893. Óleo sobre tela, 1,24 m × 2 m.

O quadro *Proclamação da República*, de Benedito Calixto, foi encomendado ao pintor quatro anos após o acontecimento que ele retrata. O pintor estava em Paris na época e, ao retornar e receber a encomenda, recorreu a representações e relatos para elaborar sua obra.

O local retratado é o Campo de Santana, que, na época, abrigava o quartel general do Exército, representado à direita, e a Estação Ferroviária D. Pedro II (hoje conhecida como Central do Brasil). O local também foi palco de outros dois grandes momentos da história: a proclamação de D. Pedro I como imperador em 1822 e, posteriormente, a Revolta da Vacina em 1904, da qual foi um dos centros.

- **Título:** *Proclamação da República*
- **Autor:** Benedito Calixto
- **Técnica:** Óleo sobre tela
- **Dimensão:** 1,24 m × 2 m
- **Ano:** 1893
- **Acervo:** Pinacoteca Municipal de São Paulo

No centro da pintura, vemos o Marechal Deodoro da Fonseca representado com roupas cerimoniais, destacando-se dos outros militares com fardas comuns. O marechal foi a liderança das tropas na deposição do Visconde de Ouro Preto do cargo de presidente da Câmara dos Deputados. Seu retorno ao quartel simbolizou sua vitória e a consequente mudança de governo.

O pintor também destacou nessa obra a predominância de militares, indicando que a essência do movimento foi um golpe dado pela elite, ao qual o povo, representado minimamente ao fundo da tela, assiste da sacada de suas casas, muitos deles achando que se tratava apenas de uma parada militar.

Contextualizando a pintura

Nos últimos anos de seu governo, D. Pedro II tomou várias medidas que o tornaram impopular, o que resultou em uma série de movimentos sociais decorrentes da insatisfação geral.

Em contraste com as revoluções em toda a América Latina, que foram encaminhadas pelas massas populares, no Brasil foram as elites que iniciaram o projeto de transformar o império em uma república. O movimento republicano brasileiro foi oficialmente lançado em 1870 com a publicação do Manifesto Republicano. Entre as mais de 50 assinaturas podem ser encontradas pessoas que exerciam diversas profissões, de funcionários públicos a jornalistas.

A obra de Calixto retrata o caráter quase exclusivamente militar do golpe de Estado que resultou na proclamação da república brasileira. Algumas figuras não fardadas são visíveis próximo ao marechal, o que indica a participação de civis como Quintino Bocaiúva e Aristides Lobo, que ocupariam posições no futuro Governo Provisório.

Refletindo sobre a pintura

1. Os civis representados na obra de Calixto têm posição de destaque?

2. Qual análise sobre a participação popular em movimentos nacionais é possível fazer com base nessa representação?

FAÇA AS ATIVIDADES A SEGUIR
E REVEJA O QUE VOCÊ APRENDEU.

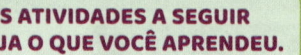

NO CADERNO

1. No século XIX, o Brasil era formado por várias províncias praticamente autônomas, que foram unidas a muito custo. Era como se nosso país fosse uma colcha de retalhos – várias partes de tamanhos e cores diferentes única peça. Culturalmente, podemos afirmar que ainda somos uma colcha de retalhos? Justifique.

2. Quais setores da sociedade passaram a criticar D. Pedro II e consequentemente o Segundo Reinado? Qual foi o papel da imprensa nesse caso?

3. Explique como a maioria da população vivia no país nas últimas décadas do Brasil Imperial.

4. A Lei Áurea impactou de forma diferente fazendeiros e ex-escravos. Leia o trecho a seguir e, depois, responda à questão.

Ao longo dos anos 1888 e 1889, representantes de fazendeiros defenderam no Parlamento indenização pelas perdas financeiras decorrentes do fim do cativeiro. O fato de não verem atendida sua reivindicação explica por que muitos desistiram da monarquia e embarcaram no projeto de República pouco mais de um ano depois do Treze de Maio. Por seu lado, os libertos tiveram que se esforçar para efetivar sua condição de liberdade num contexto de repressão que atingia não apenas os "treze de maio", mas toda a população negra.

Lilia M. Schwartz; Flávio dos Santos Gomes (Org.). *Dicionário da escravidão e liberdade: 50 textos críticos*. São Paulo: Companhia das Letras, 2018. p. 356.

- Quais foram as diferenças entre a situação dos fazendeiros e a dos ex-escravos após a abolição?

5. A charge a seguir foi publicada no jornal *A Malagueta*, na Bahia, em 1898, para comemorar os dez primeiros anos da abolição da escravatura. O que essa charge quis transmitir sobre o dia 13 de maio de 1888? Ela representa fielmente o que aconteceu?

Coleção particular

← Charge sobre a abolição da escravatura, publicada no jornal baiano *A Malagueta*, em 1898.

6. Leia este texto e, em seguida, responda às perguntas.

Para o professor Otair Fernandes, doutor em Ciências Sociais e coordenador do Laboratório de Estudos Afro-Brasileiros e Indígenas da Universidade Federal Rural do Rio de Janeiro (Leafro/UFRRJ), a realidade do Brasil ainda é herança do longo período de colonização europeia e do fato de ter sido o último país a acabar com a escravidão.

O professor ressalta que, mesmo após 130 anos de abolição, ainda é muito difícil para a população negra ascender economicamente no Brasil. "A questão da escravidão é uma marca histórica. Durante esse período, os negros não tinham nem a condição de humanidade. E, pós-abolição, não houve nenhum projeto de inserção do negro na sociedade brasileira. Mesmo depois de libertos, os negros ficaram à própria sorte. Então, o Brasil vai se estruturar sobre aquilo que chamamos de racismo institucional", lembra.

IBGE mostra as cores da desigualdade. Agência IBGE Notícias, 11 ago. 2018. Disponível em: <https://agenciadenoticias.ibge.gov.br/agencia-noticias/2012-agencia-de-noticias/noticias/21206-ibge-mostra-as-cores-da-desigualdade>. Acesso em: fev. 2019.

a) Por que o professor Otair Fernandes afirmar que "a realidade do Brasil ainda é herança do longo período de colonização europeia e do fato de ter sido o último país a acabar com a escravidão"?

b) Qual é a definição de racismo institucional dado nesse trecho?

7. Analise a charge da p. 245. Descreva-a mencionando qual foi a questão satirizada na imagem e qual foi a influência dessa questão para o fim do império.

8. Durante o império, a Igreja era subordinada ao Estado. Hoje ainda é assim? Há liberdade religiosa no Brasil? Explique.

9. O golpe militar que instituiu a república foi noticiado em diversos jornais do país. Leia a seguir um artigo publicado na *Gazeta da Tarde*, do Rio de Janeiro, e responda às questões.

A partir de hoje, 15 de novembro de 1889, o Brasil entra em nova fase, pois pode-se considerar finda a Monarquia, passando a regime francamente democrático com todas as consequências da Liberdade.

Foi o Exército quem operou esta magna transformação; assim como a 7 de abril de 1831 ele firmou a Monarquia constitucional acabando com o despotismo do Primeiro Imperador, hoje proclamou, no meio da maior tranquilidade e com solenidade realmente imponente, que queria outra forma de governo.

Assim desaparece a única Monarquia que existia na América e, fazendo votos para que o novo regime encaminhe a nossa pátria a seus grandes destinos, esperamos que os vencedores saberão legitimar a posse do poder com o selo da moderação, benignidade e justiça, impedindo qualquer violência contra os vencidos e mostrando que a força bem se concilia com a moderação.

Viva o Brasil! Viva a Democracia! Viva a Liberdade!

Disponível em: <www.unicamp.br/iel/memoria/Ensaios/Litera turaInfantil/Link%20rep%FAblica.htm>. Acesso em: fev. 2019.

a) Defina qual é o posicionamento do autor do artigo: Ele é republicano ou monarquista? Justifique.

b) Em sua opinião, qual era a posição política do público leitor do jornal?

c) Quais eram as expectativas com a implantação do novo regime?

10. Nesta imagem, Deodoro da Fonseca e outros republicanos entregam a bandeira da República à nação. Ao fundo está a família imperial de partida. Leia a imagem e responda às questões.

Fundação Mario Luiza e Oscar Americano, São Paulo

↑ Anônimo. *Alegoria à Proclamação da República e à partida da Família Imperial*, século XIX. Óleo sobre tela, 82,5 cm × 103 cm.

a) Dos dois momentos históricos representados, qual está em destaque?

b) Qual figura representa a nação?

c) Como o povo é representado na imagem?

d) Após as respostas anteriores, como você interpreta a imagem?

11. Leia o texto a seguir e responda:

[...] mais do que nos livros de História e nos romances, a história do Brasil do século XIX está nos anúncios de jornais. E como essa história é até o fim do século, em grande parte, a história do escravo explorado [...] como a história econômica do Brasil é, até a Abolição, em grande parte, a história do trabalhador negro, a significação dos anúncios relativos a escravos torna-se capital.

Gilberto Freyre. *O escravo nos anúncios de jornais brasileiros do século XIX*. 4. ed. São Paulo: Global, 2010. p. 88.

a) Segundo Gilberto Freyre, por que os anúncios de jornais são importantes?

b) Associe esse texto com o contexto do Segundo Reinado.

Referências

AFONSO, Eduardo José. *A guerra dos emboabas*. São Paulo: Ática, 1998.

_____. *O Contestado*. São Paulo: Ática, 1994.

ALVES FILHO, Ivan. *Brasil, 500 anos em documentos*. Rio de Janeiro: Mauad, 1999.

ANDRADE, Manoel Correia. *A Revolução Pernambucana de 1817*. São Paulo: Ática, 1995.

ANDRIOLO, Arley. *Viver e morar no século XVIII:* Minas Gerais, Mato Grosso e Goiás. São Paulo: Saraiva, 2005.

BARBOSA, Alexandre de Freitas. *A independência dos países da América Latina*. São Paulo: Saraiva, 1997.

BOAHEN, Albert Adu (Ed.). *História geral da África VII*: África sob dominação colonial, 1880--1935. 2. ed. rev. Brasília: Unesco, 2010.

BOXER, Charles B. *O império marítimo português*. São Paulo: Companhia das Letras, 2002.

CANEDO, Letícia Bicalho. *A descolonização da Ásia e da África*. São Paulo: Atual, 1996.

_____. *A Revolução Industrial*. São Paulo: Atual, 2008.

CANFORA, Luciano. Bonaparte libertador. *Estudos Avançados*, São Paulo: IEA/USP, v. 22, n. 62, p. 119-128, abr. 2008.

CAVALCANTE, Berenice. *A Revolução Francesa e a modernidade*. 2. ed. São Paulo: Contexto, 1991. (Coleção Repensando a História Geral).

CHACON, Geraldo. *Sínteses da literatura portuguesa e brasileira*. Taboão da Serra: Flâmula, 1996.

DOLHNIKOFF, Miriam. *História do Brasil Império*. São Paulo: Contexto, 2017.

DRIVER, Stephanie Schwartz. *A Declaração de Independência dos Estados Unidos*. Trad. Mariluce Pessoa. Rio de Janeiro: Jorge Zahar Editor, 2006. (Coleção Manifesto).

FAIRBANK, John King. *China*: uma nova história. Porto Alegre: L&PM, 2006.

FAUSTO, Boris. *História do Brasil*. São Paulo: Edusp, 2012.

FERRO, Marc. *História das colonizações:* das conquistas às independências. São Paulo: Companhia das Letras, 2006.

_____. (Org.). *O livro negro do colonialismo*. Rio de Janeiro: Ediouro, 2004.

GALEANO, Eduardo. *As veias abertas da América Latina*. Porto Alegre: L&PM, 2011.

GATES JR., Henry Louis. *Os negros na América Latina*. São Paulo: Companhia das Letras, 2014.

GOMES, Mércio Pereira. *Os índios e o Brasil:* passado, presente e futuro. São Paulo: Contexto, 2012.

KARNAL, Leandro. *Estados Unidos:* a formação da nação. São Paulo: Contexto, 2001.

MESGRAVIS, Laima. *A colonização da África e da Ásia*: a expansão do imperialismo europeu no século XIX. São Paulo: Atual, 1994.

NABUCO, Joaquim. *O abolicionismo*. Rio de Janeiro: BestBolso, 2010.

NAPOLITANO, Marcos. *História do Brasil República*: da queda da monarquia ao fim do Estado Novo. São Paulo: Contexto, 2016.

ROUSSEAU, Jean-Jacques. *O contrato social*. Rio de Janeiro: Ediouro, 1999.

SCHWARCZ, Lilia; GOMES, Flávio dos Santos (Org.). *Dicionário da escravidão e liberdade*: 50 textos críticos. São Paulo: Companhia das Letras, 2018.

_____; STARLING, Heloisa Murgel. *Brasil*: uma biografia. São Paulo: Companhia das Letras, 2015.

SILVA, Kalina Vanderlei; SILVA, Maciel Henrique. *Dicionário de conceitos históricos*. 2. ed. São Paulo: Contexto, 2009.

TRINDADE, Joyce N. S. *José de Alencar e a escravidão*: necessidade nacional e benfeitoria senhorial. 124 p. Dissertação (Mestrado em Ciências Sociais) – Universidade Federal de São Paulo, Guarulhos, 2014.